자연법 요론

정의란 무엇인가에 대한
합리주의 자연법론의 논리정연한 해답

라이프니츠 지음 | **홍기원** 옮김

터닝
포인트

자연법 요론

2022년 3월 28일 초판 1쇄 발행
2024년 2월 20일 초판 2쇄 발행

지은이 고트프리트 빌헬름 라이프니츠
옮긴이 홍기원
펴낸이 정상석
표지 디자인 엔미디어
펴낸 곳 터닝포인트(www.turningpoint.co.kr)
등록번호 제2005-000285호
주소 (03991) 서울시 마포구 동교로27길 53 지남빌딩 308호
전화 (02) 332-7646
팩스 (02) 3142-7646
ISBN 979-11-6134-112-5 93360

정가 20,000원

내용 및 집필 문의 diamat@naver.com
터닝포인트는 삶에 긍정적 변화를 가져오는 좋은 원고를 환영합니다.

이 역서는 2021년 대한민국 교육부와 한국연구재단의 지원을 받아 수행된
연구임 (NRF-2021S1A5A2A01073237)
This work was supported by the Ministry of Education of the Republic of Korea
and the National Research Foundation of Korea (NRF-2021S1A5A2A01073237)

"이로부터 매우 분명해지는 사실은 진정한 신앙 그리고 진정한 행복은 하나님을 사랑하는 데 있으며 이 사랑은 계몽된 사랑(amour éclairé)이고 빛이 그 [사랑의] 열정을 동반한다는 것이다. 이러한 종류의 사랑은 선행 가운데에서 즐거움을 낳게 하는데, 이 즐거움이란 덕을 돋보이게 할 뿐만 아니라 모든 것을 마치 중앙에 연결시키듯이 하나님께 연결시켜 줌으로써 인간적인 것을 신적인 것에로 나아가게 해 주는 그러한 즐거움인 것이다. 왜냐하면 자신의 의무를 이행함으로써, 이성에 복종함으로써, 우리는 최고이성이 명령한 바를 이행하게 되고 우리의 모든 의도를 하나님의 영광에 다름 아닌 공동선에로 향할 수 있게 되기 때문이다."
  — 라이프니츠의 『신정론』(神正論, 1710) 서문 중에서

차 례

일러두기

▷ 원문과 번역문에서 각 문단 앞에 넣은 [번호]는 원문과 번역문의 대조가 용이하도록 역자가 임의로 넣은 것이다.

▷ 번역문 중의 [...] 기호 안의 문구는 독해의 편의를 위해 역자가 임의로 추가한 것이다.

▷ [?] 기호는 집필 연도나 기타 해당 연도가 불명확함을 의미한다.

▷ 번역문에서 고딕체로 표기한 것은 원문에서 대문자로 표기된 것이다.

▷ 번역문에서 **굵은 글꼴**로 표기한 것은 원문에서 글자 간격을 넓혀 강조한 단어 또는 어구이다.

▷ 번역문에서 *펠흘링체*로 표기한 것은 원문에서 독일어로 쓰여진 어구 또는 문장이다.

역자 서언

　2,500년 지성사를 통해 인간이 답해 보고자 노력해 온 물음은 수도 없이 많지만, 그중에 모든 사람이 동의할 수 있는 결론에 도달한 것은 그리 많지 않다고 할 수 있다. 심지어 자연과학의 영역에서도 절대불변의 법칙처럼 여겨졌던 발견이 삼백 년도 지나지 않아 그 수명을 다함을 보는 것이 그리 드문 일은 아니지 않은가. 법과 윤리의 관점에서 제기되는 수많은 문제 중 가장 근원적인 질문은 아마도 '옳은 것이란 무엇인가', '절대적으로 옳은 것이 있다 할지라도 우리가 그것을 어떻게 알 수 있는가' 등의 질문이라고 할 수 있다. 이에 대한 답을 얻기 위해 인간은 때로는 종교에, 때로는 윤리학에, 때로는 법학에 의존하곤 했는데, 그 어느 것도 모두의 찬동을 오랫동안 얻지는 못했던 것 같다. 게다가 상황을 더욱 어렵게 만드는 것은 서로 다른 결론에 도달하고 있는 견해들 사이에서 화해가 이루어지지 않는 이유가 '올바름'의 개념 자체에

대한 서로 다른 이해에서 기인한다기보다는 인간의 본성 그리고 사회와 국가의 근원 또는 목적 등에 대한 서로 다른 이해와 전제에 입각해 있다고 보이기 때문이다.

위대한 사상가의 저술을 접할 때 우리는 위와 같은 인류의 지적 방랑 속에서 설령 짧은 기간 동안에 그치더라도 큰 위안을 얻기도 하는데, 라이프니츠의 『자연법 요론』(1669-1671)이 바로 그와 같은 고전이 될 수 있지 않을까 생각한다. 전 유럽을 황폐함으로 몰고 갔던 30년 전쟁(1618-1648)의 말기에 태어난 라이프니츠는 여섯 살의 어린 나이에 아버지를 여의고 어려운 환경 속에서 아버지가 남긴 서고 속에서 홀로 수학하며 성장했는데, 당대의 혼란스러운 상황 속에서 어린 라이프니츠가 사회적 안정과 평화를 갈구하게 됐을 것임은 물론이려니와 지적으로 조숙했던 그는 더 나아가 만약 인간이 이와 같은 혼란 속에서도 절대자의 존재에 대한 믿음을 여전히 가질 수 있고 또한 가져야 한다면 세상의 혼란과 창조의 계획 간의 일견 충돌되는 듯이 보이는 관계를 어떻게 설명해야 할 것인가 하는 문제에 골몰하게 됐을 것이다. 그리하여 라이프니츠가 평생 보여준 학문의 여정은 철학에서부터 시작하여 법학, 수학, 자연과학, 신학에 이르기까지 갈래가 많았지만 그 모든 학문적 접근이 오로지 한 가지 근본적인 물음에 대한 답을 구하고 또한 자신이 이른 시기에 깨달았다고 믿은 진리를 여러 학문 분야에서 다양한 방식으로 증명해 내는 데 있었음을 보여준다. 그 물음이란 다름 아니라 '개별자와 전체 간의 관계를 창조주의 기획 안에서 어떻게 이해할 것인가'의 문제였던 것이다. 본 『자연법 요론』은 이 물음에 대해 법학과 철학과 신학을 관통하는 하나의 답을 제시하고자 했던 시도라고 볼 수 있으며, 지난한 논리적 탐구 뒤에 그가 도달한 답이 '사랑'이었음은 매우 의미심장하지 않을 수 없다.

본 역자는 『자연법 요론』을 읽으면서 그리고 번역하면서 많은 위안을 얻었음을 고백하고자 하는데, 되도록 많은 독자들이 본 역자와 같은 경험을 공유할 수 있다면 졸역을 세상에 내놓는 염치없음이 조금이나마 용서받을 수 있으리라 기대해 본다.

역자가 『자연법 요론』에 이르기까지에는 명저독회와 그 회원 여러분의 덕이 컸음을 기록해 두고자 한다. 특히 2013-2014년간에 라이프니츠의 『신정론』(神正論)을 함께 읽으며 많은 것을 깨닫게 해 주셨던 이미순, 임보미, 김백경 선생님께 이 자리를 빌어 감사를 표하고자 한다. 그때 본 역자는 『신정론』 자체로부터도 많은 위안을 얻을 수 있었지만, 이 세 분이 삶과 인간을 대할 때에 항시적으로 보여준 진지함과 법학에 임할 때 보여준 그 성심으로부터 더 큰 위안을 얻었던 것 같다. 마지막으로 공사로 바쁜 와중에도 귀한 시간을 할애하여 라틴어 원문을 꼼꼼히 교열해 준 박우경 선생님(사법정책연구원)께 깊이 감사드린다. 그럼에도 불구하고 혹 발견되는 오탈자(誤脫字)가 있다면 그것은 전적으로 본 역자의 책임이다.

2022년 3월 22일
서리풀 공원 자락에서

제1장

자연법 요론
[구상]

Elementa juris naturalis
[*Aufzeichnungen*]

(1669-1670 [?])

Elementa juris naturalis

[Aufzeichnungen]

[1] *H. Grot. proleg.* introducit Carneadem asserentem justitiam *aut nullam aut summam esse stultitiam, quoniam sibi noceat alienis commodis consulens.* Grotius negat stultum esse alienis commodis suo damno consulere. **Ego non dubito** quin hoc stultum sit, adeo ut nisi hoc sit stultum nihil sit stultum. Quid est enim obsecro stultitia nisi negligentia (nam et qui ignorat, negligit; et qui scit nec in agendo adhibet) propriae utilitatis. Rectius Cicero negat utilitatem ab honestate sejungi debere.

[2] *H. Grot. prolegom.* Justum est quod convenit naturae humanae, ei autem congruit societatis custodia. Quia et

자연법 요론
[구상]

[1] **후고 그로티우스**는 [『전쟁과 평화의 법』] 서문에서 "정의라 하는 것은 존재하지 않으며 [혹 뭔가 정의란 게 있다 하더라도] 그것은 어리석음의 극치일 것이니 자신은 손해를 보면서 다른 사람들의 이득을 추구하기 때문"이라고 주장한 카르네아데스를 소개하고 있다. [반면] 그로티우스는 자신은 손해를 보면서 다른 사람들의 이득을 돌보는 것이 어리석은 태도는 아니라고 한다. [그러나] 이것은 어리석은 태도라는 것을 **나는 의심하지 않는바** 이것이 어리석은 게 아니라면 세상에 어리석은 것은 하나도 없을 것이기 때문이다. 묻노니, 자신의 유익함을 게을리하는 것(모르기 때문에 게을리하는 경우와 알면서도 움직여 취하지 않는 경우 모두를 가리킨다)이 어리석은 게 아니라면 도대체 무엇이 어리석은 것이란 말인가. 키케로는 좀 더 단도직입적으로 지적하기를 유익함이 정

peculiare ei instrumentum datum, sermo.

[3] *H. Grot. prolegom.* Justum fore, quod societatis conservandae interest, etiamsi nullus esset DEUS. **Hoc assentiri non possum,** generaliter esset tamen aliquid justum nullo dato DEO. Nam morte sua redimere salutem patriae, stultum est si nullum est praemium sperandum ultra mortem. Est enim suo damno alienae utilitatis causam esse. Id si sciens facias stultum est, maxime si damnum magnum sit. Damnum autem inter maxima, si nulla est vita post hanc vitam, est mors. Maximum autem damnum alienae utilitatis causa subire stultum est. Nihil autem stultum justum est. Nec refert quod qui sapientes habentur, qui laudati sunt publice, qui statuis donati, vitam suam patriae impenderunt, interesset enim Reipublicae, etiamsi nullus esset DEUS, homines sic credere, id est stultos esse publico bono. Quemadmodum etsi nullus esset DEUS, interesset tamen Reipublicae eum esse credi. Quod ergo Curtius, si vera est fama, in hiatum desiliit obstruendae pestilentis exhalationis causa, aut credidit proficisci se in locum anima sua, qui hanc corporis jacturam pensaret, et prudenter egit (etsi potuit evenire, ut falleretur, sed inevitabiliter, quod est non prudentem esse sed infelicem, tametsi sint qui negent providentiam DEI pati posse ut

직함과 [반드시] 분리되어야 하는 것은 아니라고 한다.

[2] 후고 그로티우스의 서문. 인간의 본성에 부합하는 것은 정의로운 것이며, 사회를 돌보는 것 등이 이에 해당한다. 왜냐하면 [인간에게는] 특별한 도구, 즉 언어가 주어졌기 때문이다.

[3] 후고 그로티우스의 서문. 정녕 신이 존재하지 않는다고 하더라도 사회의 보존을 위한 일은 정의로운 것일 것이다. 이 말에 나는 동의할 수 없지만, 일반적으로는 신의 존재와 무관한 뭔가 정의로운 것이 존재할 수는 있을 것이다. 사후(死後)에 아무런 보상도 기대할 수 없음에도 불구하고 자신의 목숨을 바쳐 조국의 안녕을 도모하는 것은 어리석은 행동이기 때문이다. 이것이야말로 자신은 피해를 보면서 다른 사람들의 유익함을 도모하는 것이다. 네가 알면서도 그런 행동을 한다면 어리석은 일이 될 것이며, 만약 그 피해가 크다면 더더욱 그러하다. 만약 현세 이후에 아무런 삶도 존재하지 않는다면, 커다란 피해 중 가장 큰 피해는 바로 죽음인 것이다. 그러므로 다른 사람들의 유익함을 위해 스스로에게는 세상에서 가장 큰 피해를 입히는 것은 어리석은 일이 아닐 수 없다. [그런데] 어리석은 일 치고 정의로운 것은 없는 법이다. 지혜로운 사람들, 공중(公衆)으로부터 칭송을 받는 사람들, 석상(石像)을 헌정 받은 사람들이 조국을 위하여 자신들의 목숨을 바쳤다고 해서 이에 대한 반론이 될 수는 없는바, 정녕 신이 존재하지 않는다고 하더라도 국가의 입장에서는 사람들이 그렇게 믿는 것, 즉 공공선을 위해 어리석은 사람들이 되는 것이 중요하기 때문이다. 어쨌든 정녕 신이 존재하지 않는다고 하더라도 국가의 입장에서는 사람들이 신이 존재한다고 믿는 것이 중요한 것이다. 그러므

quisquam prudens sit infelix), aut aliquot dierum licentiam et saginationem, quam ei nonnulli imputant, reliquae vitae praetulit, quod est stultum. Idem dicendum est, si futuram nominis immortalitatem falsa quadam imaginariae aeternitatis opinione praeceptam, et ex imaginario tempore inebriatae menti in immensum exaggeratam dignam credidit quae sic emeretur. Neque enim gloria futura nisi praesens bonum est desituris. Et pone Achillem nec per somnium cogitasse de Homero aut Homeri simili laudatore, certum est, nihilo eum Homeri laudibus factum beatiorem, nisi aliquis ei sensus superfuit ultra mortem. Et Vaninus homo sceleratissimus, sed ex hypothesi pessima recte ratiocinatus observat laudes suas, si quas meriturus sit, non magis ad se pertinere, quam quendam alium Jul. Caesarem Vaninum Siculum, cum ipse esset Neapolitanus. Quanquam rursus fateor esse stultum sed felicem qui quod bono deest possit imaginatione fortuita supplere (nam si consulto potest nihil est prudentius, nihil artificiosius). **Felices errore suo**. Quare si fingatur nullus est DEUS nihil amplius justum erit, quam quod suadet Thomas Hobbes in libro de Cive. Idem ab accuratissimo Conringio est egregie observatum.

[4] *Grot. prolegom. Si qui verae justitiae sacerdotes,*

로 만약 전해져 내려오는 이야기가 사실이라면, 쿠르티우스¹⁾가 해로운 기운이 뿜어져 나오는 것을 막기 위해 구렁 속으로 뛰어든 것은 자신의 투신(投身)행위를 보상해 줄 곳으로 자신의 영혼이 나아간다고 믿고 나름 신중히 행동한 것이거나 — 때로는 현자도 불행할 수 있는 게 신의 섭리라는 것을 부정하는 사람들이 있긴 하지만, 어쨌든 쿠르티우스는 불가피하게 착각한 것일 수도 있다 — 아니면 그의 여생에 있어서 사람들이 그에게 부여한 [마지막] 며칠간의 자유와 포식을 선택했던 것일 수도 있는데 이는 어리석은 짓이다. 또한 만약 공상적 영원에 관한 헛된 믿음에 의해 자신의 이름이 미래에도 영원할 것이라고 믿고 공상의 시간에 술에 취한 정신으로 '이렇게 하는 것이 어마어마한 가치가 있다'고 과장되게 생각하여 그렇게 행동한 것일 수도 있는데, 이 역시 마찬가지로 평가해야 할 것이다. 곧 종말을 맞을 이들에게 지금 당장 선(善)이 주어지지 않는데 미래의 영광이 무슨 소용이란 말인가. 아킬레스가 호메로스나 호메로스 비슷한 찬사가(讚辭家)에 대해 꿈꾸지 않았다고 가정하더라도 분명한 것은 만약 그의 사후에 뭔가 의의가 부여되지 않았더라면 호메로스의 찬사로도 더 행복해지지는 않았을 것이란 점이다. 바니니²⁾는 세상에서 가장 교활한 자였지만 자신의 최악의 가설로부터 다음과 같은 점을 올바르게 끌어냈다. 즉 자신에 대한 세간의 칭송을 받을 만한 자격이 있더라도 자신은 나폴리 사람이므로 자신은 시칠리아의 율리우스 카이사르 바니니보다는 못하다는 것이다. 다시 한 번 고백컨대, 모자란 선(善)을 우연한 공상으로 메울 수 있는 자는 비록 어리석긴 해도 행복한 사람이라고 인정하지 않을 수 없다(의도적으로 그럴 수만

inquit, *naturalis et perpetuae jurisprudentiae partes tractandas suscipererent, semotis iis quae ex voluntate libera ortum habent, alius quidem de Legibus, alius de Tributis, alius de judicum officio, alius de voluntatum conjectura, alius de factorum facienda fide, posset deinde ex omnibus partibus collectis corpus confici. Nos certe quam Viam ineundam censeremus reipsa potius quam verbis ostendimus in hoc opere quod partem jurisprudentiae nobilissimam continet.*

Notabilis est hic Grotii locus et laudabili modestia respuens quae nunc ei Encomiastae immoderati tribuunt juris naturae et gentium (universi) Elementa tradidisse. Cum tamen pleraque sint obiter delibata quatenus bellorum materia esse possunt; perinde ac si qui de Judiciis scribunt, cum actiones obiter exponunt, Jurisprudentiam universam complexi dicantur.

[5] *Grotium in prolegom.* miror Pandectarum Aerodii, libri profecto insignis nullam facere mentionem. Malim non novisse, quam conscium et usum, qui potuisset enim tunc aliter, maligne praeteriisse.

[6] Florentinus JCtus in *l. ut vim. D. de Just. et Jur.* cum *quandam inter nos cognationem natura constituerit consequens hominem homini insidiari nefas esse.* Cognationis ambigua vox est, vel enim significat similitudinem, vel

있다면 그보다 더욱 실천적으로 지혜로운 것도 없으며 그보다 더욱 요령 있는 것도 없기 때문이다). 그런 **사람들은 자신의 착오로 인해 행복한 것이다.** 그러므로 정녕 신은 존재하지 않는다고 상상할 수만 있다면, 토마스 홉스가 『시민론』에서 주장한 것보다 더욱 정의로운 것은 없으리라.3) 이 점은 최고로 엄밀한 학자인 콘링4)에 의해서도 훌륭히 지적된 바 있다.

[4] 그로티우스 서문. 저자는 말하길, "만약 참된 정의의 탐구를 담당한 이들이 자연적이고 영구적인 법학의 각 부분을 [인간의] 자유로운 의지에 기인한 것들과 별도로 다루어 어떤 이는 법률을, 어떤 이는 조세를, 어떤 이는 판사직무를, 어떤 이는 의사결정을, 또 어떤 이는 사실관계증명을 다루게 된다면, 이 모든 부분들을 조합하여 하나의 체계를 만들어 낼 수 있을 것이다. 우리는 분명 이러한 작업에서 취해야 한다고 생각되는 방법을 말뿐만 아니라 실제로 본서에서도 채택했는데, 이는 진정으로 고상한 법학의 일부분인 것"이라고 했다. 그로티우스의 이 **구절은 주목할 만한바** 여기서 그는 칭찬받을 만큼 겸손하게도 오늘날 무절제한 아첨꾼들이 그로티우스의 공으로 돌리고 있는 것처럼 자연과 만민(인류 전체)의 법의 요체를 이미 다루었다는 평가를 사양하고 있다. 사실 이 저술의 많은 부분에서 [자연법과 만민법에 대한 고찰이] 지나가면서 이루어지고 있고 그것도 대부분 전쟁에 관한 것들이다. 이런 식이라면 재판에 관해 기술하는 자들이 [고작] 소송에 관해서 스쳐 지나가듯이 대충 설명하고 있을 뿐인데도 불구하고 마치 법학 전체를 파악했다고 말하고 있는 것과 같다.

[5] 그로티우스가 서문에서 판덱텐에 관한 에로5)의 정말 뛰어

derivationem. Utraque potest aliquid ad vim hominis in hominem reprimendam. Illa, quia similibus compatimur, ob imaginem mali nostri malis eorum cohaerentem; derivatio continet affectum quendam teneriorem, identitatis quo similitudo acuitur.

[7] Hobbes contra Grotium negat jus esse quicquid sapientibus aut pluribus placuerit. Ita est, facit tamen juris praesumtionem. At quis judicabitur sapientior. Hoc vero dignoscere non difficile. Quanquam fatear in juris quaestionibus homini sapienti non magis respiciendas aliorum sententias, quam Geometram autoritas Archimedis movet quia ipse per se omnia computare potest. Habet tamen hunc usum aliorum autoritas quod nobis praelaboravit et materiam praeparavit demonstrandam item ubi [tempore nostro cogitandum est.]

난 저서를 전혀 언급하지 않은 것은 놀라운 일이다. 나는 그로티우스가 이 책에 관해 알고 있었고 또한 활용하고 있었더라면 다른 저술에서라면 분명 언급했을 법한데 일부러 지나쳤다기보다는 이 책에 대해 모르고 있었던 것 같다고 믿고 싶다.

[6] 법률가 플로렌티누스[6]의 D.1.1.3.에, "우리 사이에 모종의 관계를 자연이 정립해 놓았기에 따라서 인간이 인간에게 함정을 파 놓는 것은 사악한 짓"이라고 했다. 여기서 '관계'란 단어는 모호한바 비슷한 사람들 사이의 관계를 뜻할 수도 있고 [공통의 조상을 가진] 후손들의 관계를 뜻할 수도 있기 때문이다. [그렇지만] 어느 쪽이든 인간의 인간에 대한 폭력을 저지하기 위하여 뭔가를 할 수는 있다. 전자의 경우 비슷한 사람들 사이에서는 우리 자신의 악이 갖고 있는 상(象)이 다른 사람들의 악과 결부되기 때문에 서로 공감을 할 수 있는 것이며, 후손 간의 관계에 있어서는 보다 섬세한 감정이 내포되어 있어서 일체감이 전자의 비슷한 사람들 사이의 관계에서보다 더욱 첨예해진다.

[7] 홉스[7]는 그로티우스와는 달리 법이란 현자나 다수의 입장에서 기꺼운 것이라는 견해를 부정한다. 홉스는 법을 다음과 같이 추론하고 있다. 즉 누가 더 지혜로운 사람이라고 인정될 수 있을 것인가. 이것을 판별하기란 그리 어렵지는 않다. 법의 문제에 있어서 현자가 다른 사람들의 의견을 고려하지 않아도 되는 것은 아르키메데스의 권위면 다른 기하학자들을 움직이고도 남음이 있는 것과 마찬가지이다. 그 스스로도 모든 문제를 계산해 낼 수 있기 때문이다. 하지만 다른 법학자들의 권위 역시 [우리의 경우에 검토해야 할 때가 오면][8] 이들이 우리를 위해 미리 작업해 놓았고 자

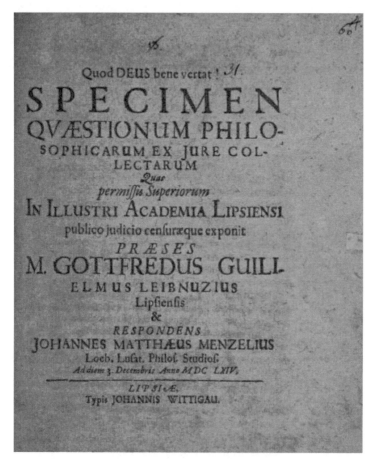

(『법에서 모은 철학적 질문 예제』1664. Bayerische
Staatsbibliothek 소장본)

료를 준비해 두었다는 점에서 활용될 수 있을 것이다.

제2장

자연법 요론
[시론 1]

Elementa juris naturalis
[*Untersuchungen* 1]

(1669-1670 [?])

Elementa juris naturalis

[Untersuchungen 1]

[1] **Justum** est lucrum meum cum non lucro alieno

    indemnitas

    non-damnum meum cum damno alieno

    necessitas mea cum jactura alienae.

Injustum est lucrum meum cum damno alieno

    non-damnum meum cum jactura necessitatis alienae

    nihil meum cum non lucro alieno.

Lucrum voco hic omnem boni absentis positivi acquisitionem,

    aut mali praesentis positivi amotionem.

Damnum voco omnem boni praesentis positivi remotionem,

    aut mali absentis positivi adventum.

자연법 요론
[시론 1]

[1] **정의로운 것** : 내겐 이익이 되면서 남에겐 이익이 되지 않는 것
   손실보전
   내게 피해를 주지 않으려 남에게 피해가 되는 것
   나의 위급함을 남의 위급함에 우선하는 것

정의롭지 못한 것 : 내 이익을 위해 남에게 피해를 주는 것
   내게 피해를 주지 않으려 남의 위급에 우선하는 것
   내게는 아무런 상관도 없는데 남에게 이익을 주지
   않는 것

이익 :   원래는 부재하던 현실적 선(善)을 취득하는 모든
   경우 또는 원래 존재하던 현실적 악(惡)을 제거하
   는 모든 경우를 말한다.

피해 :   원래는 존재하던 현실적 선으로부터 격리되거나 원
   래 부재하던 현실적 악이 도래하는 모든 경우를 말

Indemnitatem damni evitationem.

Necessitatem miseriae evitationem.

Miseriam statum illum, in quo aggregatum malorum
praeponderat aggregato bonorum.

Quam praeponderationem saepe unius magni mali
accessio dare potest.

[2] Ut ergo justitia sit animus nemini sine necessitate
damnosus, sed addendum adhuc est aliquid. Nimirum justus
non tantum non nocere alteri debet, sine necessitate sua, sed
et juvare alterum, primum cum sine miseria sua miseriam
alterius redimere potest, deinde cum sine cessatione lucri sui
damnum alterius redimere potest, tertio cum sine cessatione
lucri sui alteri lucrum quaerere potest. Nam ut lucri sui
cessatione damnum alterius redimat, non puto imperari. Nisi
inter veros amicos, quorum omnia sunt communia usque ad
miseriam. Id est ut amicus amici causa id est sua, omnia
faciat praeter miseriam suam. Quia et alter rursus facit. Ut
adeo amicus etiam damno suo minore lucrum alteri majus
procuraturus sit, quia hoc faceret sibi. Et si quis hoc egit
altero consentiente, debet illi alter tantundem, aut damni, imo
et lucri cessantis restitutionem. Culpae poena esse debet.

[3] Qui sciens nocet sine necessitate in eum est jus belli.

한다.

손실보전 :   피해를 피하는 것.

위급 :   불행을 피하는 것.

불행 :   악의 총합이 선의 총합보다 우세한 상태.

이와 같은 우세는 하나의 대악(大惡)이 도래함으로써 형성되는 일이 종종 있을 수 있다.

[2] 그러므로 정의란 위급한 경우가 아니면 어느 누구에게도 피해를 주지 않으려는 정신이[라고 할 수 있]지만, 이를 부연해 설명할 필요가 있다. 즉 자신이 위급한 경우가 아니면 남에게 피해를 주지 말아야 하는 것만 정의로운 것이 아니라, 첫째 자신에게 불행을 초래하지 않고도 남의 불행을 치유할 수 있을 때, 다음으로 자신의 이익을 포기하지 않고도 남의 피해를 치유할 수 있을 때, 셋째 자신의 이익을 포기하지 않고도 남의 이익을 추구할 수 있을 때에 남을 도와주어야 하는 것도 정의로운 것이라는 점은 분명하다는 것이다. 사실 자신의 이익을 포기하면서까지 남의 피해를 치유해야 한다고 명할 수 있다고 생각되지는 않는다. 모든 것, 심지어 불행까지 공유하는 진정한 친구들 사이에서[와 같은 관계]가 아니라면 말이다. 즉 친구는 자신의 친구를 위하는 것이 자신을 위한 것인 양 만사를 자신의 불행과는 상관없이 행하기 때문이다. 그리고 그 친구도 또한 마찬가지로 행동하는 법이다. 친구라면 자신의 작은 피해는 감수하면서 자신의 친구에게 보다 큰 이익을 제공하려 하는바 이는 그 친구도 마찬가지로 행동할 것이기 때문이다. 만약 [친구 사이가 아닌데] 혹자가 상대방의 동의하에 이와 같이 행동했다면, 그 상대방은 그에게 그 손실과 포기한 이익 등을

Sunt autem hi gradus : qui sciens sine bono alio suo nocet aut nocere conatur saluti meae, proximus gradus est si quis sciens sine bono alio suo ostendat se quaerere damnum meum, tertius gradus est si ostendat sine bono suo se quaerere non lucrum meum (Quibus omnibus casibus sine bono suo quaerit malum meum). Quae jam jura horum bellorum?

[4] Sequuntur casus, quibus aliquis sciens propter bonum suum alteri damnum dat. Et quidem vel propter lucrum cessans nocere saluti conatur, vel propter damnum emergens nocere saluti conatur, vel propter necessitatem suam nocere alienae conatur. Aut conatur tantum simplex damnum dare lucri sui causa. Nam damni sui causa etsi minoris potest nisi sit amicitia.

[5] Sequuntur casus quibus aliquis ex culpa alteri damnum dat, nam hic lucri impedimentum non curatur, sed tantum si vel saluti vel bonis simpliciter damnum dare conetur, id est daturus sit nisi casus interveniat, seu faciat quod in se est. Tenetur autem talis 1) probare quantum potest innocentiam suam, 2) cavere de futura attentione. Imo si probare excusationem non possit, vel saltem non reddere verisimilem, tenetur cavere de futura bona voluntate, uti is qui dolo

복구해 주어야 한다. 과실(過失)이 있다면 [그에 합당한] 징벌이 있어야 하는 법이다.

[3] 위급한 사정이 없는데도 불구하고 고의로 [남에게] 피해를 준 자가 있다면 그를 상대로 싸울 수 있는 권리가 있다. 이에는 정도의 차이가 있을 수 있다 : [먼저] 자신에게는 별달리 이득 될 게 없음을 알면서도 나의 안녕을 해하거나 해하려고 하는 자, 그리고 이와 비슷한 경우로는 자신에게는 별달리 이득 될 게 없음을 알면서도 나에게 피해를 주려고 하고 있음을 보이는 자를 들 수 있으며, 세 번째 단계의 경우로는 자신에게는 이득 될 게 없는데도 불구하고 내게 이익이 되지 않도록 하려고 하고 있음을 보이는 자라고 할 수 있다 (이 세 가지 경우 모두 자신에게는 이득 될 게 없음에도 불구하고 내게 해를 주려고 하는 것이다). 그렇다면 이 경우들에 있어 싸움의 권리는 어떠한가?

[4] 다른 경우들로는 자신에게 이득이 됨을 알면서 남에게 피해를 주는 경우를 들 수 있다. [자신이] 포기한 이익 때문에 [남의] 안녕에 피해를 주려고 한다든지, [자신에게] 발생한 피해 때문에 [남의] 안녕에 피해를 주려고 한다든지, 자신의 위급한 사정 때문에 남의 위급한 사정에 피해를 주려 한다든지 하는 경우들을 말한다. 혹은 자신의 이익을 원인으로 하여 [남에게] 단순히 피해를 주려고 하는 경우도 있다. 우정관계에서가 아니라면, [보통은] 자신의 작은 피해를 원인으로 그런 행동을 하는 예도 있는 법이다.

[5] 또 다른 경우들로는 [자신의] 과실로 인해 남에게 피해를 주는 경우를 들 수 있는데, 여기서는 이익[의 발생]을 방해했는가가 문제되지 않고, 단지 [남의] 안녕이나 재산에 단순히 피해를 주었

damnum dedit. An ultra ad poenam, aliquam tenetur quemadmodum et is qui sciens damnum dedit, puto distinguendum. Nam aut cavere non potest bonis nostris, et tunc licet ei tantum mali dare, ut saltem memoria ejus impediat eum a porro nocendo. Si vero saluti nostrae periculum ab eo immineat, licebit cavere uti optime possumus, id est e medio tollere. Si vero cavere possit bonis nostris sine malo suo, tunc addendum est ei aliquid mali aliorum causa, ne et ipsi noceant nobis, si videant noceri nobis impune posse, nec aliud expectandum esse, nisi ut imposterum non noceas quod jam tum, evenit si nunc quiescas. In aestimandis autem salutis periculis licet esse scrupulosissimum, in aestimandis aliis remissiorem esse decet. Et hoc est scil. verum jus belli. Porro major poena imponenda est nocenti sine bono suo, quam nocenti propter bonum suum. Tanta autem debet esse poena quanta ad absterrendum et ipsum si aliter cavere nequeat, aut alios sufficere potest. Unde etsi quis caveat cum aliquo malo suo non tamen sufficiente addi potest aliquid.

[6] Justitia est prudentia in aliis juvandis aut laedendis. Quanquam si quis prudentiam violasse dicatur in aliis nimium amandis non dicitur injustus. Ut ergo justus sit, qui prudenter

는지, 즉 모종의 사정이 개입하지 않았더라도 [그러한 피해를] 주었을 것인지 혹은 자신이 가진 수단을 동원하여 피해를 준 것인지가 문제인 것이다. 이 경우 그는 1) 자신에게 악의가 없었음을 최대한 증명해야 하고, 2) 장래의 주의의무[1]에 대해서도 보증해야 할 것이다. 만약 [피해를 주게 된 데에 대해] 변명을 하지 못하거나 적어도 개연성 있는 변명을 제시하지 못하는 경우, 그는 마치 기만(欺瞞)으로써 피해를 준 자와 마찬가지로 장래의 선의(善意)에 대해 보증해야 할 것이다. 또한 고의로 피해를 준 자와 마찬가지로 이 경우에 부가적으로 징벌을 받아야 하는지에 관해서는 경우를 나누어 보아야 한다고 생각한다. 먼저 그가 우리의 재산에 관해 보증을 제공할 수 없는 경우라면 그에게 모종의 불리함[= 제재]을 부과하여 그가 이 사실을 기억하는 한 다시는 가해행위를 하지 않도록 해도 될 것이다. 그리고 만약 우리의 안전이 위험에 빠지는 상황이 그 사람으로 인해 발생할 우려가 있다면, 우리는 적절히, 즉 중도에 그를 제거함으로써 [우리의 안녕에 대한] 보증을 얻고자 해도 될 것이다. 그리고 그 자에 대해 모종의 불리함을 부과하지 않고도 우리의 재산에 대한 보증을 얻을 수 있는 경우라 할지라도, 다른 사람들이 별다른 제재를 받지 않고 우리에게 피해를 줄 수 있다고 보인다든지 [이들을 상대로] 지금 당장 침묵하고 있으면 [장차] 피해가 발생할 수 있어서 가해행위를 하지 않을 것을 부과하는 것 외에는 별달리 기대할 방법이 없어 보인다든지 하면 이들이 [장차] 우리에게 피해를 주지 않도록 하기 위하여 이들의 해악을 이유로 그 자에게 모종의 불리함을 부과해야 할 것이다. [이때] 안전의 위험에 대한 평가에 있어 제일 엄격해야 할 것이며,

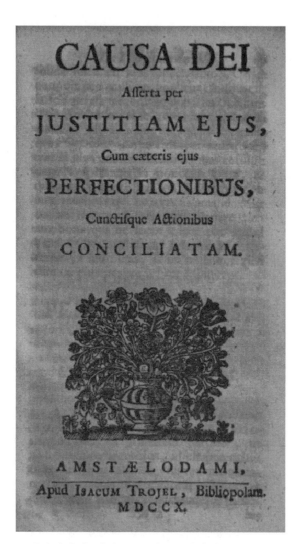

CAUSA DEI

Afferta per

JUSTITIAM EJUS,

Cum cæteris ejus

PERFECTIONIBUS,

Cunctifque Actionibus

CONCILIATAM.

A M S T Æ L O D A M I,

Apud Isacum Trojel, Bibliopolam.

M D C C X.

(『하나님의 정의를 통해 본 하나님의 원인』,
1710. Österreichische Nationalbibliothek 소장본)

다른 종류의 위험에 대한 평가에 있어서는 좀 더 유연하게 해도 될 것이다. 그리고 이러한 경우들이야말로 싸울 수 있는 권리[의 원천]임은 분명하다. 또한 자신의 이득 때문에 피해를 준 자보다는 자신에게는 아무런 이득도 없는데 피해를 준 자에게 보다 중한 징벌을 부과해야 할 것이다. 그리고 가해자가 달리 보증을 제공할 방도가 없는 경우에 부과하는 징벌의 정도는 그 자뿐만 아니라 다른 사람들도 억지(抑止)하기에 충분하여야 할 것이다. 그러므로 가해자가 자신에 대한 모종의 불리함을 제시하여 [장래의 의무에 대해] 보증한 경우라 할지라도 그 불리함이 충분하지 않다면 다른 것을 추가해도 될 것이다.

[6] 정의란 다른 사람들에게 도움이 되는가 해가 되는가에 관한 실천적 지혜이다. [그런데] 다른 사람들을 너무도 사랑하여 실천적 지혜를 져버렸다고 말해지는 사람에 관해 그가 정의롭지 못하다고 말해지지는 않는다. 그러므로 다른 사람들에게 해가 되는 것을 찾거나 그들에게 이득이 되는 것을 찾지 않더라도 신중하게 행한다면 정의로울 수 있는 것이다. 그러므로 통상적으로 사용되는 정의란 단어는 두 가지 감정, 즉 다른 사람들에 대한 사랑과 증오의 두 감정 사이의 가운데에 자리한 덕에 잘 들어맞지는 않는다고 하겠다. 신의 경우에는 이 중 아무런 규칙도 준수하지 않으신다고 해도 [늘] 신중하시기에 정의로우신바 인간들이 서로 사랑하기만 하는 것이 좋다고 보시지만 않는다면 말이다. 이는 때로는 신께서 좋다고 보시기도 하고 때로는 좋다고 보시지 않기도 하는데, 신께서는 보편적 조화라고 하는 별개의 원칙을 지니고 계시기 때문이다. 어쨌든 좀 더 생각해 보자면, 만약 다른 사람들의 분노를 두려

aliorum malum quaerit aut bonum non quaerit. Ut ergo nomen justitiae ex usu vulgi non satis respondeat virtuti in medio positae inter duos affectus amorem et odium aliorum. DEUS justus est, etsi nullas harum regularum observet, quia nihilominus prudens est, nisi forte ei placeat homines se amare. Sed hoc ei quodammodo placet quodammodo non placet, habet enim aliud principium harmoniam universalem. Sed pergamus : Si quis sit tam potens ut aliorum iras non habeat cur vereatur, nisi laude seu bona de se opinione delectetur, non habebit ex prudentia causam cur justus sit. Sed hac quilibet delectabitur, quia omnis sapiens delectabitur pulchritudine seu harmonia. Sed ita tamen ut penset inter se istam ex harmonia voluptatem, et damnum suum.

[7] Doctrina de Justo et doctrina de officiis eadem est, scilicet quid persona a persona cum ratione desiderare possit, cum ratione, id est ut et desiderantis et rogati intersit nullo tamen respectu habito utilitatis rogati, nisi ut vel ostendatur ei non nocere bonum meum, vel ostendatur ei nocere malum meum. Non ut ostendatur ei prodesse bonum meum, vel ut ostendatur ei non prodesse malum meum. Vel potius solum ut ostendatur ei nocere malum meum, non alioquin forte per accidens sed per se. Id est, dum me aut alios, si ego non

위하지 않아도 될 정도로 강력한 사람이 있다면, 그런 사람은 자신에 대한 칭송이나 좋은 평가를 기쁘게 받아들이는 자가 아닌 한, 자신이 정의로워야 하는 이유를 실천적 지혜에 따라 갖지 않아도 될 것이다. 그러나 누구든 후자의 원칙을 기쁘게 받아들일 것인바 [이 세상의] 모든 현자는 아름다움 또는 조화를 기쁘게 받아들일 것이기 때문이다. 그러나 현자는 [한편으로는] 조화로부터 오는 이와 같은 기쁨과 [다른 한편으로는] 자신에 대한 피해 사이에서 균형을 유지하는 식으로 [실천적 지혜를 발휘]할 것이다.

[7] 정의로움에 대한 주장은 곧 의무에 대한 주장과 마찬가지다. 즉 어떤 이는 다른 이에 대해 합당한 이유에 근거하여 뭔가를 청구할 수 있다는 뜻인데, 여기서 '합당한 이유에 근거하여'란, 나의 이득이 그에게는 피해가 되는 것은 아니라는 점이 보이지 않거나 나의 해악이 그에게 피해가 된다는 점이 보이지 않는 한, 피청구인의 입장에서의 유익함에 대한 고려가 전혀 없이도 청구인과 피청구인 양자 모두에게 유의미한 이유를 말한다. 나의 이득이 그에게 유익하다는 점을 보인다든지 나의 해악이 그에게 유익하지 않다는 점을 보인다는 것이 아니다. 오히려 나의 해악이 우연에 의해서가 아니라 그 자체로 그에게 피해가 된다는 점이 보이게 됨으로써만 그러한 의미를 지니게 된다는 뜻이다. 즉 그가 나 또는 (내가 불가할 경우에는) 다른 사람들로 하여금 징벌의 가능성을 상기토록 한다든지 나 또는 다른 사람들로 하여금 부가적 이득의 가능성을 고려토록 한다든지 하는 한 그렇다는 뜻이다. 그러므로 결국 정의란 징벌 때문에 남들에게 피해를 주지 않기도 하고 부가적 이득 때문에 남들을 유리하게 만들기도 하는 실천적 지혜인 것

possim, ad poenam repetendam incitabit, aut me vel alios ad praemium referendum. Ut ergo tandem Justitia sit prudentia, qua non nocemus aliis poenae, prosumus praemii causa. Nam aliae rationes nihil ad justitiam. DEUS autem ipse est praemium sibi.

[8] Generaliter : **Justitia** est prudentia in efficiendo aliorum bono aut non efficiendo malo boni sui hac animi declaratione efficiendi, aut mali sui non efficiendi (id est praemii assequendi aut poenae vitandae) causa. Est autem poena malum passionis pro malo actionis. Praemium bonum passionis pro bono actionis. Seu voluptas propria ab aliis procurata pro prudenter tentata aliena. **Poena** Dolor proprius ab aliis procuratus pro imprudenter tentato alieno. Potest pro dolore et voluptate substitui bonum et malum. Redeamus in circulum.

[9] Sequuntur casus quibus aliquis alteri nocet sine dolo pariter et culpa, et vel damnum dat, nam si lucrum intercipit, nihil ad rem pertinet cum nec sciens puniatur; vel miseriam affert. Priore casu inter damnum dandum, impedire licet etiam cum ipsius damno non cum miseria tamen, post damnum datum nullo modo tenetur, nisi ad reparationem sine damno suo. An vero ad hanc etiam cogi potest? Ita puto

이다. 그 밖의 다른 이유는 정의에 무의미하다고 하겠다. [물론] 신은 그 자체로 자신에게 부가적 이득이 되신다고 하겠다.

[8] 요컨대 **정의**란 다른 사람들을 위한 이득을 발생시키거나 그들에 대해 해를 일으키지 않되 이러한 취지를 밝힘으로써 자신을 위한 이득을 발생시키거나 자신에 대해 해를 일으키지 않기 위한 (즉 부가적 이득이 발생토록 하거나 징벌을 피하기 위한) 실천적 지혜인 것이다. 그런데 [여기서] 징벌이란 행위상 해악에 대한 감정상 해악을 말한다. [그리고] 부가적 이득이란 행위상 이득에 대한 감정상 이득을 말한다. 즉 타인의 기쁨을 신중히 추구한 데 대해 타인들로부터 얻게 되는 고유한 기쁨인 것이다. [그리고] **징벌**이란 타인의 고통을 신중하지 않게 추구한 데 대해 타인들로부터 얻게 되는 고유한 고통인 것이다. [여기서] '고통'과 '기쁨'의 자리를 '이득'과 '해악'으로 대체할 수도 있을 것이다. 이제 [원래의] 논의로 돌아가도록 하자.

[9] 또 다른 경우들로는 어떤 사람이 기만(欺瞞)도 과실(過失)도 없이 다른 사람에게 손해를 입힌 경우를 생각해 볼 수 있는데, 이때 단순히 피해를 준 것일 수도 있고 — 설령 중도에 이익을 취하게 됐다 하더라도 고의로서 처벌되지 않는 한 여기서는 크게 문제될 바 없다 — [더 나아가] 불행을 초래한 것일 수도 있다. 앞의 경우에 있어서는 피해를 발생시키는 도중에 가해자를 제지해도 될 것이다. 제지로 인해 가해자 자신에게 피해가 발생하더라도 [최소한] 그가 불행에 빠지지 않는다면 말이다. 그러나 일단 피해가 발생한 다음에는 가해자 자신에게 피해가 되지 않는 한도 내에서 보상하도록 하는 수밖에 없다. 이때 가해자에게 보상의 이행을 강제

posse, ne infelicitas utriusque aut mihi aut illi noceat, sed an etiam tenebitur ad reparationem cum damno suo? An dividenda saltem res erit ut alter ferat damnum alter lucrum, an ad nihil tenetur. Si rem accurate expendas, ad querelas tollendas et obliquos intuitus, schehle augen, animumque aversum, nam qui nobis etiam sine sua culpa damnum dedit, cogimur inviti egisse, aequum erit, ut dividamus damnum, ita uterque se alteri infelicitate nocuisse et sibi nocitum cogitans, redibunt in gratiam. Quia aeque alter habet cur queratur de re mea sibi objecta, quam ego de eo in rem meam incurrente, si culpa utrinque absit. Quae quod absit docendum ab eo qui damnum dat, nisi habeat praesumtionem juris. Et hoc est onus quo gravatur in tali casu uterque alteri. Maxime tamen is in cujus re est motus, seu qui cujusve res est aggressor. Nam alioquin non puto simpliciter ideo teneri me quia aries tuus a meo aggressore occisus est, nisi ad dimidium arietis, ad quod tenebor etsi meus se defendendo occiderit tuum, modo inquam culpa abest. Idem de servis nostris judicandum puto. Ut quod ille tibi damnum dedit culpa sua, sine mea, ejus ego debeam tibi partem tantum. Sed tamen a servo tibi castigationem quanta mihi non damnosa est praeterea debeo, pro portione delicti, si modo

할 수 있는가? 어느 쪽의 불행으로도 나 또는 그에게 피해가 되지 않도록 하기 위해서는 가해자의 보상이행을 강제할 수 있다고 본다. 그렇다면 가해자에게 피해를 주면서까지 보상의 이행을 강제할 수 있는가? 최소한 문제가 일방은 손해를, 상대방은 이익을 보는 식으로 해결되어야 하는가? [아니면 이 경우] 가해자는 아무런 책임도 지지 않도록 해도 되는가? 분쟁을 없애기 위해 사안을 면밀히 살피고 흘겨보며 정신을 집중해 본다면, 아무런 과실 없이 우리에게 피해를 준 자는 자신의 의사에 반하여 그런 행위를 한 것이라고 결론지어야 할 것이며, [이런 경우에는] 피해를 분담하여 양방 모두 상대방에게 불운하게도 피해를 입혔으며 자신도 피해를 입게 됐다고 인식하고 [원래의] 호의적 관계로 되돌아가도록 하는 것이 형평에 맞을 것이다. 왜냐하면 어느 쪽에도 과실이 없는 경우엔 내가 상대방에 대하여 그가 내 것에 개입했음을 문제 삼을 수 있는 것과 똑같이 그 상대방 역시 내가 자신에게 개입했다고 불평할 수 있기 때문이다. 그런데 그러한 과실이 없었다는 사실의 증명은 법의 추정이 없는 한 그 피해를 준 자에 의해 이루어져야 한다. 이러한 [입증의] 부담은 이와 같은 경우에 어느 쪽이든 상대방에게 지울 수는 있다. 그러나 대부분의 경우엔 사건의 발단이 자신에게 있었던 자 혹은 자신의 것이 가해의 주체가 된 자가 입증의 부담을 진다. 내 숫양이 자신을 방어하다가 네 숫양을 죽인 경우 [내 쪽에] 과실이 없다면 그 숫양의 반값을 지급해야 하는 예를 제외하고는 단순히 네 숫양이 내 숫양의 공격을 받아 죽었다는 이유만으로 위와 다른 방식으로 [입증의 부담을] 져야 한다고 생각하지는 않는다. [또한] 우리의 하인에 관해서도 마찬가지로 판

non casu nocuit. Hinc noxae deditio introducta, ut tute eum pro arbitrio castiges. Etsi ea res sola non sufficiat, ut quod Romani Numantinis Hostilium Mancinum dedidere, opus est et damni pro dimidia parte reparatione. In rem autem quae damnum dedit dabitur jus retentionis. An et jus hypothecae, etsi non teneam? Ita sane, nisi ei juri expresse renuntiem. Nam etsi tibi reddam, fiducia tamen reparationis tibi reddere intelligor, et quasi credo. Quid vero de jure reali, id est re mea aut in quam habeo jus hypothecae, an et quomodo a tertio peti potest. An absolute, ita ut ei non restituam damnum suum, forte si rem sine culpa sua a fure emit, vel ignorante. Et non puto, nec video qua de causa, potius si culpa mea fuerit in amittendo, reddere ei omnia sua debeo, recepta re mea, dedi enim ei damnum culpa mea. Igitur habeo jus reale seu in ipsam rem praecise, modo alteri non noceatur, potest enim fieri ut ego habeam in re pretium affectionis, quod mihi auferendum non est, et alterum sufficit extra damnum esse, ut et ego sim. Si ipse sit in culpa solus feret damnum, aliud sc. si rem a fure sciens non animo retinendi, sed mihi servandi, aut etiam nullo emit, et rem alioqui non eram servaturus, communicandum est damnum. In genere quoties in altero est animus sibi habendi, aut etiam

단해야 한다고 생각한다. 즉 나의 과실 없이 내 하인이 자신의 과실로 네게 피해를 준 경우에 나는 그 부분만큼만 네게 지급하면 될 것이다. 그리고 피해가 우연에 의해 발생한 게 아니라면 내 하인에 대한 처벌도 내게 피해가 되지 않는 한 그 불법행위에 비례하여 네게 넘겨주어야 할 것이다. 바로 이로부터 가해자 양도 (noxae deditio)의 제도[2]가 도입된 것이고, 너는 안심하고 그를 재량껏 벌할 수 있는 것이다. 로마인들이 호스틸리우스 만키누스를 누만티아인(人)들에게 넘겨주었던 예[3]에서와 같은 방법만으로는 충분하지 않은 경우에는 피해의 절반에 해당하는 만큼을 보상해야 할 것이다. 그리고 피해를 발생시킨 물건에 대해서는 유치권이 [피해자에게] 주어진다. 그런데 내가 해당 물건을 보유하고 있지 않은 경우에도 담보권이 가능한가? 내가 그 권리에 명시적으로 거부의사를 표시하지 않은 한 가능하다고 봄이 마땅하다. 내가 네게 해당 물건을 넘겨줄 때에는 보상에 대한 신뢰 역시 네게 넘겨주는 것임을 내가 알고 있고 그래서 해당 물건을 넘겨주는 것이기 때문이다. 그렇다면 물권, 즉 내 물건이나 내가 담보권을 갖고 있는 물건에 관해서는 어떠한가? 그러한 권리에 대해서도 제삼자가 청구할 수 있는가? 있다면 그 방식은 어떠한가? 우연히 그가 절도범으로부터 아무런 과실 없이 또는 사정을 모른 채 물건을 매수한 경우 내가 그에게 그 피해를 배상하지 않아도 되는 것처럼 절대적으로 가능한가? 그렇다고 생각되지는 않으며, 무엇을 근거로 그렇게 되어야 하는지도 잘 모르겠다. 오히려 넘겨줄 때에 내 과실이 있었다면 그에게 그의 모든 것을 양도해야 할 것이며, [이미] 내 물건을 반환받았다면 내 과실로 인해 발생한 피해를 그에게 보상해

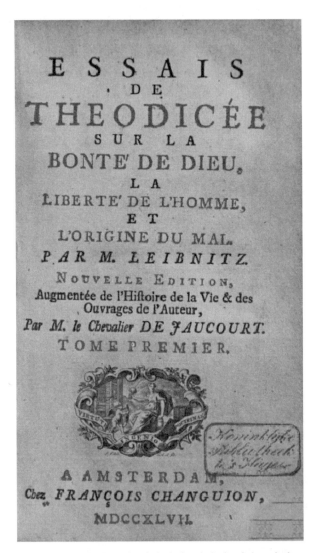

E S S A I S
· DE
THEODICÉE
S U R L A
BONTE' DE DIEU,
L A
LIBERTE' DE L'HOMME,
E T
L'ORIGINE DU MAL.
P A R M. L E I B N I T Z.
NOUVELLE EDITION,
Augmentée de l'Hiftoire de la Vie & des
Ouvrages de l'Auteur,
Par M. le Chevalier DE JAUCOURT.
TOME PREMIER.

A AMSTERDAM,
Chez FRANÇOIS CHANGUION,
MDCCXLVII.

(『神正論 : 하나님의 선하심과 인간의 자유, 악의
기원에 관하여』제1권. Koninklijke Bibliotheek
소장본)

야 한다고 봄이 마땅하다. 그러므로 내가 물권 또는 물건 자체에 대한 권리를 가진다는 것은 다른 사람으로부터 침해를 받지 않는다는 뜻이며, 내가 어떤 물건에 대해 애착을 느끼고 있다면 그 의미(가치)는 내게서 앗아갈 수 없는 것이므로, 다른 사람에게는 내게 변화가 없는 한에 있어서 부가적 피해배상4)으로 충분할 것이다. 그 사람 자신에게 과실이 있는 경우에는 그 스스로만 피해를 감수하게 될 것이다. 물론 이와 다른 경우로는, 그가 절도범으로부터 사정을 알면서 물건을 매수하되 자신이 보유할 의도로 그런 것이 아니라 나를 위해서 그런 것이거나 아니면 아무런 의도도 가지지 않고 매수했지만 나 역시 그 물건을 다른 데 쓰지 않은 경우를 생각해 볼 수 있는데, [이런 경우에는] 그 피해를 분담해야 할 것이다. 상대방이 절도범임을 알 수 있었을 때에는 통상적으로는 그에게 자기가 [그 물건을] 가지려는 의도가 있는 경우가 종종 있고, 이때에는 과실로 인하여 물건이 파손된 예로 다루어야 한다. 어떤 물건이 그 쓰임새에 맞게 쓰일 수 없게 된 것까지는 아닌 경우 또는 당해 물건이 [어떤 특별한] 애착의 의미를 전혀 가질 수 없는 경우 등을 말하는데, 그러한 물건으로는 완전한 동질의 액체 또는 동종 대체물5) 등이 있다. 어떤 사람이 내 물건을 과실로 파손한 경우, 그가 [그 물건에 대해 내가 갖고 있는] 애착의 의미까지도, 즉 통상적 의미가 아니라 나에 대한 특별한 의미까지도 책임을 지는가가 문제될 수 있다. 나는 그가 이러한 책임까지 지지는 않는다고 생각하는데, 왜냐하면 과실이란 피해를 예견하지 못한 데 있으며 통상적 피해가 아닌 것까지 예견할 수는 없고 해당 물건이 대단한 가치의 의미를 지니고 있다고 꿈조차 꿀 수 없기 때문인

rei **perditio** culpa facta, cum scire potuit istum esse furem. Nisi sit res quae servando servari non potest, item res cujus nullum potest pretium affectionis, qualia sunt liquida pure homogenea, seu res fungibiles. Si perdidit rem meam culpa aliquis, quaeritur an teneatur etiam ad pretium affectionis verum tamen, seu ad pretium mihi particulare, non commune. Putem non teneri, quia culpa est non providere damnum, non potuit autem providere nisi damnum commune, nec somniare de re pretium valde magnum, alioqui magis cavisset. At qui sciens nocet, tenetur de pretio aestimationis.

[10] Quid de rei fructibus. Putem distinguendum, si illi fructus etiam apud me producendi erant in individuo mihi deberi individuum, si alii forte erant probabiliter producendi, sed aequipollentes, concurrere me ad pretium. Si non erant producendi, forte is qui habuit rem meliorem reddidit, ad illos me plane non concurrere, sed in rei repetitione eorum pretium deducendum, id est efficiendum ut aequale sit damnum et lucrum. Si quid ego specificem in re aliena ignorans, tunc et mihi jus erit in individuum, si qua in re meliorem fecerim. Et si in materia ipsa non sit pretium affectionis, ut si ego in tua charta scribam, utique cedet charta tua rei meae. Sin in utroque ipsum pretium affectionis

데, 그렇지 않다면 그는 좀 더 주의를 했을 것이다. 그러나 알면서 피해를 입힌 자는 그러한 [특별한] 평가적 가치에 대해 책임을 진다.

[10] 물건으로부터 발생한 과실(果實)에 대해서는 어떻게 해야 하는가? 경우를 나누어 생각해 보아야 하는데, 만약 과실이 나로 인해 발생한 것이라면 불가분적으로 내게 귀속되어야 할 것이며, 만약 과실이 우연히 발생했으되 [양측으로 인해] 똑같이 발생한 것이라면 나 역시 그 가치에 대해 경합할 수도 있을 것이다. 과실이 [나로부터] 발생한 것은 아니고 물건을 갖고 있던 자가 보다 좋은 물건으로 반환한 경우에는 나는 그 과실에 대해 경합하지는 않고 단지 그 물건의 반환을 요청할 시에 그 가치가 공제된, 즉 손해와 이익이 균등히 고려되고 나서 남은 부분에 대해서만 경합할 수 있을 것이다. 만약 인수된 물건에 특이사항이 있음을 몰랐는데 내가 그 물건을 더 좋게 만든 경우에는 그 부분에 대한 권리는 불가분적으로 내게 귀속된다. 만약 재료 자체에 애착의 가치가 없는 경우, 예를 들어 상대방의 종이[와 같은 재료]에 내가 글을 쓴 경우, 상대방의 종이는 내 물건으로 양보될 것이다. 만약 양 당사자 모두 물건에 대해 애착의 가치를 두고 있다면, 이런 경우 애착의 권리를 앞서서 갖고 있었다고 주장하는 자에게 물건이 귀속되는지 아니면 보다 큰 애착의 권리를 갖고 있다고 주장하는 자에게 물건이 귀속되는지가 문제이다. 생각건대 보다 큰 애착의 가치를 두고 있는 자에게 귀속될 것이며, 만약 [그 가치가] 동등하다면 [그러한 가치를] 먼저 두고 있던 자에게 귀속될 것이다. 그러나 [양 당사자가 애착의 의미를 둔 것이] 같은 시기인 경우에는 선후

aestimetur, sed an is retinebit cui prius est jus affectionis, an cui majus. Puto ei qui majus, sin par ei qui prius. Neque enim potest sic dici, ut ei qui prius, si aequalia, ei qui majus, si aequidiuturna. Ei cui magis est magis quam qui prius vel contra, si neque aequalia neque aequidiuturna, quia non possunt in se invicem duci. Adde quod sola damni ratio habenda est. Si tamen aequale sit damnum, putem priorem praeferri. Quia excessus sui est huic jus retentionis. Et caeteris paribus prior tempore potior jure. Hoc ipso quia caeteris paribus omnia sunt restituenda in statum priorem.

[11] Haec de jure reali in Rep. Romana paulo aliter constituta sunt, ut scilicet dominus rem suam reciperet sine detractione, emtor infelix haberet regressum ad venditorem. Non omnino male, si modo regressus haberi possit, quanquam mero jure debeat regressus communis esse utrique, male tamen si Emtori regressus inopia aut absentia ejus a quo habet elidatur. Respublica igitur quae has leges condidit, debet Emtorem indemnem praestare. Ita enim aequum est. Si plures concurrant autores, si res per plurium manus eat, communicandum inter omnes damnum est, neque enim video quo jure qui ultimus est prae caeteris infelix esse debeat. Cum juris sit, ut homines quam minimum a fortuna

를 논할 수도 없으며, [애착의 의미를] 같은 기간 동안 두고 있었던 경우에는 대소를 논하기도 어려울 것이다. [생각건대] 보다 더 큰 의미를 두고 있는 자가 애착의 가치를 먼저 두고 있었던 자보다 물건에 대한 권리를 갖기에 적합하다고 할 것이고, 만약 시기가 같지 않거나 기간이 같지 않은 경우에는 그 반대가 될 것인바, [이 중 어느 경우에도] 양 당사자가 번갈아 권리를 갖지는 않기 때문이다. 추가적으로 생각해야 할 문제는 손해의 비율을 어떻게 참작해야 하는가이다. 만약 [양측의] 손해가 동일한 경우에는 먼저 발생한 손해를 우선시해야 한다고 생각한다. 왜냐하면 물건[의 가치] 이상으로 [비용을] 지출했다는 사실 자체가 그 물건을 보유할 권리가 있음을 의미하기 때문이다. 그리고 다른 사정이 동일하다면, 시간상 앞서는 것이 권리에 있어서도 앞선다고 보아야 할 것이다. 이것은 다른 사정이 동일하다면 [이 세상의] 모든 것은 원래의 상태로 복구되어야 하기 때문이다.

[11] 이와 같은 물권상 문제들이 로마공화국에서는 약간 다르게 다루어진바, 주지하다시피 소유권자는 그 물건을 원상 그대로 돌려받는 게 원칙이었고 [매매에 있어] 불만을 가진 매수인은 매도인에 대해 그만큼의 전보(塡補)를 요구할 수 있는 게 원칙이었던 것이다. 비록 전보가 순전히 법적인 차원에서 양 당사자 각자에게 공통되어야 했지만, [그래도] 전보를 요구할 수 있었던 만큼 [로마법의] 이 방식이 모든 면에서 나쁘지만은 않았다고 할 수 있다. 그러나 매도인의 궁박 또는 부재의 경우에는 매수인이 전보를 요구할 수 없었다는 점에서는 [이 방식이] 그리 좋은 것만은 아니었다. 그러므로 국가가 이러한 법률을 제정하고자 한다면 [위와 같

pendeant. Illud adhuc quaerendum est, an hoc ut qui mihi damnum sine culpa dedit, reparet, sit meri juris, ita ut exigere etiam per vim possim. Et puto, quia ille se solum casibus communibus fortunae exemtum postulat. Cum enim fortuna sit quasi hostis cum quo nobis belligerandum est, iniquum est unum solum extra aleae jactum esse velle. Quemadmodum ingruente in civitatem bello iniquum est esse qui domi desides neque pugnare ipsi, neque aliquid conferre velint.

[12] Hactenus quando quis sine culpa sua alteri damnum dat. Nunc quando quis sine culpa sua alterius saluti periculum intentat, tunc repelli potest etiam cum pernicie sua. Sed si semel me in eum statum dejecit in quo miser sim, puta me quis invitus vel culpa sua, vel etiam sine culpa veneno infecit, ut jam morturus sim, in eo casu, si ponatur nullus esse DEUS, nec vita post hanc vitam, licet mihi quod libet, quasi desperato, nec quisquam prudens aliud contra me potest, quam mihi exitum accelerare, si videat me in omnes ferri. Sed si ferar tantum in eum qui sine culpa nocuit, vel etiam culpa sed in miseriam usque, credo etiam tunc alios prudentes ei succursuros. Si tamen ferar in eum non usque ad miseriam, credo omnes prudentes mihi succursuros, ut

은 경우] 매수인에게 손해가 없도록 해야 할 것이다. 이렇게 하는 것이 형평에 맞기 때문이다. 만약 복수의 당사자가 경합하거나 물건이 여러 손을 거친 경우, 손해는 그 모든 이들 사이에서 분담되어야 할 것인바, 어떤 법에 따라서도 최후의 자가 다른 이들을 위해 불만을 감수해야 하는 근거를 찾지 못하겠기에 말이다. 법이라 하는 것은 [무릇] 사람들이 운(運)에 기속되는 것을 최소화하는 것이어야 하기 때문이다. 여기서 생각해 보아야 할 문제는 내게 손해를 입힘에 있어 아무런 과실(過失)이 없는 자라도 그 복구를 강제할 수 있도록 하는 것이 순전히 법적인 해법이라고 할 수 있는지 하는 것이다. 나는 그렇다고 생각하는데, [그렇지 않다면] 그런 사람은 자신에게만은 운에 따른 통상적인 경우들이 예외적으로 적용되지 않는다고 주장할 것이기 때문이다. 운이라고 하는 것은 마치 적(敵)과 같이 우리가 맞서서 싸워야 하는 대상인데, 어떤 한 사람만 주사위 놀이에서 빠지기를 바란다는 것은 불공평한 일이다. 이는 나라가 전쟁에 돌입했는데 누군가는 집에 머물면서 싸우지도 않고 뭔가 다른 것을 기여할 생각도 안 하는 것이 불공평한 것과 마찬가지이다.

[12] 지금까지는 자신의 과실(過失) 없이 타인에게 손해를 준 사람에 대해 살펴보았다. 이제 자신의 과실은 없으나 타인의 안전을 위태롭게 하고자 하는 사람에 대해 살펴보도록 하는데, 이런 사람에 대해서는 반격하는 것이 허용될 것이며 [이로 인해] 그가 망하게 되더라도 마찬가지로 허용된다고 본다. 그러나 일단 나를 불행한 상태에 빠뜨린 자, 예를 들어 의도치 않게 또는 과실이 있었든 없었든 간에 나를 독(毒)에 노출시켜서 죽음에 이르게 한 자

exigam ab eo quantum solatii sine sua miseria mihi dare potest. Caeterum is qui ita felix miser est, ut nemo ei amplius nocere possit, quidvis facere jure potest. Sed is casus non datur, praeterquam in DEO summe felice, nam summe miser non datur. Ego vero hoc loco non curo quid detur aut non detur, sed abstracte ratiocinor.

[13] Haec sunt quae persona per vim ab alia exigere potest *sans faire tort aux sages*, sine metu offensarum viri prudentis, saltem displicentiae. Nam etiam si quis daretur inoccidibilis gigas, cui nec venena nocerent, nec cutis tormento perforari posset, nemo tamen erit, qui neget eum agere injuste, id est dysarmonice, ita ut actiones ejus erga alios prudenti placere non possint. Nisi haec si lucrum suum quaerat cum aliorum damno, dummodo non cum miseria. Sed de hoc amplius cogitandum. An non quaesiturus sit etiam cum aliorum miseria. Quotusquisque est hominum qui non bestiis sensum quendam tribuat, et ratiocinationem quandam, fere ut infanti, qui cogitare non loqui potest, nec tamen verentur illi minimi lucri sui causa bestias miseras facere, idque vix quisquam ab omni aevo injustitiae accusavit demtis paucis Pythagoreis, gulae nostrae causa bestias occidere, scilicet quia non metuimus ne ideo magis in nos conspirent.

의 경우에는 만약 신(神)이 존재하지 않는다거나 저승이란 게 존재하지 않는다고 생각할 수만 있다면 내가 하고 싶은 대로 하는 것이 허용될 것인바, 마치 절망 속에서라면 그 어떤 현자(賢者)도 모든 방법을 다 써 본 후에 내게 할 수 있는 일이란 내가 서둘러 종말을 맞게 하는 것 외에는 아무것도 없는 것과 마찬가지이다. 그렇지만 만약 과실을 범하지 않았든 범했든 간에 해를 끼친 사람을 불행으로 몰고 가려 한다면, 아마도 다른 현자들이 [오히려] 그를 돕고자 할 것이다. 반대로 그를 불행으로 몰고 가고자 하지 않는다면 [이번에는] 모든 현자들이 나를 돕고자 하여 굳이 그를 불행에 빠뜨리지 않고도 [손해에] 상응하는 위자료를 내게 지급할 것을 요구하게 될 것이다. 더욱이 불행한 중에도 행복한 사람이라면 아무도 그에게 더 이상 해를 끼칠 수 없을 것이며 또한 그는 자신이 원하는 일은 무엇이든 정당히 할 수 있지 않겠는가. 그러나 그러한 예는 최고로 복된 [존재이신] 신을 제외하고는 생각할 수도 없고, 신에게는 최고의 불행이란 것도 발생하지 않는 법이다. [그러므로] 여기에서는 일어날 수 있거나 일어나지 않을 수 있는 예를 [일일이 구체적으로] 다루지는 않고 다만 추상적으로 [그 결론만을 간단히] 논의하고자 한다.

[13] 이는 혹자가 다른 사람에게 물리력을 행사했다 하더라도 현자(賢者)에게 해(害)가 되지 않을 수 있다고, 즉 현자로부터 비난을 받거나 적어도 그를 언짢게 할 것을 염려하지 않아도 되는 경우가 있을 수 있다고 주장하는 것과 같다. 왜냐하면 설령 불사(不死)의 거인이 있어서 독약으로도 해칠 수 없고 아무리 고문을 가해도 피부에 상처 하나 낼 수 없다 하더라도 [거인에게] 그러한

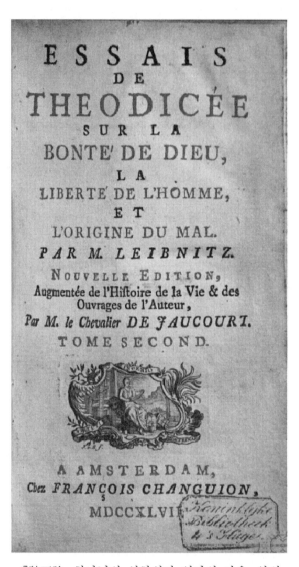

(『神正論 : 하나님의 선하심과 인간의 자유, 악의
기원에 관하여』제2권. Koninklijke Bibliotheek
소장본)

가해행위를 한 자는 부당하게, 즉 조화에 어긋나게 행동한 고로 남들에 대한 그의 행위가 현자를 만족시킬 수는 없다는 점을 부정할 자는 아무도 없을 것이기 때문이다. 가해자가 다른 사람들에게 손해를 끼치되 불행에 빠뜨리지는 않고 자신의 이익을 추구한 경우에는 예외이지만. 그러나 이 문제에 대해 [다음과 같이] 좀 더 폭넓게 살펴보아야 할 것이다. [즉] 다른 사람들을 불행에 빠뜨리면서는 [이익을] 추구할 수 없는가. 사유할 줄 모르고 말할 줄도 모르는 유아에게만큼이나 짐승에게도 그 어떤 감성이나 지성도 인정치 않으면서도 자신의 사소한 이익을 위해서라면 그러한 짐승들을 불행에 빠뜨리기를 서슴지 않는 사람들이 그 얼마던가.6) 또한 피타고라스 학파를 제외하고7) 예로부터 우리의 식욕을 위해 짐승들을 죽이는 짓은 정의롭지 못하다고 비난했던 사람들은 또 얼마나 됐던가. 이는 분명 짐승들이 우리에게 더 대들지도 모른다는 것을 전혀 두려워하지 않기 때문이리라. 그런데 여기에 또 다른 이유가 있음에 주목해야 할 것이다. 즉 (안전에 대한 관심이 칭송에 대한 관심보다 우선시되고 풍문이 안전보다 우선시되지 않기 때문에 폭군들도 자신이 안전한 이상 풍문 따위에는 거의 관심을 두지 않고 "[백성이 자신을] 두려워하는 한 자신을 증오하도록 내버려 두라"고 말하는 법이니) 우리는 두려울 일이 없다면 갖가지 칭송을 추구하기 때문이다. 그러나 현자라면 이러한 것을 추구하지는 않으니, 그는 조화를 추구하기 때문이다. 사실 마치 메아리처럼 조화가 반사되고 복제된 것이 바로 칭송이지 않은가. 만약 신께서 세상에 이성적 존재를 창조하지 않으셨다면 당신과 동일한 조화가 존재했을 것이되 그 메아리는 없었을 것이다. 즉 당신과

Sed notandum est esse et aliam rationem. Quod scilicet si extra metum simus (nam cura salutis praeponenda est curae laudis, non ponebat enim rumores ante salutem, unde Tyranni dum salvi sint parum illud curant, in odio esse : dicunt enim *oderint dum metuant*) quaerimus omnes laudem. Idque nemo sapiens non quaerit, quia harmoniam quaerit. Harmoniae autem velut Echo quoddam et reflexio et duplicatio est laus. Si DEUS non haberet in mundo Creaturas rationales, haberet eandem harmoniam, sed solum demta Echo, eandem pulchritudinem solum demta reflexione et refractione seu multiplicatura. Unde DEI sapientia exigebat Creaturas rationales, in quibus se res multiplicarent. Ut una mens esset quasi mundus quidam in speculo, aut dioptra, vel quolibet puncto radiorum visualium collectivo. Igitur quae putamus aestimare bene maleve nostra posse, eis si prudentes sumus, satisfacimus. Is igitur potentissimus seu inviolabilis quaeret fateor bonum summum quantum haberi potest, sed tamen quantum possibile est, imo quia possibile est sine dolore alieno justo, id est quem non ipsi sua conscientia et judicium aliorum in se refundat. Et sane saepe indignamur servulos nostros male de quadam actione sentire, etsi sciamus non ausuros eos unquam dicere. Haec ipsa ergo displicentia

동일한 아름다움이 존재했을 것이되 그 반사와 반영 또는 복제는 빠져버리고 없었을 것이다. 그래서 신의 지혜로써 이성적 존재들을 창조하시어 그 안에서 복제가 이루어지도록 하신 것이다. 이것은 마치 하나의 정신이 하나의 거울에 비친 세상과도 같고, 디옵터 또는 가시광선이 한데 모인 점과도 같은 것이다. 따라서 우리의 선 또는 악을 가늠해 줄 수 있다고 생각되는 기준이 있을 때에 우리가 현명하다면 그러한 기준들을 만족시켜야 하는 법이다. 그러므로 전능하거나 혹은 불가침한 능력의 소유자라면 당연히 가능한 한 최고의 선을 추구해야 하는바 이는 다른 정의로운 이에게 수고로움을 끼치지 않고도 가능한 것이기 때문이다. 즉 자기 자신의 양심과 타인들의 판단에 어긋나지 않고도 가능한 것이기 때문이다. 우리는 하인들이 우리 자신의 모종의 행위에 대해 좋지 않은 평가를 갖고 있다면 비록 그들이 이에 관해 감히 발설하지 못할 것이라는 점을 알고 있더라도 종종 분개하는 일이 있다. 이처럼 다른 사람들의 불만이 우리를 고통스럽게 하기도 하는 법이다. [반대로] 자연스러운 마음의 발로로써 타인들에 대한 사랑과 자기 자신의 아름다움[미덕]에로 이끌리는 것은 우리를 기쁘게 하는 것이다. 이러한 것들은 간혹 다른 감정들에게 가려지긴 하지만, 그렇다고 해서 맹목적으로 행해지는 것은 전혀 아니다.

[14] 다음과 같은 언명은 참이라고 할 수 있는가? [상대방의] 정당한 권리를 부정하는 자는 무기를 가진 상대방에게 모든 수단을 허용하게 된다는 언명 말이다.8) 사실 정당한 권리를 부정하는 기간만큼만 모든 수단을 허용하게 된다는 것이 맞는 말일 것이다. 왜냐하면 [무기를 지닌] 상대방이 일단 꺾이거나 패배하기만 하면

aliorum nobis dolet. Naturali quadam inclinatione mentis amore aliorum et pulchritudine suae, delectantis. Fateor haec saepe aliis affectibus obnubilari, non ideo minus tamen imprudenter acta erunt.

[14] Verumne hoc? arma tenenti Omnia dat qui justa negat. Sane verum est, non diutius dare omnia, quam quamdiu negat justa, nam quamprimum aut prostratus aut victus est, cessat jus in majora, quam quae debentur, pugna suum finem cum jacet hostis habet. Sed et hoc ipsum dubites; an qui justa negat omnia det. Finge te mihi centum debere, si aliter quam vi te cogere possum, prudenter a vi abstineo, non necessario tamen nisi sit superior aliquis qui nos cogat. Imo forte et aliorum intererit, vim non adhiberi, dum res aliter terminari potest, etsi nullus sit superior. Ergo tu quidem nullo jure repugnabis, alii te jure defendent, sed non alio quam ut rem mihi aliter praestent, imo et cautionem, id est ut te in ordinem redigant, nolo enim ego me contemtum. Etsi caetera omnia obtineam, obtinenda est tamen et voluptas par dolori ex laesione. Nam in genere quicunque parati sunt mihi praestare quae ab alio jure desidero, recte impedire vim meam possunt. Deinde si vis adhibenda est, opus est rursus multis utique Temperamentis.

내게 요구됐던 몫 이상의 대상물에 대한 권리는 정지되며, 싸움이라는 것은 적이 쓰러졌을 때에 종료하는 것이기 때문이다. 하지만 정당한 권리를 부정하는 자는 [상대방에게] 모든 수단을 허용하게 된다는 말에 대해서는 여전히 의문을 가질 수 있다. 그대가 내게 백 냥을 빚지고 있다고 할 때에 만약 내가 물리력을 동원하지 않고도 그대에게 [그 상환을] 요청할 수 있다면 물리력을 동원하지 않는 것이 현명한 처사이겠으나, 그대와 나를 강제할 수 있는 상급자가 없을 경우에는 반드시 그러하지도 않다. 다른 한편으론 상급자가 없더라도 만약 사건이 [물리력을 동원하는 것과는] 다른 방식으로 종료될 수 있다면 이 방식에 상대방들이 관심을 가질 수도 있다. 그러면 그대는 어떤 법에도 저촉되지 않을 것이며 상대방들이 [오히려] 그대[의 권리]를 지켜주면서 사건과 원인을 다른 방식으로 처리할 것을 내게 제안할 것이다. 즉 그대는 원래의 상태로 돌아가게 만들고 나는 무시 당하지 않아도 되는 방식으로 말이다. 설사 내가 다른 모든 것을 얻을 수 있다 할지라도, [권리회복으로부터] 얻을 수 있는 기쁨은 당해 손해로부터 발생했던 고통과 균등해야 할 것이다. 왜냐하면 일반적으로 말해 내가 다른 사람으로부터 받고자 원하는 바를 내게 제공해 줄 준비가 되어 있는 자라면 누구나 나의 물리력 행사를 제지할 수도 있기 때문이다. 그리고 만약 물리력을 행사한다손 치더라도 여러 가지 절제수단이 동원되게 되는 법이다. 왜냐하면 다른 사람의 물건을 획득하거나 보유할 목적으로 싸운다면 다른 수단은 사용할 수 없게 되고 그로부터 불행이 초래되기 때문이다. 예를 들어, 두 촌부(村夫)가 어떤 사건을 두고 다투면서 서로 머리카락을 잡아당기고 서로 가격하면

Nam si pro rei alicujus obtentione aut retentione pugno, non est aliquid agendum, unde miseria sequatur. Per exemplum si duo rustici de certa re litigent, si capillos mutuo involent et evellant, si se plagis invicem dedolent, sed et si tum denique destruis rem meam, ego tuam, nulla violentia in corpus, hactenus moderatum est bellum. At cum miseria alterius quaeritur, internecinum. Unde qui primus inter mutuas depalmationes cultrum aut gladium eduxit communi consensu reus habetur. Ac talis est pugna inter duos principes, ubi capillos tantum mutuo involant, id est subditos inter se committunt, ipsi domi tantum non amici. Sed et inter Respp. est simile quiddam, si qua in bello officia exhibeantur, nec pugnetur, nisi ubi occurrunt sibi armati. Unde rursus consequitur injuste agere, qui primus cum paribus potest armis vim propulsare, imparibus utitur; unde injuste utique egit qui primus arma telalia induxit, cum posset aliis pugnari, injustius, qui primus missilia, quae jam minus caveri possunt.

[15] Adhuc magis qui occulta, et quae difficilius caveri possunt, ut qui primus sine denunciatione arma intulit, qui primus incendiariis veneficisque grassari in hostem sibi permisit. Item quae nocentiora sunt, nec vincunt tantum, sed et perdunt, ut sagittae venenatae. Haec omnia injuste

서 고통을 주는 경우를 생각해 볼 수 있다. 그러나 만약 그대가 내 물건을 파손하고 나는 그대의 물건을 파손할지라도 신체에 대해서는 어떤 폭력도 가해지지 않는다면 이 한도 내에서는 싸움이 절제되고 있다고 말할 수 있다. 그렇지만 상대방의 불행을 추구한다면 싸움이 살상에 이르고 말 것이다. 이 경우 쌍방폭력 중에 먼저 단도나 장도를 꺼낸 자가 피고인이 된다는 것이 통설일 것이다. 두 왕자 간의 싸움도 마찬가지로서 양자 간에 서로 터럭을 잡아챈다든가 혹은 서로의 부하들을 건드린다든가 하는 한에서는 한 집안에서 서로 우애 없이 사는 정도에 머물 것이다. 국가 간의 전쟁에서도 만약 일정한 의무가 이행되는 경우에는 마찬가지이며, 서로 무장하여 부딪치지 않는 이상 싸움은 일어나지 않는 법이다. 이로부터 또한 다음과 같은 결론이 나온다. 즉 동등한 무기로써 [상대방의] 힘에 맞설 수 있었음에도 불구하고 동등하지 않은 무기를 먼저 사용한 자는 부당한 자이며, 다른 수단을 갖고 싸울 수 있었음에도 불구하고 먼저 살상용 무기를 꺼낸 자 역시 부당한 자이며, [일단 사용되면] 더 이상 막을 방도가 없는 투석기를 먼저 사용한 자는 더더욱 부당한 자라는 점이다.

[15] 이보다 심한 경우로서는 은닉한 무기나 막기에 더 어려운 무기 등을 사용한다든지, 예고도 없이 먼저 무기를 꺼낸다든지, 방화(放火)나 독극물 등의 수단을 먼저 써서 적을 치는 경우 등을 들 수 있다. 이보다 더 큰 해악은 독화살처럼 [결국 상대를] 이기지는 못하고 단지 살상하기만 하는 수단을 쓰는 경우이다. 다른 수단으로써는 적절히 대응할 수 없을지도 모르는 위험성이 존재하지 않는 한 위 모든 경우들은 다 부당하게 시작된 것들이라고 해

incipiuntur, nisi cum periculum est, ne aliter satius non constet. Unde in eum qui hac in parte peccat, jus poenae aliis est, etsi ei causa belli sit justa dummodo et pars adversa puniri tentetur. Sed quo jure se alii miscent damno non sibi illato; quia ad exemplum res pertinet, et ad communem securitatem. Porro si quis homo aut Concilium ita fortis sit, ut praestare omnibus securitatem possit, imo felicem reddere, is jure alios cogere potest, et ab omnibus juvari debet ad communem felicitatem. Aut potius quicunque tam fortes sunt ut extra controversiam futuri sint victores, recte adigunt alios ad id quod praestare vicissim possunt, id est faciendum quicquid in se est ad bonum universorum. Sed haec altius repetenda.

[16] Quaero an jus mihi sit lucrum unius impedire, ut procuretur alterius. Puto licere, quia et meae utilitatis causa licet, non omnino nullius tamen. Porro jusne mihi est damnum tuum procurare lucri alieni causa? non est, quia nec mei. Porro licetne tibi damnum dare, vitandi damni alieni causa. Item licetne mihi miseria tua alterius miseriam redimere (Nam quin miseriam alterius damno tuo redimere liceat non dubito). Haec jam paulo majoris momenti quaestio est. Pone duos in periculo summersionis esse, nec ambos

야 할 것이다. 그러므로 비록 [애당초] 전쟁을 벌일 정당한 이유 (causa belli justa)가 있어서 적을 벌하고자 했던 것이라 할지라도 위와 같은 관점에서 잘못을 범한 자에 대해서는 다른 이들이 벌할 권리를 갖는다고 할 것이다. 그런데 자신들이 직접 피해를 본 것도 아닌데 무슨 권리로 다른 이들이 [이 문제에] 간여할 수 있다는 것인가. 그것은 사안이 전례(典例, exemplum)와 공안(公安, communis securitas)에 관련되어 있기 때문이다. 더군다나 만약 어떤 사람이나 회의체가 모두를 위해 안녕을 보장하고 더 나아가 행복을 가져올 수 있다면, 이 권리에 기해 다른 이들을 강제할 수도 있고 모든 이들로부터 공동의 행복을 위해 도움을 받아야만 할 것이다. 혹은 강력한 권위를 지니고 있어서 이론(異論)의 여지 없이 승자가 될 것임에 틀림없는 자라면 누구나 다른 사람들로 하여금 오히려 이들이 제공할 수 있는 바를 향하여, 즉 자신의 능력 안에 지니고 있는 것이라면 무엇이든 모두의 선을 위해 행할 수 있도록 인도할 수 있을 것이다. 이에 관해서는 좀 더 깊이 논할 필요가 있다.

[16] 일방의 이익 대신 타방의 이익을 도모할 권리가 내게 있을까? 이는 가능하다고 생각하는바, 나 자신의 유익함을 위한 것이라면 가능하기 때문이다. 어느 누구의 유익함을 위한 것도 아니라면 꼭 그렇지는 않겠지만 말이다. [그렇다면] 타방의 이익을 도모하기 위해서 네게 손해를 끼칠 수 있는 권리가 내게 있을까? 불가하다고 생각하는바, [이 경우엔] 나의 이익과는 상관이 없는 일이기 때문이다. 타방의 손해를 피하기 위하여 네게 손해를 가하는 것은 가능한가? 마찬가지로 타방을 불행으로부터 구제하기 위하여

liberari posse, unum posse, estne in puro arbitrio meo alteri favere, alterum deserere. Et habetne desertus si casu liberetur, cur de me quaeratur. Sane non habebit cur me amet, nec cur oderit tamen. Igitur credo hic gratitudinis esse et aequitatis officium, stricto jure nihil exigi posse ab alterutro, nisi sint deserti ambo. Certe si quis me sine causa deserat, cum nullo periculo suo subvenire potest, habeo in eum actionem. Etsi cum damno suo, sine miseria tamen me liberare potuit. Similiter habeo in eum actionem qui rem meam cum posset non liberavit sine damno suo. At ut liberaret rem meam cum cessante lucro suo, nemo opinor tenebitur. Sed si duo liberandi concurrunt, si ponatur me tibi debere, certe et alteri debebo. An ergo rem sorti committere teneor? An si spatium non datur, quasi impetui primo. An hic est casus pro amico. Ita arbitror. An vero jure praeterire propiorem, ire ad remotiorem sine causa licet. An deserere semel apprehensum alteriusque precibus succurrere. Sunt hae profecto magni momenti quaestiones, nec quod sciam expeditae. Omnes optime natantium exemplo declarari possunt. Valuitne casus pro amico, cum Calchas sacrificium exposceret. Certe aliter videntur sensisse Graeci, qui Agamemnonis filiam, cum aliorum procerum filiabus non exemere, et sors cecidit in

네게 불행을 초래할 수 있는 권리가 내게 있을까? (타방을 불행으로부터 구제하기 위하여 네게 손해를 끼치는 것이 가능함에는 의심의 여지가 없지 않은가.) 이는 좀 더 중요한 문제라 할 수 있다. 두 사람이 익사할 위험에 처해 있는데 둘 다 구할 수는 없고 한 사람만 구할 수 있다고 가정해 보자. 그러면 이때에 내 순전한 생각에 따라 그 중 한 사람을 구하고 다른 한 사람은 포기할 수 있지 않은가. 그리고 내가 포기했던 사람이 우연히 구조된 경우 어찌 나를 탓할 수 있겠는가. 그는 나를 좋아할 이유도 미워할 이유도 없는 것이 상식에 부합할 것이다. 그러므로 여기서의 문제는 호의상의 의무, 형평상의 의무인 것이며, 두 사람 모두를 포기한 경우가 아닌 이상 엄격한 법에 따라서는 둘 중 어느 누구도 내게 아무런 요구도 할 수 없다고 생각한다. 어느 누가 자신에게 아무런 위험도 발생되지 않을 텐데도 불구하고 아무런 이유도 없이 나를 버린 경우에는 내가 그를 상대로 소를 제기할 수 있음은 분명하다. 설령 자신에게 손해가 발생한다 하더라도 자신이 불행해지는 결과만 아니라면 나를 구할 수도 있었기 때문이다. 마찬가지로 자신에게 손해를 초래하지 않고도 내 물건을 반환할 수 있었음에도 불구하고 그러하지 않은 자를 상대로도 소를 제기할 수 있다고 하겠다. 그러나 내 물건을 반환함으로써 자신의 이익이 중단되는 경우라면 그 어느 누구도 반환의 의무를 지지는 않는다고 생각한다. 그런데 두 사람에 대한 구조가 경합하는 경우에 만약 내가 너를 구해야 한다고 하더라도 다른 사람도 구해야 하는 것은 분명하다. 그렇다면 사안을 운명에 맡겨야 하는가? 만약 시간이 없다면, 첫 번째 충동에 맡겨야 하는가? 아니면 이는 친우(親友)에 관한

Iphigeniam. An discrimen est inter inferre damnum et non eripere. Si parentem meum cum alio natantem, deprehendam cum submersionis periculo, aut fratrem, aut amicum, aut denique notum, rectene eum eripuero altero deserto. An vir bonus malo praeferendus est, sapiens rudi. Sed si factum non sit, estne injuste deserto jus vindicandi. Nonne notus indignabitur si desertus sit, erepto ignoto. Sunt profecto ejus generis quaestiones difficiliores quam prima fronte videntur. Certe aequum videtur eligi meliorem, item utiliorem in universum, v.g. qui multos liberos sine ejus ope prope perituros habeat, quam viduum et otiosum. Item cum quo pereat Reip. multum, ut obsidem, item qui vendi caro potest. Sed an hoc in computum venire debeat, dubium. Magis etiam proprium meum commodum pecuniarium an divitem eripere possim prae paupere quasi plus praestiturum. Non est res parva, de vita et salute aut hujus aut hujus agitur. Quid de parente, quid de intimo amico, quid de domino aut Rectore, quid si Rector cum amico, imo quid si princeps meus cum parente concurrant. Utri subveniendum. Quid si parens cum amico. Quae gratitudinis ratio habenda est. An nihil est in tanta re statuendum, sed res committenda sorti aut fato. An sorti et fato non extra rem, sed in re posito committere

사안(casus pro amico)인가? 그렇다고 생각된다. [나랑] 더 가까운 사람은 지나쳐 버리고 별다른 이유도 없이 [나랑] 더 먼 사람에게 [구조하러] 간다는 것이 진정 법적으로 가능한가? 먼저 잡은 사람을 포기하고 다른 사람의 간청으로 [그를] 구조하는 것은 가능한가? 이는 정말로 매우 중요한 질문들인데도 지금까지 논의된 바는 없었던 것으로 안다. [그러나] 이 모든 문제들은 [트로이로 향하려던 저] 배들의 예9)를 들면 적절히 설명될 수 있다고 본다. 칼카스가 희생을 건의했을 때에 친우에 관한 사안이 소용 있었던가? 분명 그리스인들은 달리 생각했던 것으로 보이는바, 그들은 아가멤논의 딸과 다른 고관들의 딸 사이에 차등을 두지 않았고 그리하여 이피게니아가 낙점됐던 것이다. 손해를 끼치는 것과 구조하지 않는 것 사이에는 차이가 있는가? 만약 내 부(父) 또는 모(母) 또는 형제, 친구, 혹은 지인이 다른 사람과 수영을 하다가 익사할 위험에 처했다면, 내가 그를 구하고 다른 사람을 포기하는 것이 올바르지 않은가? 선인이 악인에 우선하고 현인이 투박한 자에게 우선하는가? 그러나 만약 [이와 같은 우선적] 선택이 이루어지지 않은 상태에서라면, 버려졌던 자가 [구조]청구권을 행사하는 것은 부당한가? 지인이 버려지고 다른 사람이 구조된다면, 지인은 상처를 받지 않겠는가? 정말 이런 종류의 문제들은 처음에 본 것보다는 풀기 어려운 문제들로 보인다. 더 나은 사람, 즉 전체적으로 볼 때에 더 유용한 사람, 예를 들어 [부양해야 할] 자식도 없고 게으른 자보다는 많은 자식들의 생사가 달려 있는 아비를 선택하는 편이 분명 형평에 부합한다고 보인다. 포로처럼 그가 죽으면 나라에 많은 피해가 발생하는 자 혹은 비싼 값을 치러야 하는 자 등도 마찬

CODEX
JURIS GENTIUM

DIPLOMATICUS,

In quo

Tabulæ Authenticæ Actorum publicorum,
Tractatuum, aliarumque rerum majoris momenti
per Europam geſtarum, *pleræque inedita vel ſeleſta*, ipſo
verborum tenore expreſſæ ac temporum ſerie digeſtæ,
continentur ;

A fine Seculi undecimi ad noſtra uſque tempora
aliquot Tomis comprehenſus:

Quem

Ex Manuſcriptis præſertim Bibliothecæ
Auguſtæ Guelfebytanæ Codicibus,

Et Monumentis Regiorum aliorumque Archivorum, ac
propriis denique Collectaneis

Edidit

G. G. L.

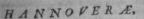

HANNOVERÆ,
Literis & Impenſis SAMUELIS AMMONII. M DC XCIII.

(『외교만민법전』 1693. Université de Lausanne 소장본)

가지이다. 그러나 이러한 것들을 반드시 고려해야 하는지는 의문이다. 나 자신의 금전적 이득을 고려해야 하는지는 더욱더 의문이다. [예를 들어] 가난한 사람보다는 부유한 자가 더 큰 보상을 해줄 터이므로 부유한 자를 구해 주는 것이 가능한가? 이는 사소한 문제가 아니고, 이 사람 또는 저 사람의 생명과 안녕이 달린 문제인 것이다. 부 또는 모의 경우에는 어떠한가. 절친의 경우에는 어떠한가. 주인 또는 스승의 경우에는 어떠한가. 만약 스승과 친구가, 혹은 나의 군주와 부 또는 모가 경합하는 경우에는 어떠한가. 이 중 누구를 도와야 하는가. 만약 부 또는 모와 친구가 경합하는 경우에는 어떠한가. 감사(感謝)의 정도는 얼마나 고려해야 하는가. 이처럼 큰 문제에서는 아무것도 결정하지 말고 문제를 제비뽑기나 운명에 맡겨야 하는가. 우리가 제비뽑기나 운명에 맡겨야 하는 것은 사안 외적인 측면에서가 아니라 사안 자체의 내적인 측면에서인가. 예를 들어, 우리가 첫 번째로 도와 줄 수 있는 사람에게 [도움을 주어야 하고] 우리가 갖고 있는 바를 활용하여 보다 더 쉽게 도와 줄 수 있는 경우에 도움을 주어야 할 것이다. 다른 한편, 두 명이 수영을 하다가 그 중 덜 중요한 사람이 먼저 내게 손을 뻗은 경우 그를 잔인하게 뿌리쳐야 하는가? 그렇다면 같은 맥락에서 볼 때에 악하거나 쓸모없는 사람인데도 신체가 건강하다는 이유로 구해 주고, 현인은 허약하다는 이유에 굴복해야 하는가? 만약 사안이 비이성적 존재에 관한 것이라면 이를 용인해도 될 것이나, 이성을 활용하는 인간에 관한 사안에서는 용인될 수 없을 것이다. [예를 들어] 어떤 왕이 한 백성을 죽이지 않고서는 자신이 풀려날 수 없는 경우, 즉 자신에게 위협을 가하고 있는 적에게 칼이 도달

debemus. Puta accedendum auxilium ei, qui nobis cum primum juvare possumus et agimus quod nostrum est adjutu facilior est. Alioqui si duo sint navantes, et alter insiliat mihi primus, etsi forte indignior, an crudeliter repellendus erit. Sed an ideo firmitas corporis improbum aut nihili hominem liberabit, infirmitas sapienti oberit. Esset hoc admittendum, si cum irrationalibus Elementis res est, non ubi cum hominibus ratione fruentibus. Finge non posse regem liberari nisi caede civis. Ut per latus ejus transadigendum in hostem telum, a quo periculum regi. Quid si per corpora vulneratorum pons mihi faciendus ad liberandum Regem, patrem, amicum, benefactorem. Sed tandem concludendum est aliquid. Eligendus utique est cujus exitium cum exitio multorum conjunctum est. Par ratio de miseria. Finge me remedium contra podagram habere, sed quod mox absumendum sit nec reparari possit, cui debebo. Si egomet podagram habeam, utique me praetulero, etsi et alii jure mihi eripiant, prorsus ut in nave si ego solus habeam occultatum victum sufficientem, non est cur producam, possum enim forte ad portum usque me sustentare. Sed si alii resciscant, jure communicationem exigent potius quam ut moriantur. Et ita his casibus in utroque necessitas facit bellum justum. Quicquid sit, non

하려면 [먼저] 그 칼이 그 백성의 몸을 지나지 않으면 안 되는 경우를 생각해 보자. [또는] 왕이나, 부(父), 친구, 후원자 등을 구하기 위해 내가 부상자들 위로 다리를 만들어 건너야 한다면 어떻게 해야 하는가. 그런데 어쨌든 뭔가 결론은 내려야 할 것이다. 어느 쪽이든 사멸할 경우 여러 다른 사람들의 사멸이 동반되는 쪽을 선택해야 할 것이다. 불행에 관해서도 마찬가지의 이유로 논할 수 있다고 본다. 만약 내가 통풍 치료제를 갖고 있는데 이 치료제를 빨리 써야 되고 [쓰고 나면] 다시 만들 수 없다고 생각해 보자. 그러면 이때 이 치료제를 누구에게 주어야 하는가. 만약 나 자신이 통풍을 앓고 있다면, 비록 다른 사람들이 내게서 치료제를 정당하게 가져갈 수 있는 경우일지라도 나는 [그 치료제를] 내게 쓰고자 할 것인바, 마치 배 안에서 나 홀로 숨겨진 식량을 충분히 갖고 있을 경우에 이 사실을 드러낼 아무런 이유도 없고 항구에 도착할 때까지 내 스스로 지탱하는 데 쓸 수 있는 것과 마찬가지인 것이다. 그러나 다른 사람들이 이 사실을 알게 됐을 경우에는 [가만히 앉아] 죽기보다는 그 식량을 나누어 줄 것을 정당히 요구할 수 있다. 그리하여 이런 경우들에서는 어느 쪽에서든 위급한 사정을 이유로 정당한 싸움[正戰]을 일으킬 수 있는 것이다. 어쨌든 누구를 먼저 구해야 할지의 선택권이 내게 있다는 점에 대해서는 의심하지 않지만, [이 경우에 반드시] 이유가 있어야 할 것이다. 그러므로 선택하라. 무엇보다 먼저 나 자신의 안녕이 연관되어 있는 자를 선택하고, 그리고 나서는 여러 다른 사람들, 특히 공공에 관한 경우에는 되도록 많은 수의 사람들의 안녕이 연관되어 있는 자를 선택하라. [그러면] 부(父)나 배우자, 아들[을 먼저 구하기]보다는

dubito eligere me posse cui prius subveniam, sed ex ratione. Igitur elige. Prae caeteris eum quo salus sua continetur, deinde cui aliorum, quantoplurium, maxime si publica. Patrem conjugem filium postponet principi cui salus publica innititur. Sed si haec omiserit, non erit cur desertus indigne ferat, cum aeque sibi carus sit rusticus ac Philosophus, cumque iniquum sit a te petere ut tuam salutem postponas meae, erit simpliciter iniquum a quocunque exigere ut meam salutem praeponat alienae. Quid si ille debeat salutem mihi ut filius patri, ne tunc quidem puto mihi actionem esse. Sed distinguendum est. Puto enim eum qui custodiendae aequitati praeest, punire admissum in se, quod punire in alios admissum potest. Unde parens nisi jus castigationis alias habeat, non recte puniet filium, qui ei extraneum praetulit, Rex puniet eundem. Quod de miseria idem de damno dicendum est, licere mihi alieno damno tuum redimere, v.g. si servi, aut animalia Titii et Caji sint in periculo summersionis utrilubet succurrero, ut dixi. Nota tamen amico dari actionem contra amicum id est eum qui beneficia accepit, in quantum ego vel de lucro meo cessi, vel damni passus sum ejus causa, si amicitiam non servet. Contractus enim quod bene notandum est sunt velut parvae quaedam

공공의 안녕이 달려 있는 군주를 구하게 될 것이다. 그러나 이 우선순위가 지켜지지 않았다고 해서 그 때문에 버려진 자가 분개할 수는 없는바, 그러한 선택을 한 자에게는 시골사람이나 철학자나 똑같이 귀하기 때문이며, 내가 네게 너의 안녕보다 나의 안녕을 우선시하라고 요구하는 것은 불공평하기 때문이고, 어느 누구에게라도 나의 안녕을 다른 사람의 안녕에 우선시하라고 요청하는 것역시 불공평하다는 점은 분명하기 때문이다. 만약 그가 마치 아들이 아버지에게 안녕을 빚지고 있는 것처럼 내게 안녕을 빚지고 있는 경우에는 어찌 되는가. 이 경우에도 내게 소권이 있다고 생각지는 않는다. 그러나 경우를 나누어 보아야 할 것이다. 생각건대 형평을 수호해야 할 책임이 있는 자는 다른 사람들에 대한 범죄를 처벌할 수 있기 때문에 자기 자신에 대한 범죄도 처벌할 수 있다. 그러므로 부 또는 모는 다른 사람들을 벌할 권한이 없기 때문에 비록 아들이 자신들보다 외부인을 우선시했다고 해서 이 아들을 벌하는 것은 올바르지 못하지만, 왕의 경우에는 [자기 아들이 그런 선택을 한 경우에는] 그 아들을 벌할 수 있는 것이다. 불행의 경우에 관해 논했던 바는 손해의 경우에도 마찬가지로 논해야 할 것인바, 내가 너의 손해를 복구하기 위해 타인에게 손해를 끼치는 것은 허용된다. 예를 들어, 티티우스와 카유스 양자의 노예나 가축이 익사할 위험에 처해 있을 때 그중 어느 쪽을 구할 것인지는 내마음에 달려 있다는 것은 위에서 말한 바와 같다. 그러나 유의해야 할 점은 어떤 친구를 위해서 내가 이익을 양보하거나 손해를 입어서 그 친구가 그만큼 수혜를 보았는데도 불구하고 그가 우정을 지키지 않은 경우에는 나는 그 친구를 상대로 소를 제기할 수

amicitiae. Et societas omnium bonorum cum amicitia vera multum communitatis habet. Nam etiam vera amicitia dissoluta, recipiat unusquisque quod intulit, neque enim ideo communicata mutuo proprietas, nisi id expresse sit actum. Sed cum detur ultra actio ad id quod interest non solutum, perinde erit effectu, ac si confusa essent bona. Si igitur is qui mihi amicitiam debet me non eripuerit, habeo in eum utique actionem. Habet ergo et parens.

[17] Hactenus liceatne potius te eripere miseria vel damno vel alium. Nunc quaestio est, liceatne potius tibi dare damnum quam alteri si alterutri dandum est. Pone salutis meae causa per vulneratorum corporum moliendam equo viam, puto idem quod supra eligendi jus esse. Illud etiam puto, si miseriae meae vitandae causa alteri miseriam intentavi, nullam esse ei ubi elapsi uterque sumus actionem. NB. Ecce limitationem juris belli utrinque justi. Sed formandus est alius casus, liceatne salutis Titii eripiendae causa Cajum in miseriam dejicere. Pone Titium esse inter hostes, nec licere viam moliri ad ejus salutem, nisi per corpus Caji, qui tamen alioqui extra periculum est. An tabula dejicere Cajum licet, ut Titius enatet, praesertim si me lucro pecuniario Titius invitet, licetne in hunc usum si subveniri

있다는 점이다. 주지하다시피 작은 우정은 마치 계약과도 같기 때문이다. 사실 모든 선인(善人)들의 모임은 우정과 진실로 많은 점에서 공통점을 갖고 있다. 왜냐하면 참된 우정이 해소된 다음에는 전에 각자가 기여했던 바를 돌려받고 상호공유하는 재산이란 이것이 명백히 실행된 경우가 아니라면 [참된 우정의 관계에서도] 존재하지 않기 때문이다. 오히려 처리되지 않고 남은 물건에 대해 소가 제기된 경우에는 마치 재산들이 뒤섞여 있을 때와 마찬가지의 결과가 발생하는 법이다. 그러므로 내게 우정을 빚지고 있는 자가 나를 위험에서 구해 내지 않으면 나는 그에 대해서 소를 제기할 수 있음은 분명하다. 그러므로 부 또는 모도 마찬가지로 [자식에 대해서] 소를 제기할 수 있다.

[17] 지금까지는 너를 불행이나 손해 기타 등으로부터 구하는 것이 허용되는가에 관해 논했다. 이제 문제는 [너와 타자 중] 어느 누구에게라도 손해를 줄 수밖에 없다면 그 다른 사람 말고 네게 손해를 주는 것이 허용되는가이다. 나의 안전을 위해서는 부상자들을 밟고 말을 타고 나아가야 하는 경우를 가정해 본다면, 위에서 살핀 바와 마찬가지로 선택의 권리가 있다고 생각한다. 또한 나의 불행을 피하기 위해서 다른 사람에게 불행을 초래한 경우, [나중에 나와 그] 양자가 모두 **빠져나오게** 된 경우 그는 나에 대해 소를 제기할 수 없다고 생각한다. [이 경우] 어느 쪽도 정당한 싸움[正戰]의 권리에 제한을 받게 된다는 점에 유의해야 할 것이다. 그런데 여기서 다른 경우도 생각해 보아야 하는데, 티티우스의 안녕을 확보하기 위해서 카유스를 불행으로 내던져 버리는 것이 허용되는가의 문제이다. 티티우스가 적들 가운데에 둘러 쌓여 있

alias non possit e longinquo trajicere Cajum. Non puto licere. Nulla pecuniae ratio habenda in quaestione salutis. Hoc ipsum enim est non ex paribus unum alteri praeferre, sed imparem superiori. Impar autem est fortuna. Nisi inquam plurium salus ab eo pendeat, nisi item sit is qui vindicationem in me habet, nisi eum eripuero. Sed tamen et hoc dubium an vel parentis causa hoc liceat, est is casus quo non licet jure assistere, ei qui jure bellat, quia uterque jure bellat. Hoc est adhuc pene aliud. Ponamus hunc casum, Titius et Cajus in aqua de tabula pugnant, licetne eminus missili alterutri subvenire. Par est ratio an liceat eum qui jam adhaeret primus fune, repellere. Pone insilire in navem et navem plures capere non posse, licetne miserum rursus ejicere, ut alter cujus causa navem adveximus intromittatur. Ita puto si debita fuit alteri advectio ita ut habeat jus belli aut magistratus poenam intentaturus sit, tunc enim cum duo habeant jus belli, rursus mihi eligendum est, a quo sustineri malim, nam hoc casu habebit jus neuter. Sed si unus habeat jus belli, alter non habeat. Puto debere me eripere eum, qui non ereptus habet jus belli. Sed quid si duo habeant jus belli, puta amicus vel parens, et is qui navi insiliit, ei utique assistendum est, qui primus jus belli habuit. Id est, qui me

고 그의 안전을 확보하러 나아가기 위해서는 카유스의 몸을 치고 지나가지 않을 수 없는데 이런 일만 아니라면 카유스는 어떤 위험에도 처할 염려가 없었던 경우를 가정해 보면 될 것이다. 특히 티티우스가 내게 금전적 이득을 제시한다면 나는 카유스를 널빤지에서 던져 버리고 대신 티티우스가 [그 널빤지에 기대어] 헤엄쳐 나오도록 하는 것이 허용되는가. 또한 이 목적을 위해서 다른 방도가 없는 경우에는 카유스를 멀리서 쏘아 맞추는 것이 허용되는가. 나는 그렇지 않다고 생각한다. 안전에 관한 문제에 있어서는 금전적인 고려가 개입돼서는 안 되는 법이다. 왜냐하면 이것은 동등한 자 사이에서 어느 한쪽을 다른 한쪽에 우선하는 것이 아니라 동등하지 않은 자를 우월한 자에 우선하게 될 수도 있기 때문이다. 여기서 동등하지 않았던 자는 단지 운이 좋았을 뿐인 것이다. 단 여러 사람의 안전이 그에게 달려 있거나 만약 내가 그를 구하지 않으면 그가 나를 상대로 배상을 청구할 것이 분명한 경우에는 예외이지만 말이다. 이때 만약 부(父) 또는 모(母)를 위한 경우에는 [다른 사람을 불행에 빠뜨리는 것이] 허용될 것인가에 관해서도 생각해 볼 수 있다. 이는 이미 법적으로 다투고 있는 자에게는 법적 조력을 하는 것이 허용되지 않은 경우에 해당한다고 볼 수도 있는데, 왜냐하면 이때 양자 모두 법적으로 [정당하게] 다투고 있기 때문이다. 그러나 이는 다른 문제이다. 다음의 경우를 상상해 보자. 즉 티티우스와 카유스가 물속에서 널빤지를 두고 다툴 때에 멀리서 창을 던져 그 중 한 사람을 돕는 것이 허용되는가. [또한] 먼저 밧줄을 붙잡은 자를 내쳐버리는 것이 허용되는가에 관한 물음도 마찬가지 차원에서 살펴볼 수 있다. 누군가 배에 기어들어

GODEFRIDI GVILIELMI LEIBNITII

MANTISSA
CODICIS
JURIS GENTIUM
DIPLOMATICI

Continens Statuta magnorum Ordinum Regiorum, acta vetera Electionum Regis Romani, Manifeltationes jurium inter Franciam, Angliam & Burgundiam olim controverforum ; Concilia item Germanica , Ceremoniale Sedis Romanæ vacantis , Concertationes Imperium regnaque inter & Ecclefiam Romanam præfertim Bonifacii VIII. tempore & circa Concordata Galliæ cum Leone X. Scifliobem Bohemicam , Secularifationes ditionum Epifcopalium & Pontificibus factas , Abfolutionem Henrici IV. Gall. R. Præterea Auftriaco - Luxenburgica, Anglo - Scotica, Helvetico - Novo - Caftrenfia &c. ac tandem complures fœderum aliorumve publicè geftorum tabulas:

Ex Manufcriptis præfertim Bibliothecæ Augufiæ Guelfebytanæ Codicibus

Et Monumentis Regiorum aliorumve Archivorum , ac propriis denique Collectaneis,

HANOVERÆ,
Sumptibus GOTFRIDI FREYTAGII, Bibliopolæ Hanover. & Guelfebytani.
Literis SAMUELIS AMMONII. M. D. CC.

(『외교만민법전 補』 1700. Österreichische Nationalbibliothek 소장본)

왔는데 그 배는 더 이상 여러 사람을 태울 수 없는 경우를 가정해 보자. 이때 그 불운한 자를 [배 밖으로] 던져 버리고 우리가 원래 구하려고 배를 가져왔던 자가 그 배에 타도록 하는 것은 허용되는 가. 그렇다고 생각하는바, 만약 후자를 위해 배를 가져와야 했기에 그가 다툴 권리를 갖거나 [이 의무를 이행하지 않을 경우] 법관에 의해 처벌을 받게 된다면 말이다. [만약] 이때 두 사람 모두 다툴 권리를 가진다면 어느 누구를 구할지 내가 선택해야 하며, 이러한 경우에는 그 누구도 [자기를 먼저 구해 달라고 요청할] 권리를 갖지 못한다고 해야 할 것이다. 그러나 만약 일방은 다툴 권리를 갖고 있고 타방은 갖고 있지 않다면, 생각건대 만약 구조받지 못하면 [나를 상대로] 다툴 권리를 갖는 사람을 구해야 할 것이다. 그런데 만약 예를 들어 친구나 부 또는 모 그리고 배에 기어오른 자의 경우처럼 양자 모두 다툴 권리를 갖는 경우, 누구든 먼저 다툴 권리를 갖는 이를 구조해야 할 것이다. 즉 위급한 경우엔 자신을 구조하도록 법적으로 또는 스스로 또는 타인을 통해서 나를 강제할 수 있는 자를 구조해야 할 것이다. 나를 구해 준 바 있는 친구가 위급한 처지에 있는 경우 정녕 그를 구조해야 하는가. 그렇게 하는 것이 마땅할 것이다. 설사 내가 속한 국가가 없다 치더라도, 만약 다른 사람들이 모두 똑같이 말한다면 마찬가지 법이 적용될 것이다. 차이가 있다면 그것은 바로 형평에 맞는 바는 국가에서 의무와 등치(等値)한 것이 아니라면 현인(賢人)에 의해서도 정해질 수 없다는 것이다. 즉 만인에 의해서 법적으로 기대되는 경우가 아니라면 안 된다는 것이다. 그렇다면 나를 구해 준 바 있는 친구는 만약 내가 구해 주지 않으면 나를 상대로 배상을 요구할 권리

cogere jure per se aliumve potest ad assistendum sibi in necessitate. Debeone vero in necessitate assistere amico, qui et me eripuit, ita sane debeo. Imo et si nulla sit Respublica, in qua agam, tamen si caeteri homines idem dicturi sint, idem juris est. Imo discrimen est, nam id quod aequum est, non est a prudente nisi in Republica aequiparandum debito. Id est non nisi ubi hoc vicissim ab omnibus jure expectandum est. An ergo amicus qui me eripuit jus habet exigendi me vindicari si non ereptus est. Habet si nec alium eripui, sed si alius sit puta ignotus, cui ego nil debeo, an illum recte eripuero. Non recte, puto esse enim hoc declarationem mali animi in amicum. Animi aversi signum est amico, negligi; non est ignoto. Jam animi aversi signum jus belli praebet. Eadem proportione de patre, de rege, sed illud adhuc restat, si duo invicem de salute pugnent, uterque jure, ut de tabula, liceatne alterutrum transadigere eminus, alterius eripiendi causa. An si se eripiat, est ei jus belli in me, non licet nisi sit qui jus belli in me habet, si in discrimine salutis, ubi sine meo servari potest, negligatur. Sed per accidens longe aliter evenire potest, si enim ego habeam cur metuam a transadigendo periculum salutis, aut amicis ejus, etsi non jure, tamen cessat amico debita obligatio. Quid

를 갖는가. [이 경우엔] 비록 내가 대신 다른 사람을 구하지 않더라도 친구는 [그러한 권리를] 갖는다고 하겠다. 그런데 만약 그 다른 사람이 내가 원래 모르는 사람이고 그에 대해 내가 아무런 의무도 지고 있지 않은 경우에 [친구 대신] 이 사람을 구하는 것이 올바른 일인가. 올바르지 않은바, 생각건대 이는 친구에 대해 나쁜 마음을 표출함에 다름 아니다. 친구에 대한 마음이 돌아선 것, 즉 친구를 무시하는 마음의 징표라고 할 수 있는데, 이러한 것이 낯선 사람에게는 해당되지 않는다. 마음이 돌아섰다는 징표는 [친구에게] 다툴 권리를 부여하게 된다. 마찬가지의 관계가 아버지나 왕에 대해서도 성립한다. 그런데 여기서 한 가지 남는 문제는 만약 두 사람이 각자 안전을 위해서 예를 들어 널빤지에 대한 권리를 놓고 싸우고 있는 경우 어느 한쪽을 구하기 위해서 다른 한쪽을 멀리 [물속으로] 떨어뜨려 놓는 것이 허용되는가의 문제이다. [이때] 후자가 자구(自求)하게 된 경우에는 나를 상대로 다툴 수 있겠지만, 그가 나에 대해 [그러한] 다툴 권리를 갖고 있는 자가 아니거나 만약 안전상 위기의 순간에 나 말고도 도움을 받을 수 있었는데 [나로부터] 도외시 당한 경우라면 [나를 상대로] 다툴 수는 없다. 그런데 우연에 의해 상황이 전혀 다르게 전개될 수도 있는데, [예를 들어] 후자를 떨어뜨려 놓음으로써 나의 안전에 대해 또는 그의 친구들로부터 위협을 받을지도 모른다고 두려움을 가질 만한 이유가 있을 때에는 비록 [이러한 이유가] 정당하지는 않을지라도 친구에 대한 나의 의무는 정지된다고 하겠다. 만약 두 사람이 싸우고 있는데 그냥 내버려 두면 그 어느 누구도 살아남을 수 없는 상황에서 오직 한 사람만 구할 수 있고 각기 자기가 그

si duo ita pugnent, ut effecturi sint si sibi relinquantur neutrum servari, puta servari unum tantum posse, sed quemlibet velle illum unum esse, tunc puto idem juris esse. Sed quid si non sit qui praeferatur, utique sors tandem judex esse debet, non quasi judicium DEI, sed ut ego purus sim animi, nec judex salutis inter duos sine ratione. Id est, ut judex sit, is cui nemo irasci potest, id est fortuna. Nam in alios omnes judices est jus poenae. Quicquid autem poenae jus facit injustum est.

[18] Iam ad plures; licetne damnum unius non cavere, ut damnum plurium caveatur. Ita sane. Licetne miseriam unius non cavere, ut miseria plurium caveatur. Ita puto. Sed quid si is sit in dubio alteri uni praeferendus, an et pluribus praeferendus erit. Sane si tres sint in periculo mortis nec possint nisi duo eripi, utique eripiam quem alioquin prae uno alio debeo jure, alium sorte; sed quid si ita res comparata sit, ut non possit eripi unus cui prae uno salus debetur, nisi plures pereant. Puto plures non amicos uni amico praeferendos. Sed quid duone alii meo parenti praeferendi erunt, an decem an 100. Magna certe quaestio est, si ponatur parens meus in dolo esse, non est ei parcendum. Ut si quam conjurationem pulverariam designarit animo. Interest quo ego

'오직 한 사람'이 되기를 원하는 경우에는 어찌 되는가. 마찬가지의 법리가 적용될 것이라고 생각한다. 그런데 선호되는 이가 없을 때는 어찌 되는가. 이런 경우에는 추첨만이 재판관이 되어야 할 것인바, 신의 재판처럼이 아니라 마치 나 자신이 순수한 정신의 소유자인 양 [행동해야 하며] 아무 근거도 없이 두 사람 사이에서 안전에 관해 재판하는 것처럼 행동해서는 안 된다. 즉 [이 경우] 재판관은 그 누구도 화낼 수 없는 이, 즉 운명의 여신과 같아야 하는 것이다. 사실 다른 모든 재판관은 형벌권을 갖고 있다. 그리고 형벌권을 발동케 하는 것은 무엇이나 정의롭지 못한 것이라고 할 수 있다.

[18] 이제 여러 사람의 경우에 관해 생각해 보자. 여러 사람의 손해를 막기 위해 한 사람의 손해를 막지 않는 것이 허용되는가? 당연히 그러하다고 생각한다. [그럼] 여러 사람의 불행을 막기 위해 한 사람의 불행을 막지 않는 것은 허용되는가? 그렇다고 생각한다. 그런데 어느 한 사람이 다른 사람보다 우선되어야 하는지, 더 나아가 여러 사람보다 우선되어야 하는지에 관해 확실하지 않은 경우에는 어찌 되는가? 만약 세 사람이 죽을 위험에 처해 있는데 그중 두 사람밖에 구할 수 없다면, 당연히 이런 경우에는 만약 구하지 않으면 다른 사람에게보다 더욱 큰 법적 책임을 져야 할 사람을 [먼저] 구하고 나머지 한 사람은 무작위로 뽑히는 대로 구하게 될 것이다. 그런데 상황이 이와는 달리 만약 다른 사람보다 더 안전을 지켜주어야 하는 사람이 있다고 할지라도 여러 사람이 스러지게 내버려 두지 않고서는 그 사람을 구할 수 없는 경우에는 어떠한가? 생각건대 여러 명이라면 비록 [이들이] 친구가 아니더

animo sim, an mortem parentis a me cessando procuratam esse major sit miseria, quam procuratam mille aliorum. An ita res distinguenda est, ut si tot hominum salus vertatur, quot per se beati esse possunt, injustum sit. Justum est quod quis in concione generis humani, si totum sapiens supponatur, defendere posset. Aut justum est, quod placeret DEO si esset, sive sit sive non sit. Quid ergo nonne debeo damno meo mille aliorum damna redimere, ita sane si citra miseriam, non duorum tamen, non trium. Ponendus est casus, sunto captivi mille, his eripiendae vestes et cum laceris commutandae. Ego qui apud ducem victorem gratia polleo, possum hoc unius gemmae in illum dono redimere, recte et prudenter facturus sum, imo non potero contrarium defendere in concione generis humani omnium sapientum, seu optima Republica universali; at si omisero, non est illis in me jus poenae, nisi privativae seu retorsionis, ut et ipsi non prosint. An haec retorsio determinata sit ad aequalitatem, de eo mox. Sed pergamus, cum aequum sit me damnum mille aliorum meo redimere, quod scilicet nullius sit ad miseriam felicitatemque momenti (nam hoc ipsum miseriam efficere potest, felicitate possessa dejici, adeo ut nemo cogatur de felicitate possessa in statum medium decedere miseriae alterius causa NB), non

라도 한 명의 친구보다는 우선시되어야 할 것이다. 그렇다면 만약 두 명이라면 나의 부 또는 모 한 명보다는 우선시되지 않는다고 해야 하는가? 만약 열 명이라면, 백 명이라면? 만약 나의 부 또는 모가 계략을 꾸미고 있다면 그러한 부 또는 모는 구하지 않아야 되는지의 문제는 분명 크나큰 문제라고 할 수 있다. 예를 들어 부 또는 모가 마음속으로 반역을 획책하고 있는 경우에 말이다. 문제는 내가 구조를 멈춤으로써 결과될 부 또는 모의 죽음이 천 명의 다른 사람들을 구하는 것보다 얼마나 큰 불행으로 다가올지의 문제일 수 있다. [아니면] 아무 일이 없었다면 행복했을 사람들의 안전을 뒤집어 놓는 것은 부당하다는 관점에서 사안이 접근되어야 하는지. 만약 모든 사람들이 다 현자라고 전제한다면, 이들로 이루어진 인류집단 앞에서 누구라도 수호할 수 있는 대상은 정당한 것이라고 하겠다. 혹은 신의 [실제] 존부(存否)와는 상관없이 만약 신이 계시다면 그에게 기꺼운 것이 정당한 것이라고 하겠다. 그렇다면 나의 손해를 감수하면서까지 천 명의 다른 사람들의 손해를 방지해야 하는가에 대해서는 만약 두세 명에게라도 불행이 초래되지 않는 경우라면 당연히 그래야 한다고 답할 수 있겠다. 천 명의 포로가 있는데 그들의 옷을 벗겨 내고 대신 누더기로 바꾸어 주려 하는 경우를 생각해 보자. [그리고] 내가 승전(勝戰) 장수의 은총을 누리고 있다면 그에게 보석 하나를 선물로 주고 위 포로들이 손해를 입지 않도록 하는 것이 옳고도 현명한 처사일 것이며, 현인들만의 인류집단, 즉 만인의 최선의 국가 안에서는 이에 반(反)하는 것을 수호할 수는 없을 것이다. 그렇지만 만약 내가 이러한 조치를 취하지 않더라도 그들은 나에 대해서 아무런 형벌권을 행

tamen aequum est me miseria mea aliorum miseriam redimere, etsi debeam damno meo redimere aliorum felicitatem.

[19] Quaeritur vero an aequum sit me miseriam parentis mille aliorum miseriae praeferre, an saltem duorum, an centum, ubi sorites locum habet. Pone parentem meum apud hostes esse et hostes eum occisuros cum summo cruciatu, nisi eis 100 alios ad cruciatum dedam. Quid faciam obsecro. Imo ponamus alium casum, quia aliud est dedere, aliud relinquere. Ponamus inquam hostem mihi optionem dare, parentem meum an 100 alios occidi cum cruciatu malim, et si non eligam intra crastinum (ne quis dicat me debere supersedere optione), occisurum omnes. Credo me meminisse potius debere me fratrem esse sub uno parente DEO quam filium. Excipe si ponantur illi 100 hos cruciatus mereri. Quid si poenam mereuntur, non cruciatus tamen aut mortem. Et casus in amicum prius omissus an si duo sint in periculo, in aequilibrio is sit potius deserendus, cujus culpa contigit miseria. Ita utique certum puto. Sed hic est casus paritatis, inter parentem meum et 100 alios non est casus paritatis. Sed quid de duobus, licetne et hos parenti praeferre an intra 10 subsistendum est. An numeri quicquam ad rem pertinent.

사할 수 없으며, 단지 박탈이나 보복은 할 수 있을지 몰라도 이로 부터 그들도 아무런 이득도 보지 못하는 것이다. 이 보복이 평등의 원칙에 따라 결정되는지에 관해서는 잠시 후에 보기로 한다. 앞의 논의를 계속하자면, 내가 손해를 보더라도 천 명의 다른 사람들을 구제하더라도 그로 인해 어느 누구도 불행해지거나 행복해지지 않음이 분명하다면 그렇게 하는 것이 형평에 맞을 것이다 (실제로는 원래 행복한 상태에 있던 사람들이 이로 인해 불행의 상태에 빠질 수도 있는바 어느 누구도 다른 사람의 불행에 대한 염려 때문에 자기 자신이 행복의 상태에서 강제로 중간의 상태로 떨어져서는 안 됨에 유의해야 할 것이다). 그러나 비록 내가 손해를 보더라도 다른 사람들의 행복을 보전해 주어야 한다손 치더라도 내가 불행해지면서까지 다른 사람들의 불행을 막는 것은 형평에 맞지 않는다고 하겠다.

[19] 문제는 내가 부 또는 모의 불행을 천 명의 다른 사람들의 불행보다 우선시하는 것이 형평에 맞는지, 또한 이러한 논리를 적용하면 두 명의 혹은 백 명의 안전보다 우선시하는 것이 형평에 맞는지의 문제이다. 내 부 또는 모가 적들 사이에 붙잡혀 있고 만약 내가 백 명의 다른 이들을 적들에게 고문받지 않게 하려고 넘기지 않으면 내 부 또는 모를 참혹한 고문을 가하다가 죽일 것이라고 가정해 보자. 이때 도대체 나는 어떻게 해야 한단 말인가! 그런데 넘긴다는 것과 포기한다는 것은 다르므로 또 다른 경우를 하나 더 가정해 보자. 예를 들어 적이 내게 선택의 여지를 주어, 내 부 또는 모가 고문을 받다가 죽도록 할 것인가 아니면 백 명의 다른 사람들이 고문을 받다가 죽도록 할 것인가 선택하라고 하고,

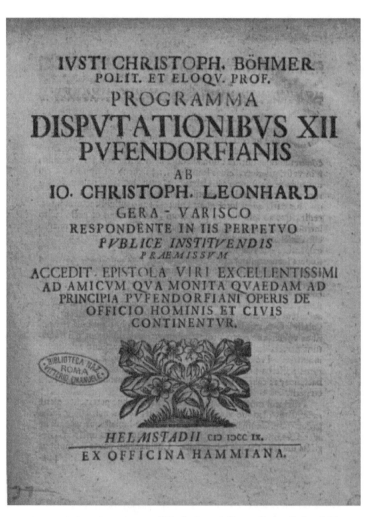

(Just Christoph Böhmer, 『푸펜도르프의 12개 논제에 관한 프로그램』1709년판. Biblioteca nazionale centrale di Roma 소장본)

만약 내가 다음날 아침까지 선택하지 않으면 — 내가 선택을 미루면 안 된다고 한다 — 모두 죽이겠다고 한다고 가정해 보자. 나는 내가 [내 생부 또는 생모의] 아들이기보다는 [모두의] 공통된 아버지, 즉 신의 슬하에 있는 [다른 모든 이들의] 형제이어야 함을 가슴에 새기고 있다고 믿는다고 치자. 저 백 명이 고문을 받아 마땅한지 여부는 논외로 하자. 그런데 고문이나 죽임은 아니더라도 형벌을 받아 마땅한 경우에는 어떻게 되는가? 그리고 앞에서 [고찰을] 생략했던 친구에 관한 사안의 경우, 만약 두 친구가 위험에 처해 있다면 그중 [그러한] 불행을 초래한 잘못이 있는 자를 버리는 것이 보다 더 균형에 맞는 것일까. 나는 확실히 그렇다고 생각하는 바이다. 하지만 이는 동등한 자 사이의 사안인 반면, 부(父) 또는 모(母)와 백 명의 다른 사람들 간의 관계에 있어서는 동등한 자 사이의 사안이 성립하지 않는다. 그렇다면 [다른 사람이] 두 명인 경우에는 어떠한가? 이들을 부 또는 모에 우선하는 것은 허용되는가? 아니면 열 명 정도는 되어야 하는가? [아니면] 몇 명이냐는 이 사안에서는 별 상관이 없는가? 더 나아가 비슷한 상황에서 다른 사람들을 살리기 위해 내 팔을 잘라 내야 하는 경우는 어떠한가? 다른 사람들에게 장기간의 고통이 아니라 영원한 고통이 초래되는 것을 막기 위해서라면 나는 커다란 고통 또는 단기간의 불행을 감수해야 하는가? 생각건대 나는 형평에 따르면 그렇게 해야 하고, 또한 전체의 권리(generale jus)를 담당하고 있는 이들이라면 자신들이 불행에 빠지는 것을 막기 위해 내게 그렇게 하도록 강제할 수도 있겠으나, [단순한] 개인들이라면 내게 그러한 것을 강제할 수는 없을 것이다. 게다가 이들은 내가 상황에서 빠져나가더라

Ulterius an teneor pari mihi brachium abscindi ut alii serventur. An teneor sustinere magnum aliquem dolorem, seu miseriam exigui temporis, ad vitandam aliorum non dicam diuturnam, sed aeternam. Puto me ex aequitate teneri, cogi posse etiam ab iis quorum interest generali jure, ut suam miseriam evitent, non tamen posse me alios particulares cogere. Imo nec ipsos, ubi elapsi, punire. Cum ergo sit hic magnus dolor seu brevis temporis miseria cruciatus parentis nostri, non puto me cogi posse. Secus est de aliis. Quid ergo de amico inter 100 alios. Pone eidem amico me felicitatem aut miseriam vitatam debere, eum jure stricto eligere licet. Quia non possum cogi ad magnum animi dolorem, seu miseriam brevis temporis. At ex aequitate non licet. Miseria tum prorsus exigui temporis habetur pro nulla, ut, sich an den Elbogen stoßen. Porro quod de miseria contra miseriam, idem de damno contra damnum juris est. Non est simpliciter justum, quod bello peti potest, quando et jure resisti potest. Cur vero exigere non possum, seu non cogere alium, ut prosit, non tantum ne noceat. Quia nec ipsi securitatem praestare possum. Si quis alteri securitatem praestare potest de miseria vitanda et felicitate obtinenda, quidvis ab eo jure exigere potest, etiam per vim. Si per vim extorserim

도 나를 벌할 수는 없다. 그러므로 내 부 또는 모가 고문을 받아서 커다란 고통을 받거나 단기간의 불행에 빠지게 되는 경우라면, 내게 그러한 선택을 강제할 수 있다고 생각지 않는다. 하지만 다른 사람들에 관한 경우에서는 달리 생각해야 할 것이다. 그러니까 백 명의 다른 사람들 사이에 친구가 한 명 섞여 있을 때에는 어떠한가? 이 친구 덕택에 내가 행복해진 적이 있거나 불행을 피한 적이 있다고 가정할 때에 나는 이 친구를 선택하는 것이 엄격법(jus strictum)에 따라 허용될 것이다. 왜냐하면 내가 커다란 정신적 고통이나 단기간의 불행에 빠지도록 강제될 수는 없기 때문이다. 그러나 형평(aequitas)에 따르면 이는 허용되지 않는다. 단기간의 불행은 마치 '활끝키에 씌딧킬 것'처럼 아무것도 아닌 것으로 여겨질 수도 있기 때문이다. 그리고 불행 대 불행에 관해 이야기한 것은 마찬가지로 권리상의 손해 대 손해에 대해서도 적용된다고 하겠다. [손해에 대해서] 싸움의 방법을 통해 주장하는 것은 비록 법적으로는 그럴 수 있다고 하더라도 항상 정의로운 것은 아니다. 어째서 나는 다른 사람에게 요구하거나 그를 강제해서 내게 손해를 끼치지 못하게 하거나 이롭게 하도록 하지도 못한다는 것인가. 그것은 내가 그에게 안전을 보장해 줄 수 없기 때문이다. 혹 누군가 다른 사람에게 불행을 피하고 행복을 얻을 수 있도록 안전을 보장해 줄 수 있다면 그런 사람은 그 다른 사람에게 대하여 [위와 같은 것을] 정당히, 심지어 물리력을 써서라도 요구할 수 있을 것이다. 만약 내가 [타인을 강제해서] 안전을 쥐어 짜낸다면 나는 처벌을 받아야 할 것인가? 이제 비록 요구할 수는 없더라도 형평에 맞는 것은 어떤 경우일지에 관해 좀 더 분명히 살펴보아야 할 것

securitatem, an puniendus sum. Investiganda sunt mox distinctius quae aequa sunt etsi exigi non possunt.

[20] Ut lucrum meum minus postponam tuo majori, et damnum minus tuo majori, et miseriam majorem tuae minori, et felicitatem minorem tuae majori, amicitia exigit. Sed non statim aequitas. Imo potius eo casu credo et contraho tantundemque quantum largior exspecto. Ut tibi utilitatem mihi non innoxiam vel etiam mihi utilem praestem, a te cogi non possum. Ut necessitatem, possum. Hoc est principium aequitatis. Damnum ferre cum recipiendi certitudine seu credere aequum est, quia est utilitas innoxia. Quin et miseriam aliquam ferre cum certitudine alterius contra vitandae est utilitatis. Imo fortasse videor me cogi posse ad praestandam innoxiam imo utilem utilitatem, si mihi cavetur de innoxietate. Hinc ergo aequitas est, quando caveri non potest, nisi delegatione in DEUM facta cui ut vindicta, ita praemium delegari potest. At si constat innoxiam esse utilitatem, etiam ideo non teneor ad eam praestandam, si alioquin de animo alterius securus non sum. Certum est justum esse bellum non solum necessitatis, sed et utilitatis causa, si quis eam abstulerit aut auferre minetur, ergo et si quis cum possit non juvet, nam et tunc non necessitatis sed

이다.

[20] 나의 작은 이익을 너의 큰 이익 뒤에 두며, 나의 작은 손해를 너의 큰 손해 뒤에, 나의 큰 불행을 너의 작은 불행 뒤에, 그리고 나의 작은 행복을 너의 큰 행복 뒤에 두라고 우정은 요청한다. 그러나 형평의 요청은 반드시 그렇지는 않다. 오히려 이런 경우에 나는 내가 기대하는 만큼만 생각하고 행동하게 된다. 네게 유익함을 제공함으로써 내게 해가 발생한다면, 아니 심지어 내게 모종의 유익함이 발생한다고 하더라도, 그렇게 하도록 네가 나를 강제할 수는 없다. [그렇지만] 긴급구제는 강제할 수 있다고 본다. 이것이 형평의 원리인 것이다. 보상에 대한 확신을 갖고 손해를 감수하거나 고려하는 것은 형평에 맞다고 할 수 있는데, 왜냐하면 [나에게는] 해를 주지 않고 [상대방에 대해서는] 유익함(utilitas innoxia)[10]을 제공하기 때문이다. 또한 상대방의 불행을 막을 수 있다는 확신에서 [나의] 얼마간의 불행을 감수하는 것 역시 유익함을 고려한 것이라고 할 수 있다. 만약 내게 [결과적으로] 무해할 것임이 보장만 된다면, [내게는] 무해하고, 아니 [결국은] 유익하고 [상대방에게는 처음부터] 유익한 것을 제공하도록 강제될 수도 있다고 보이기도 한다. 그러므로 여기서 형평이란 것은 우리가 매(vindicta)와 보상(praemium)을 맡길 수 있는 신께서 그러한 권한을 맡으심으로써만 [나에 대한 무해한 결과를] 보장받을 수 있는 것이다. 그러나 설사 [내게는] 무해하고 [상대방에게는] 유익한 것이 가능하다고 확인된다 할지라도, 만약 내가 상대방의 마음에 대한 확신이 없는 상태에서는 내가 그러한 것을 제공할 의무를 지지는 않는다고 해야 할 것이다. 위급을 이유로 한 다툼뿐만 아니라, 만

utilitatis causa bellum est. Nec videtur opus cautione ad exigendam utilitatem innoxiam, nisi dubitari possit innoxiam esse. At si lucrum meum cessare, aut damnum ferri tuae utilitatis causa debet, praestanda mihi securitas est, de aequali bonitate. Unde et dolor a me exigi potest, si constet majorem mihi dolorem depulsum aut felicitatem conciliatum iri. Huic fundamento nititur tum Civium obedientia tum pietas. Nam cum ut dixi qui securitatem mihi praestare potest, me cogere jure possit, hinc in civitate, quousque securus salutis esse possum, teneor ad omittenda alia praesidia salutis jussu civitatis. Et ejus qui mihi de felicitate spondere potest, jussu teneor omnia alia remittenda, jussu ejus praesidia et instrumenta felicitatis. Igitur ei qui me securum praestat felicitatis ad omnia simpliciter deferenda teneor. Qualis est DEUS. Hinc patet jure resisti civitati, ubi miseriam mihi intentat, aut felicitatis quam aliunde praestare non potest praesidia eripit. Neque enim quod a miseria securum me praestat, felicitatem eripere potest. Hinc etsi civitas me jure morte puniat, ego tamen jure resistam, nisi scilicet sit aliqua ratio ultra mortem.

[21] De DEO admirabile est, quod solus nulla cautione indiget, sed cavet nobis ipsa natura sua. Cum enim sapiens

약 누군가 [다른 사람의] 유익함을 앗아가거나 그러려고 한다면 그 유익함을 이유로 한 다툼도 정당한 싸움[正戰]인 것은 분명하며, 따라서 만약 누군가 [다른 사람을] 도와줄 수 있음에도 불구하고 도와주지 않는 경우에는 위급을 이유로 한 싸움이 아니라 유익함을 이유로 한 싸움인 것이다. 또한 [내게는] 무해하지만 [상대방에게는] 유익한 것을 요구받았을 때에 [내게 정말] 무해할지에 대해 의문이 드는 경우가 아니면 특별히 주의(cautio)해야 할 필요는 없는 것으로 보인다. 그러나 만약 너의 유익함 때문에 내가 더 이상 이득을 보지 못한다든지 손해를 감수해야 한다면, 상호동등한 선의(aequalis bonitas)에 기한 보장이 내게 제공되어야 할 것이다. 따라서 만약 내게 보다 큰 고통이 초래되지 않을 것이라든지 아니면 행복이 도래하리라는 것이 확인되는 경우에는 내게 고통의 감수를 요구할 수도 있을 것이다. 바로 여기에 시민들의 [정치적] 복종과 신앙이 기초하고 있는 것이다. 위에서 말한 바와 같이, 내게 안전을 제공해 줄 수 있는 이는 나를 정당하게 강제할 수 있는바, 국가에서는 내가 안전에 관해 확신할 수 있는 한, 국가의 요구가 있으면 나는 [나의] 안전에 관한 다른 보호책들을 포기할 의무가 있기 때문이다. 그리고 내게 행복을 약속해 줄 수 있는 자가 있다면, 행복에 관해 그가 제시하는 보호책과 방법을 따르고 대신 다른 모든 방책들은 차치해 놓아야 할 의무가 있는바, 내게 행복의 보장을 제공해 주는 이에게 나는 다른 모든 것을 온전히 맡겨야 할 의무가 있는 것이다. 신이 바로 그러하다. 이상으로부터 분명한 것은 내게 불행을 초래하려 한다든지 아니면 행복에 관하여 다른 곳에서는 제공해 줄 수 없는 보호책들을 앗아가려 하는 국가에 대

velit, et omnipotens possit nos, si velimus, facere felices. Hinc omnia quae illi placent agenda sunt. Placet autem ei, quicquid pertinet ad Harmoniam rerum, cum et harmonia particularis mentium ei placeat adeo ut distorta non possit reddi harmonica nisi per poenam. Aequitatis autem est, quicquid justum est si DEUS esset, idem posito DEUM esse est pietatis. Unde si mortem, si cruciatus, quanti tolerari possunt (quousque enim hoc loco pertingant humanae vires fateor me nescire), imperet DEUS, aut ratio, id est, majus bonum in universum, jam pro certo habendum erit, justum esse. In Civitate praesumtio est pro rectore, id est per omnia ei parendum est, nisi appareat felicitatem nostram tangi aut miseriam imminere. Sed apud eos qui DEUM agnoscunt una est mundi civitas, caeterae huic subditae, ut non liceat resistere Civitati, nisi certo constet majus inde bonum universi pendere, id est esse gratum DEO, quod cum rarissime constet certum est, rarissime resisti posse civitati. Quemadmodum delegato resistendum non est, nisi constet alia velle delegantem. Nam quae Grotius et Arnisaeus scripsere de jure Civium contra potestatem semper irresistibili, ea nescio an defendi queant.

[22] An liceat rem suam ab alio possessam clam ipso

해서는 정당히 저항할 여지가 있다는 점이다. 내게 불행에 대한 방지책을 보장해 주는 자가 [나로부터] 행복을 앗아간다는 것은 생각할 수도 없는 일이기 때문이다. 이러하므로 설령 국가가 법에 따라 나를 사형에 처할지라도 나는 그 죽음을 뛰어넘는 다른 이유가 있지 않은 한 [그러한 국가에 대해] 정당히 저항하리라.

[21] 신에 관하여 경외로운 점은 오로지 신만이 우리가 주의(cautio)해야 할 필요가 없는 분이며 그 분의 본성 자체로써 우리를 보호해 주신다는 점이다. 왜냐하면 우리가 행복을 바라는 한 전지전능의 존재로서의 신께서는 우리를 행복하게 만들어 주실 수 있기 때문이다. 이러하므로 신께 기꺼운 일이라면 모든 것을 행해야 하는 법이다. 만물의 조화에 부응하는 것은 모두 신께 기꺼운 바 특히 정신의 조화를 좋아하시는데 [만약] 뒤틀어진 게 있다면 행벌(行罰)을 통해서만 다시 조화롭게 되돌려 놓을 수 있기 때문이다. 만약 신께서 계시다면 [그 분 앞에서] 정의로운 것은 모두 형평에 부합하는바, 마찬가지로 신께서 계시다고 한다면 신앙에 부합하는 것들도 그러하다. 따라서 만약 죽음이나 고문 등을 견딜 수 있는 한 — 이 방면에 있어서 인간의 인내력이 어디까지 미치는지에 대해서는 나는 알지 못한다 — 만약 신, 즉 우주 내의 최고선(最高善)이라 할 수 있는 이성이 그러한 것을 [우리에게] 명한다면 그것이 정의로운 것임을 확신을 갖고 받아들여야 할 것이다. 국가 내에서는 치자(治者, rector) 편에서 생각되어야 하는바, 즉 우리의 행복이 영향을 받는다거나 우리에게 불행이 드리워지고 있는 게 아니라면 만사에 있어서 그에게 복종해야 한다. 그렇지만 신을 알고 있는 자들 사이에서는 세상에는 오로지 한 나라만 있고 나머지

GODOFREDI GVILIELMI
L.B. DE LEIBNITZ,

NOVA METHODVS
DISCENDÆ
DOCENDÆQVE
IVRISPRVDENTIÆ,

EX ARTIS DIDACTICÆ PRINCIPIIS
IN PARTE GENERALI PRÆPRÆMISSIS,
EXPERIENTIÆQVE LVCE,

CVM

PRÆFATIONE

CHRISTIANI L.B. DE WOLF,

DYNASTÆ IN KLEIN - DOELTZIG,
VNIVERSITATIS HALENSIS
CANCELLARII.

LIPSIÆ ET *HALÆ*
EX OFFICINA KRVGIANA,
MDCC XXXXVIII.

(『법학을 배우고 가르치는 새로운 방법』 1748년판.
Universitätsbibliothek Zürich 소장본)

는 이 나라에 복속되는바 모두의 보다 더 큰 선이 달려 있는 문제가 아니라면 이 나라에 거역할 수 없는 것이다. 즉 매우 드문 일이기는 하지만, 이 나라에 저항할 수 있는 매우 드문 경우가 신께서 보시기에 좋아 보이는 때에는 그럴 수 있다는 뜻이다. 마찬가지로 신의 명을 받은 자에게도 만약 그가 다른 뜻을 품고 있는 경우가 아니라면 거역해서는 안 된다. 반면 [위와 같이] 언제나 불가 거역의 권력에 대한 시민들의 권리에 대해 그로티우스와 아르니사이우스가 저술한 바[11]와 관련해서는 이러한 주장들이 옹호 가능한지는 모르겠다.

[22] 다른 사람이 점유하고 있는 자기 물건을 그 사람에게 알리지 않고 다시 가져오는 것이 허용되는가 하는 문제는 생각해 볼 만한 가치가 있는 문제라고 하겠다.[12] 생각건대 [상대방에게] 손해를 발생시키지 않고도 그렇게 할 수 있는 때가 도래하지 않았다면 이는 허용되지 않는다. [예를 들어] 내가 그 물건을 되찾아오지 않으면 물건이 멸실될 것으로 보이는 경우를 가정해 보자. [이런 경우엔] 나는 어찌 됐든 그 물건을 되찾아올 것인바, 왜냐하면 혹내가 그에 대해 다른 방식의 소권을 갖고 [나중에 만일의 멸실에 대해 배상을 청구할 수] 있다 하더라도 그 물건을 갖고 있는 게 훨씬 낫기 때문이다. [이때] 그 상대방이 만약 [물건의 멸실 위험에 대해] 아무런 책임이 없다면 [내가 물건을 되찾아가는 데 대해] 이의를 제기할 수도 있을 것이다. 예를 들어, 물건을 소홀히 하다가 적들이 그 물건을 가로채 간 경우를 가정해 보자. 이 사안은 내게 유익함이 있는지 유무와 상대방에게 손해가 없는지 유무의 문제로 환원되는바, 이때 만약 아무래도 내게 상관이 없다면 나는

resumere, quaestio est notatu digna. Non puto, nisi sine damno expectari tempus nequeat. Pone me videre rem perituram nisi resumam. Resumam utique, nam alioqui actionem quidem habebo, sed quanto satius est rem habere. Adeo ut queri alter possit, si forte extra culpam est, ut fieri potest. Pone ab hostibus interceptam rem neglectam esse. Res ad quaestionem utilitatis meae alteri indemnis redit, si nihil mea interest, relinquam, ne quem offendam, sine causa, offendere autem est exprobrare imprudentiam vel malam fidem. Utrumque fit. Sed haec ratio parum videtur sufficiens. Solidior est, quia auferendo privo alium possessione, id est probabiliter damnum do, nam etsi incertum sit an damnum dem, potius in re aliena supersedendum. Qualis hic est possessio. Sed si lucrari interim possim, jure repeto, quia damnum est, ex re mea non jure interceptum lucrum, computandum potius inter damnum emergens quam lucrum cessans. Ergo in casu concurrentis utriusque damni pronunciandum est pro meo. Id est rem mihi debitam ablaturus sum. Par etiam ratio est in aestimatione debita, non corpore, possum enim ego certo corpore mihi solvere, in Republica autem Romana hoc interdictum est *l. ult. C. unde vi*, quae tamen an hodieque locum habeat, sunt qui disputent.

그에게 책임을 추궁하지는 않을 것인바, [별다른] 이유 없이 책임을 추궁하는 경우는 그의 나태 또는 악의를 탓하는 경우이기 때문이다. [이 논거들 중] 어떤 논거든 가능하다. 하지만 이러한 이유로는 불충해 보인다. 더 설득력 있는 것은 내가 타인의 점유물을 가져온즉 그에게 손해를 줄 개연성이 있다는 점 그리고 설사 손해를 줄지 여부가 불확실하다 하더라도 [그 물건을 되가져오기보다는] 그 물건의 권리 위에 앉아 있는 편이 더 낫다는 점이다. 이것이 바로 점유의 성격인 것이다. 그렇지만 만약 내가 [그 물건을 되찾아옴으로써] 이득을 볼 수 있다면 나는 정당히 물건의 회수를 주장할 것인바, 내 물건으로부터 이득을 볼 가능성이 부당하게 가로채진다면 이는 이득의 양보라기보다는 손실의 발생으로 간주되어야 하기 때문이다. 그러므로 양 당사자에게의 손해가 경합하는 경우에는 나의 손해를 우선적으로 고려하는 쪽으로 사안이 해결되어야 할 것이다. 즉 내게 귀속된 물건을 내가 되가져가게 된다는 것이다. 마찬가지의 논법이 채무액 산정에 있어서는 적용될 수 있지만, 현물에는 적용되지 않는데 현물의 경우에는 내가 자력구제할 수 있기 때문이다. 후자의 경우는 로마에서는 금지됐던 바이며 (C. 8.4.11.), 오늘날에도 이 수단이 허용될 수 있는가에 관해서 적지않이 논박이 이루어지고 있다. 생각건대, 형평상 예외로 취급되지 않는 한 이는 최선의 국가에서도 통상적으로 행해질 수 있다고 본다. 그러나 만약 [이로 인해 상대방에게] 손해가 발생한다면, 최선의 국가에서도 이처럼 자기 물건을 되가져가는 것은 허용돼서는 안 될 것이다. 이 경우에 최선의 국가라면 다음과 같은 두 가지 방책을 세워 두어야 할 것이다. 1) 신속한 절차 그리고 2) 국법상

Et puto regulariter etiam in optima Republica locum habituram nisi probata aequitatis exceptione. Si tamen et damnum emergat, in optima Republica quoque omittenda est ablatio. Si modo illa Respublica duo praestat 1) processum celerem, 2) eis qui per leges Reipublicae inopia debitoris aliisve modis excluduntur indemnitatem. Optima igitur Respublica etiam hoc constituere potest, ne quis in alium quovis modo vim exerceat damni simplicis causa, nisi res sit inaestimabilis et irreparabilis. Nam si per exemplum inventum aliquod mirabile generi humano utile possideam, quod non sim amissum ipse reconscripturus, et sit qui mihi ejus perditionem suspectam faciat, agam contra quicquid potero, idque etiam in hac quam dixi Republica summo jure.

[23] An possim occidere alium quem scio aeterna morte damnatum iri, potius quam ut me occidi patiar. Puto posse me occidere, si quis mihi sit metus, ne sim in eo statu, in quo verendum sit ne sit periculosum comparere coram DEO. Nam circa miseriam et felicitatem minima suspicio sufficit, nec potest nimia cautio esse. Nam quod *Grotius I.3.3.* putat pro nullo habendum damnum, quod infertur ei qui se culpa sua in id conjecit, respondendum est, verum esse, si esset de ejus jure quaestio. Sed quaestio est de jure DEI cui

채무자의 변제불능 또는 기타 수단의 부재 등으로 인해 구제수단을 상실한 이들에 대한 배상 등이 그것이다. 이렇게 하면 최선의 국가에서는 어느 누구도 손해라는 단순한 이유로 다른 사람에 대해 모종의 물리력을 행사하지 못하도록 법제를 만들 수 있는 것이다. 다만 물건이 헤아릴 수 없을 정도의 값어치가 있거나 원상복구가 불가능한 경우가 아니라면 말이다. 왜냐하면 만약 예를 들어 내가 인류에게 유익한 엄청난 발명품을, 그것도 만약 잃어버리면 회복 불가능한 발명품을 점유하고 있었는데 사람들이 내가 그 물건을 훼손했다고 의심할 경우에는 나는 그 누구에 대해서는 갖은 조처를 취할 수 있을 것이며, 이는 위에서 내가 최선의 국가라고 말한 곳에서도 절대적 권리로서 행사할 수 있는 것이라 본다.

[23] 내가 어떤 사람이 영원한 죽음에 처해질 것임을 알고 있을 때에 그에 의해서 내가 죽임을 당하기보다는 내가 그를 죽일 수 있는가? 생각건대 만약 그가 나를 두려움에 떨게 만들고 또한 내가 [그를 죽이지 않고] 신 앞에 서는 것이 위험한 일이 되지는 않을까 하고 걱정할 정도의 상태에 놓이게 된다면 나는 그를 죽일 수도 있다고 본다. 그로티우스가 그의 제1권 제3장 제3절13)에서 말한바 자신의 잘못으로 스스로 얻게 된 손해는 고려할 필요가 없다고 한 것에 대해 답을 하자면 문제가 그 자신의 권리에 관한 것이라면 이는 참이라고 해야 할 것이다. 그런데 [여기에서 다루어진] 문제는 [신국의] 시민을 구할 수 있는 신의 권리에 관한 것이었다. 달리 말해 만약 나는 구원을 받고 그는 처벌을 받을 것이란 것이 계시에 의해 분명하다면, 내가 생존하는 것이 나의 영혼에 더욱 유익할 것이란 점이 확인되지 않는 한 나는 [차라리] 죽임을

civis eripitur. Alioqui si certum sit, pone revelatione, me salvatum, illum damnatum iri, nihil dubitandum quin ego debeam malle occidi, nisi constet me plus prodesse animabus posse superstitem.

[24] Imperium est familia civitatum. Seu civitas imperans, cui aliae parent. Etsi accurate loquendo non sit nisi una. Et ita esset imperium systema civitatum foederatarum. Est autem civitas multitudo formam habens praestantium sibi securitatem. Formam hanc et quasi actum habere debet, neque enim promissio sufficit, si nondum ita convenerint, ut hanc speciem habeant. Sed nec necesse est ita revera esse, nam quamdiu hoc non constat publice, nondum est soluta civitas, nam etsi paucis constet, ii pro se quisque erunt absoluti civitate, etsi, si hoc aliis non persvadeant, soleant pro hostibus haberi. Conventu ad eundem locum non est opus, nam nil vetat cur ordines, si quis eorum sit independens, qualis nullus est, vocem Rempublicam. Respublica est civitas quae ultra securitatis formam habet formam αὐταρκείας seu praebendae felicitatis. **Dominatus** subsistit intra securitatem. Et hoc est herile et despoticum. Nam alioqui Respublica, in qua forma non est securitatem saltem magnae parti praestantis, jam dissoluta est. Etiam

당하기를 선택해야 한다는 것에는 의심의 여지가 없다.

[24] 제국은 국가들의 군집이다. 즉 한 국가가 명하면 다른 국가들이 그에 복종하는 것이다. 정확하게 말한다면 거기에는 오직 하나의 국가만이 있는 것과 마찬가지라고 하겠다. 이러하므로 제국은 국가들이 연합하여 세운 하나의 체계라고 할 수 있다. 국가는 군중이 스스로에게 안전을 제공하는 형태(forma)를 지닌 것이라고 할 수 있다. 이러한 형태뿐만 아니라 일정한 법령(actum)도 지니고 있어야 하는데, 이러한 종류[의 국가]를 갖기로 합의했다면 모를까 그렇지 않은 한 [안전에 대한 단순한] 약속만으로는 충분치 않기 때문이다. 그런데 국가가 반드시 이러해야만 하는 것은 아닌바, 왜냐하면 이러한 체제가 공식적으로 확립되지 않았더라도 아직 국가가 해체된 것은 아니며, 설령 소수에 의해 체제가 성립됐다 하더라도 이들 소수는 국가 자체로부터는 분리되어 이들이 다른 사람들을 설득하지 못하는 한 다른 사람들로부터 적으로 간주될 것이기 때문이다. 또한 의회가 [항상] 같은 장소에서 열릴 필요도 없는바, 그렇다고 해서 신분(身分)들[이 모여 의회를 구성하는 것]을 방해하는 것은 아무것도 없을 것이기 때문이며, 이들 중 특정 신분이 공화국이라는 명칭으로부터 독립되어 있다면 예외이겠지만 실제로 이러한 경우는 없다. 또한 공화국은 안전을 위한 형태 이상으로 자족(αὐτάρκεια)을 위한, 즉 행복의 제공을 위한 형태를 지닌 국가라고 할 수 있다. 지배(dominatus)는 안전 속에서 지속될 수는 있다. 그러나 이는 군장적(君長的, herile)이며 전제적(專制的, despoticum)이다. 반면 공화국의 형태에서는 안전이 절대다수에게 제공되지 않으면 그런 공화국은 이미 해체된 것이나 다름없다. 터

Turca et — (?) plebi praestat quod non — (?).

[25] Civitates nihil dubitandum est alias aliis esse perfectiores, adde et regulariores. Cum enim **Civitas** sit Societas securitatis, id est multitudo hominum in securitatis sibi mutuo procuratae opinione viventium. Sit autem securitas miseriae improbabilitas, hinc patet ex natura sua his modis variari civitatem : multitudine hominum, hominibus, miseria, improbabilitate, opinione. Ac tamen singulis tum in se ductis. Extrinsece multis utique modis, sed qui ad rem pertineat uno, nimirum cumulo bonitatis, atque accessione, si scilicet homines non tantum in securitatis, sed et aliorum bonorum opinione vivant, quorum maximus gradus est in optima Reipublicae forma, in qua vivunt in opinione praestantium sibi felicitatem. Formam hic voco ipsam externam faciem. Aliud est autem Respublica optima, aliud formam habens optimae. Optima est in qua homines vivunt in felicitate. Nam qui vivunt in felicitate, vivunt in felicitatis opinione. Quia nemo nesciens est felix. Imo felix est qui se felicem putat, quamdiu putat. Imo et hoc extrinsecum est civitati, verene an ficte sint in securitatis statu. Quia civitas non dissolvitur dissoluta securitate, nondum dissoluta ejus opinione. Etsi hic dubium sit an non locum habeat retrotractio, ut cum

키나 [...]에서도 민중에게 [...] 않은 것을 제공하고 있다.14)

[25] 몇몇 국가는 다른 국가들보다 더욱 완벽에 가깝고 심지어 보다 정상적이라는 데에는 의문의 여지가 없다. 그도 그럴 것이 국가는 안전을 위해 결성된 사회, 즉 서로 안전을 제공하며 살고 있다고 믿고 있는 사람들의 군집이기 때문이다. 안전이라고 하는 것은 불행이 일어나지 않을 가능성을 말하며, 이로부터 국가는 그 본질상 다음에 따라 매우 다양해진다는 점이 분명해진다. 즉 사람들의 군집[의 크기]에 따라, 그 사람들에 따라, 불행 여하에 따라, 불행이 일어나지 않을 가능성에 따라 그리고 사람들의 생각에 따라. 그리고 이들 개별 변수들은 서로 영향을 주고받기도 한다. 외적으로도 여러 가지 변수가 있겠지만, 핵심적인 한 가지는 선(善)의 집적에 있다고 할 수 있으며, 부가적으로는 사람들이 안전을 위해서뿐만 아니라 다른 사람들이 잘 되길 바라는 마음에서 사는 데에 있다고 할 수 있는데, 그중에서도 가장 높은 단계의 것은 최선의 공화국 형태(optima Reipublicae forma) 속에 존재하는바 여기서는 사람들이 서로에게 행복을 제공한다는 마음에서 살고 있는 것이다. 나는 여기서 형태를 외면적인 것이라 보았다. 그런데 최선의 공화국이라는 것과 최선의 형태를 갖는다는 것은 서로 다른 문제이다. 최선이라고 하는 것은 사람들이 행복하게 사는 상태를 말한다. 그런데 행복하게 사는 사람들은 행복하다고 생각하며 살고 있는 것이다. 왜냐하면 누구든지 이를 의식하지 못하는 사람은 행복할 수 없기 때문이다. 적어도 자기가 행복하다고 생각하는 사람은 그렇게 생각하는 한 행복한 것이다. 그리고 사람들이 안전한 상태에서 살고 있는가 여부는 국가에 외적인 요소이다. 왜냐하면

PENSÉES
DE LEIBNIZ,

.S U R

LA RELIGION

E T

LA MORALE.

Seconde Édition de l'Ouvrage intitulé Esprit
de Leibniz, *considérablement augmenté.*

TOME PREMIER.

A PARIS,

Chez la Vᵉ. Nyon, Libraire, rue du Jardinet,
quartier Saint-André-des-Arcs;

Et à la Librairie de la Société Typographique,
Quai des Augustins, n°. 70.

AN XI. — 1803.

(『라이프니츠의 종교도덕론』 제1권, 1803. Université de
Lausanne 소장본)

국가가 무너지는 것은 안전이 무너져서가 아니라 안전에 대한 생각[믿음]이 무너져서이기 때문이다. 여기서 드는 의문은 실상이 알려져서 국가가 이미 무너졌다고 생각될 때에 다시 과거로 소급할 수 있을지의 가부에 관한 것이다. 나는 불가능하다고 생각한다. 소급에 관해서는 다른 곳에서 '기일을 정하지 않은 조건 등에 관하여'의 부분에서 다룬 바 있다.15) [어쨌든 국가의 상태는] 시간이나 지속기간에 따라 다양하여, 보이는 것과는 달리 시간이나 조건에 딱 들어맞지도 않고 조건으로부터 형성되지도 않는다. 국가의 형태 자체는 간혹 불완전하기도 한데, 다음과 같은 두 가지 요인에 의해 [그 불완전한 상태가] 발생할 수 있다. 즉 안전을 제공할 수 있는 능력이나 그 의지가 충분히 보이지 않을 때이다. 그러므로 [국가의] 완전한 형태가 능력으로부터 이루어진 경우에는 비록 그 점이 보이지 않더라도 이 사실 자체 때문에 국가가 무너질 수 있겠으며, 의지로 이루어진 경우에는 비록 그 점이 보이지 않더라도 [그러한] 정신이나 의지, 숙고 그리고 무엇보다 그러한 결심이 국가에 없을 수 있겠는가? 이러하므로 국가의 붕괴가 정당히 이루어질 경우도 있는 것이다. 이는 [위에서 말한] 의지의 징표가 없을 때에 이루어진다. 왜냐하면 안전에 대한 확신이란 그것을 제공하고자 하는 확실한 의지가 없다면 있을 수 없으며, 게다가 이러한 의지는 군중이 갖고 있을 수 있는 게 아니라 국가를 완전하게 만들고자 하는 확실한 의지를 국가 스스로의 의지로서 갖고 있어야 하기 때문이다. 그러나 이는 석학 홉스가 바랬던 것처럼 모든 국가에서 반드시 필요한 것은 아니다. 자, 폴란드를 보자. 이 곳에서는 항상 합의를 이루어야 할 이유가 필요 없다. 이 제국과 그리고

intellecta res est, credatur jam tum dissoluta fuisse. Quod ego tamen non puto. De retro-tractione alibi, quae locum habet in conditionibus sine die etc. Etiam a tempore seu durabilitate est variatio, etsi non possit iniri, ut videtur ad tempus, nec ad conditionem aut ex conditione. Interdum ipsa civitatis forma imperfectio est, quod duplici modo contingere potest, vel cum virium vel cum voluntatis sufficientia ad praestandam securitatem non apparet. Ut proinde perfecta forma sit viribus, si non appareat, quomodo ipso facto dissolvi possit civitas, vel voluntate, si non appareat, quomodo mens, voluntas, deliberatio, et maxime conclusio possit deesse civitati. Ita ut civitas jure dissolvi possit. Quod fit cum non est signum voluntatis. Cum enim nulla sit certitudo securitatis nisi sit voluntas quaedam certa praestandi, ea autem in multitudine esse non possit, necesse est ad perfectionem civitatis esse quandam voluntatem certam quae pro voluntate civitatis habeatur. Sed hoc non, ut voluit doctissimus Hobbius, in omni civitate necessarium est. Ecce enim Poloniam intueamur, nulla in ea saepe consensus obtinendi ratio. In imperio ipso, et ubicunque amicabilibus compositionibus quas vocant locus est, par ratio est. Unde nec quae de successionibus deque aliis summae potestatis

'우의'(友誼)에 기초한 조직구성이라고 부르는 바가 작동하는 곳에서는 [정치의] 근거가 항상 같은 법이다. 그러므로 상속 기타 주권상 권리에 대해 홉스가 말했던 바는 그리 보편적인 것은 아니다. 이는 인민으로부터 주권의 행사를 위임받았을 때에도 만약 인민이 특정한 장소와 때를 예외로 하고 그 재소집권마저 포기한 경우에는 마찬가지로 절대적[인 사실]이라고 할 수 있다. 그렇지만 인민이 그 재소집권을 전적으로 행사할 수 있는 한 [주권의 귀속과 안전보장의 책임의 귀속은] 이렇게 되지는 않을 것이다. 그리고 설령 인민이 이러한 권리를 스스로 행사하지 않더라도 재소집될 수도 있는 것이고 이때에는 재해산될 수 없는 것이다. 영국에 관해 이야기되듯이 혹시 이렇게 하는 것에 대해 처음부터 좋다고 합의된 것이 아니라면 말이다. 더군다나 폴란드의 로코스16)의 경우에서 보다시피 만약 우연한 계기로 민중이 집회하는 것이 허용된다면 이처럼 주권(potestas summa)은 민중에게 유보됨을 알 수 있다. 하지만 이러한 공화국들은 불완전하다는 점, 즉 안정의 정도가 낮다는 점을 인정하지 않을 수 없다. 그러므로 누군가 자신이 안전을 책임져 주어야 할 사람들에게 일반적 증명으로써 절대적 복종을 정당히 강제할 수 있다면, 이러한 국가의 왕이나 상원은 충분한 권력만 있다면 심각한 해악을 끼치지 않고도 [백성들을] 강제하는 동시에 보호해 줄 수도 있으며 국가형태를 정당히 바꿀 수도 있는 것이다. 그러나 이처럼 국가형태를 바꿀 수 있기 위해서는 그 수많은 요건 때문에 [실제로는] 이루어지는 경우가 매우 드물며, 그러하기 때문에 종전의 국가형태를 정당히 바꾼 예가 드문 것이다.

juribus disserit Hobbius universalia sunt. Quemadmodum illud quoque quod absolutum sit cum exercitium a populo summae potestatis commissum est, si populus sibi non reservavit jus reconveniendi, nisi in certum locum et tempus. Sed hoc non sequitur, dummodo populus omnino jus reconveniendi servaverit. Imo etsi non servaverit sibi populus, reconvocetur tamen, non potest redissolvi, nisi et hoc placuerit ab initio, ut de Anglia ajunt. Caeterum si plebi fortuiti concursus permissi, ut in Polonia Rokos, etiam sic reservata ei potestas summa. Sed hae Respublicae fateor valde imperfectae sunt, id est in gradu securitatis inferiore. Unde cum per demonstrationem generalem jure quis eum ad absolutam obedientiam cogere possit, cui de securitate cavere potest, rex vel senatus in ejusmodi Civitate si satis virium habuerint ad cogendum sine majore malo, cavendumque, jure formam mutabunt. Sed ut hoc possint, rarissime evenit ob tot requisita, unde et raro contingit, ut formae priores jure mutentur.

[26] De utilitate innoxia cogitandum aliquid denuo. Dixi supra teneri me ad innoxiam utilitatem, ut lumen de lumine. Ita sane teneor, si mihi sit cautum in tantundem. Imo cogitandum est eo ipso esse noxiam utilitatem, quod ea

[26] [나에게는] 해를 주지 않으면서 [상대방에 대해서는] 유익함(utilitas innoxia)이란 개념에 대해 다시 한 번 생각해 볼 필요가 있겠다. 나는 위에서 말하길 나는 [내게는] 해가 되지 않으면서 [상대방에 대해서는] 유익한 경우, 예를 들어 [내] 등불에서 불을 붙여 가는 것과 같은 경우에, 이를 제공해야 할 의무가 있다고 했다. 그러니까 만약 [상대방도] 내게 같은 정도의 주의를 베푸는 한 나는 그와 같은 의무를 당연히 지는 것이다. 사실 [내게는] 해가 없지만 [상대방에게는] 유익한 것이란 다른 상황에서라면 돌려주거나 받아올 수 있는 그 뭔가로부터 나오는 것인바 동등한 권리로써 청구할 수 있는 것이기 때문이다. 그러므로 누군가 내 등불에서 불을 붙여 가려 할 경우, 만약 그 역시 내게도 같은 정도의 유익함을 제공하리라 믿을 만한 이유가 있다면 나는 그만큼을 그에게 제공할 의무가 당연히 있다고 하겠다. 그러므로 또한 여기서 대상의 값어치는 전체적으로 평가되는 것이 아니라 정서상, 즉 상대방이 불을 제공받지 못하는 데에 따른 값어치로 평가되어야 하는 것이다. 그리고 내게는 무해하지만 상대방에게는 유익한 것을 제공함에 있어 그 상대방이 내게 같은 것을 무한히 보장하지 않는 한 나 역시 그러한 의무를 무한히 지지 않는다고 해야 할 것이다. 즉 내가 제공할 수 있는 만큼 의무를 지는 것이 아니라 그 상대방이 [내게 제공]할 수 있는 만큼 의무를 지는 것이다. 실로 의지에서 발로(發露)되는 만큼만 보장되어야 한다. 왜냐하면 [나의] 선심(善心)은 [상대방의] 선심에 대해서가 아니라면 의무를 지지 않기 때문이다. 그런데 [상대방을] 무한히 배려하는 것이 아닌 한, [의무의] 대상은 선심에 의존하는 것이 아니라 배상[의 원칙과 실행]에

alioqui redimere aliquid et exprimere licet, quod aequali jure petatur. Unde si quis lumen de meo lumine accendere parat, teneor sane, si habeam cur credam et alterum tantundem utilitatis mihi praestiturum, quantum ego ipsi. Ut proinde hoc loco pretium rei non in universum, sed affectionis, id est quanti ei sit lumine non privari, aestimari debeat. Nec in infinitum teneor de praestanda alterius utilitate mihi innoxia, nisi et ipse mihi de ea caverit in infinitum, id est non quantum ego possum, sed quantum potest ipse. Tantum enim de voluntate cavendum est. Quia benevolentia non nisi benevolentiae debetur. Sed quousque non est in infinitum cautum, non pendet res a benevolentia sed indemnitate. Est autem et hoc damnum prodesse non pensaturo. Id est eum qui hostis esse potest fortiorem reddere, nihil recipiendo. Si quis habeat solus artem excitandae flammae, is utique neminem docere cogi posset, nisi a praestante ei felicitatem (unde nec alio casu magni artifices a Republica ad sua aperienda jure cogi possunt, nisi praestet eis felicitatem) vel si res pertineat ad publicam felicitatem aut salutem, conetur quantum potest praestare, etsi hoc casu et illi jure cogant, et hic jure resistat. Locus Ulpiani de eo qui equo alterius ignorantis subjecit equam suam, quod domino equi tenetur

의존하는 것이다. 실로 이 경우에 손해는 곧 비용을 부담하지 않는 상대방에게는 이득이 된다는 뜻이다. 즉 내가 아무것도 돌려받지 못한다면 상대방을 더욱 강하게 만들어 줄 뿐이라는 뜻이다. 어느 한 사람만이 화염(火焰)을 일으키는 법을 알고 있다고 할 때에 그로 하여금 다른 사람들에게 그 방법을 가르쳐 주도록 강제하기 위해서는 반드시 그에게 [그에 상응하는] 행복을 제공해 주어야 하며 — 그러므로 다른 경우에 있어서도 위대한 공예인들로 하여금 그 기법의 공개를 국가가 정당히 강제하기 위해서는 반드시 그들에게 [그에 상응하는] 행복을 제공해 주어야 한다 — 만약 사안이 공공의 행복이나 안녕에 관련된 경우에는 설령 그를 강제하는 것이 정당하다 할지라도 그가 제공할 수 있는 만큼만 강제할수 있을 것이며, 그 이상의 강제에 대해서는 그는 저항하게 되는법이다. 울피아누스의 발췌문 중 자기 암말을 다른 사람의 숫말에게 그 주인이 모르는 가운데 접붙인 경우에 그 숫말의 주인에게소권이 있다고 본 문단은 형평과 큰 관련이 있는바, 내가 이득을보자고 다른 사람의 이득이 중단된 상태로부터 이득을 보아서는안 되며, 어느 누구도 다른 사람이 속은 상태를 기화로 하여 더많은 이득을 보고 그 다른 사람은 이득을 덜 보는 일이 발생해서는 안 되기 때문이다.

[27] 술에 취하는 것은 정의롭지 못한바, 피해를 쉽사리 입힐 수 있다는 것을 근거로 그 술에 취한 사람들을 상대로 미연(未然)의 손해의 소17)를 제기할 수 있기 때문이다. 마치 스스로 포악한 자, 즉 늑대인간(λυκάνθρωπος)으로 화할 수 있는 자에 대해서 그럴 수 있는 것처럼 말이다.

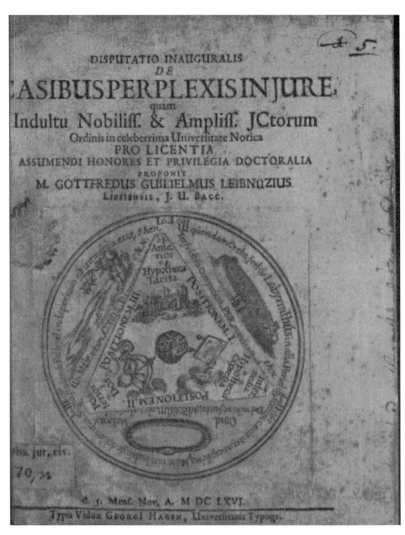

(『법학의 난제들에 대한 논의』 1666. SLUB Dresden 소장본)

[28] 어느 유대인이 자신에게 준 구운 거위가 싫어서 자신의 피고용인 중 가장 가난한 이에게 넘긴 상인의 이야기는 유명하다. 이 직원은 [그 구운 거위] 안에서 금으로 만들어진 물건을 발견하게 됐는데 이를 발설하지는 않았다. 이 기발한 선물로 상인을 기쁘게 해 주고자 했던 그 유대인은 아무 반응도, 심지어 감사의 말도 돌아오지 않는 것이 의아스러워서 그 상인에게 가서 거위의 맛이 어땠는지 물었다. 상인은 불쾌한 듯이 말하길 자기 직원에게 주었다고 대답했다. 이때 유대인으로부터 그 안에 숨겨져 있던 [진짜] 선물에 대해 알게 된 상인은 막바로 침착함을 잃고 [직원에게] 달려가서 화를 내고 소리를 치며 그 금덩이를 내놓으라고 요구했다. [그러자] 직원은 그것은 증여(贈與)이지 않았느냐고 하면서 항변했다. 여기서 법적으로는 어떠한가가 문제이다. 나는 상인의 편에서 선고되어야 한다는 데 조금도 의심치 않는다. 왜냐하면 [구운] 거위를 준 자는 그 [구운] 거위와 아무런 관련이 없는 것을 주었던 게 아니기 때문이다. 만약 황금알을 낳는 이솝의 닭처럼 [그 구운 거위] 안에 금세공인이 들어앉아 있었다면 상인은 아무런 요구도 할 수 없었을 것이다. [그러나] 이제 누구든지 이 거위 선물의 경우를 본다면, 금덩이는 그 자체로 거위의 어떤 부분도 아니었고 [직원에게의] 증여의 원인이 됐던 목적, 즉 식용에 부합하는 것도 아니었음을 알 수 있다. 만약 [구운 거위 안에] 다른 것이 채워져 있었다면 사안은 달랐을 것이다. 진실로 사안을 더 깊이 생각해 보더라도 나는 누구든지 증여로 인해 [자신의 원래] 증여의 의도를 넘어서는 모든 것에 대해 의무를 진다고 생각지 않으며, 이것은 설사 과실(過失)이 개입된다고 해도 마찬가지이다. 생

actio, plurimum aequitatis habet, neque enim lucrari debeo cum cessatione lucri alieni pro lucro meo debiti, neque effici debet, ut aliquis ob alium deceptum plus habeat, et alter minus.

[27] Injustum est ebriosum esse, quia contra ebriosos datur actio damni infecti, quasi facile nocituros. Prorsus ut contra eum, qui se faceret rabiosum, λυκάνθρωπον.

[28] Nota est historia Mercatoris qui aversatus anserem tostum a Judaeo sibi donatum mercenario cuidam suo, homini pauperrimo concessit. Mercenarius intus factum auro invenit et tacet. Judaeus, qui hoc doni ingenio delectare mercatorem voluerat, miratus nihil renuntiari ne gratias quidem, adit hominem, quaerit quomodo sapuerit anser. Ille dedignanti similis, dedisse se ait mercenario suo. Tum vero a Judaeo de viscerum bonitate edoctus, totusque extra se positus, currit, indignatur, vociferatur, reposcit aurum. Alter se donatione defendit. Quaeritur quid juris. Ego pro mercatore pronunciandum nihil dubito. Nam qui anserem donat, non donat, quae nihil ad anserem pertinent. Si fuisset intus aurificina, qualis Gallina Aesopi ova aurea ponens, non haberet mercator quod quereretur. Nunc anserem donatum quivis videt, cujus nec pars per se, nec ad finem, cujus

각건대 이러한 일은 어떤 경우에도 발생할 일이 없을 것인데, 단 상대방에게 별다른 이득도 없이 온통 손해만 생기는 경우에는 예외일 것이다. 그러므로 계약을 맺음에 있어 속임을 당한 자는 어떠한 이유로든 [그 계약을] 철회할 수 있으되, 단 주사위 노름에 빠졌거나 장사꾼들 사이에서처럼 경쟁하듯이 매매한 경우에는 예외일 것이다. 왜냐하면 주사위 노름에서처럼 매입한 경우에는 증여했던 쪽의 불행과 헛된 기쁨을 누렸던 쪽의 불행은 감수해야 하기 때문이며 이 경우에는 악의와 불확실성이 확인되기 때문이다.

[29] 세습왕조의 군주는 그 백성에게 왕세자의 교육에 관한 보장도 제공해야 한다. 왜냐하면 더 나은 상황을 기대할 수 있는 게 아니라면 왕세자 자신이 현명한 것만으로는 절대 충분할 수 없기 때문이다. 바로 이 점에서 철인(哲人) 안토니누스[18]의 잘못이 있는 것이니, 그는 사람보다는 짐승에 가까운 코모두스에게 나라를 맡겼기 때문이다.

[30] 로마법에서는 선량한 의사의 점유자를 사용수익자와 동일시했는데,[19] 이 점에 관해서는 논박이 있긴 하지만, 나는 같은 의견이되 다만 다음과 같은 점만 부가하고자 한다. 즉 이는 [사용수익자가] 소유자의 유익함에 비하여 더 많은 수익을 얻지 않는 한도 내에서 그러하다는 점이다. 그런데 여기에도 한 가지를 덧붙여야 할 텐데, 즉 [소유자에게] 과실이 없어야 한다는 점이다. 만약 과실이 있다면 기만을 당하지 않은 한 그 물건의 일반적 가치에 따라 [위 타인의 점유로 인한] 모든 손해 또는 자신이 예견할 수 있었던 손해를 [점유자인] 내가 그의 손실로 인해 더 이득을 보지 않은 한 감수해야 할 것이다. 왜냐하면 그렇지 않아도 내가 취할

causa donatus est, id est comedendum, pertinet aurum. Nam de alia farctura aliter res habet. Et vero si rem altius expendam, non puto omnino teneri quenquam ex dono ultra animum donandi, ne si culpa quidem intercesserit. Neque enim illud, imputo, sibi ubique locum habet, nisi cum sine alieno lucro damnum est totum. Unde si quis deceptus sit in contrahendo, certa quadam ratione datur rescissio, nisi in iis ubi quasi aleae jactus est et certatur quasi emendo vendendoque ut inter mercatores. Nam ubi quasi aleae em[p]tio est, infelicitas tamen, unius in donando, alterius in frustra gaudendo parcenda est, ibi constat de vitio, incertitudine.

[29] Monarcha in regno successivo debet praestare populo securitatem de educatione filii. Neque enim sufficit ipsum esse sapientem, nisi meliora speranda sunt. Et fuit hic error Antonini philosophi qui Commodo bestiae quam homini similiori Rempublicam reliquit.

[30] Bonae fidei possessorem usufructuario aequant leges Romanae, quanquam pugnantes, ego idem sentio, sed cum hac adjectione, quousque contra utilitatem domini non factus est locupletior. Sed hoc adde si nec in culpa sit. Si in culpa sit, non in dolo, laesio ei omnis ferenda est, quae in

수 있었던 이득을 보았다고 해서 이로 인해 [막바로] 내가 진정으로 이득을 더 보았다고 말할 수는 없기 때문이다. 주의할 점! 그러나 일반적 평가를 초과하는 불행이나 손해는 우리가 위에서 불행에 대해 말했던 법리에 따라 [소유자와 점유자 간에] 분담되어야 할 것이다. 가정컨대, 내가 네 유리잔을 갖고 노는데 [일견] 비어 있어 보였지만 실은 고밀도의 기체20)로 채워져 있었던바 나는 이를 예견할 수 없었다고 치자. [그러다가] 유리잔이 산산조각 났을 때에 그 유리잔에 대한 책임은 내가 져야 할 것이지만 그 안에 담겨 있던 기체[의 손실에 대해서]는 절반밖에 책임이 없다고 할 것이다. 그런데 주의할 점은 타인의 물건에 대해서는 아주 작은 과실도 중간 정도[의 과실]로 평가된다는 점이다. 그러니까 다른 경우를 가정해 보자. [위 유리잔이] 내 물건이라고 생각하고 있다가 과실로 깨뜨렸을 때에는 일반적 가치[의 부분]만 배상하고 나머지는 양자가 분담하게 되는 것이다. 로마인들이 선량한 의사의 점유자를 단지 기만을 당하지 않은 자 또는 과실이 없는 자와 구분하지 않았다는 것은 의아스러운 점이라고 할 수 있다.

[31] 악의의 점유자가 내 물건으로부터 이득을 취한 경우에 이 이득은 만약 그렇지 않더라도 내가 취할 수는 없었던 때에도 내게 귀속되는가? 이런 경우에도 그가 이득을 볼 수 없다고 할 수 없지는 않은가? 볼 수 있다고 봄이 상당하나, 그에게 모종의 벌칙이 없는 것은 아니다. 그러므로 생각건대 제도가 잘 짜여진 국가에서는 절도의 주범에게는 원상복구 이상의 책임이 부과될 것인바 기타 여러 가지 손해와 더불어 모욕, 불안 등과 같은 종류의 손해에 대한 책임도 부과될 것이다.

communi rei pretio consistit, seu quod praevidere poterat,
dummodo non fiam ejus damno locupletior. Nam hoc proprie
non est locupletiorem fieri, lucrum recipere quod alioqui
capturus eram. NB. sed tamen et hoc notandum est
infortunium, seu damnum ultra aestimationem communem eo
jure quo de infortuniis diximus partiendum esse. Finge me
ludere vitro aliquo tuo vacuo ut apparet sed revera aere
multo intenso pleno, quod ego praevidere non potui. Vitrum
frangitur, vitrum a me pensandum est, non aeris collecti, nisi
dimidium. Notandum tamen in re aliena minimam culpam
mediam haberi. Pone ergo alium casum, me rem meam
judicare, sed culpa atque ita frangere, solvendum non nisi rei
commune pretium erit, reliquum ambo feremus. Miror
Romanos bonae fidei possessorem, in eum qui dolo tantum et
qui culpa quoque vacat non distinxisse.

[31] An lucrum malae fidei possessoris ex re mea captum,
quod tamen ego alioquin capturus non eram, ad me pertinet.
At nonne indignus est, qui lucretur, ita sane, sed alia ei
poena non deest. Unde credo in beneconstituta Republica
domino furem amplius aliquid quam restitutionem debere,
cum multa alia damna concurrerint, contumelia, insecuritas,
aliaque id genus.

[32] 생각건대 선량한 의사의 점유자는 과실(果實)의 소유권을 획득할지라도 그로부터 이득을 볼 수는 없다. 왜냐하면 이 과실은 이전에는 현실에 존재하지 않았었고 그 실질(materia)도 누구의 것이 될는지 확정하기 어렵기 때문이다. 그런데 공기나 땅속의 기운 덕택에 뭔가 새로운 재료가 생길 경우 그것이 너[= 소유자]의 물건으로 귀속될지라도 우선적으로는 나[= 선의의 점유자]의 권한 하에 놓이게 된다. 그러므로 그 과실은 나의 것이기도 한 것이다. 따라서 충적토(沖積土)는 [원토지에 비해] 부가된 것이 무엇인지 확인되는 경우엔 원토지 소유자에게 귀속되는 것이 아니라 점유자에게 귀속되는 것이다. 그러나 과실의 경우에는 반대인바 그 실질이 주물(主物)로부터 나온 것이라 간주해야 하기 때문이다. 당연히 이렇게 보아야 할 것이다. 그리고 다른 물건이 부가되는 경우도 있다. 이런 경우에는 공유가 될 것이다. 여기서 좀 더 세밀하게 구분할 필요가 있겠다. 사람들은 흔히 누구도 점유의 원인을 변경할 수 없다고 말한다. 만약 다른 사람의 물건을 점유한 경우에는 그럴 것이라고 생각한다. 그러나 그 어느 누구의 것도 아닌 경우에는 다른 권리가 존재할 수 있다고 생각한다. 진실로 이는 보편적으로 타당한바 그 어느 누구로부터 얻은 것이 아닐 때에는 그 권원이 나의 것으로 남을 것이기 때문이다. 따라서 내가 말하고자 하는 것은 [요컨대] 어느 누구의 물건도 아닌 경우가 아니라면 점유의 원인을 바꿀 수 없다는 점이다. 예를 들어, 내가 원점유자였던 카유스의 동의 하에 티티우스를 위해 [물건을] 점유하고 있던 경우 이를 내가 처음부터 카유스를 위해 점유를 시작한 것으로 볼 수 있는가? 또한 내가 다른 사람을 위하여 모종의 발견물을 점유

[32] Puto bonae fidei possessorem fructuum dominium acquirere, non tamen ex iis lucrari. Quia antea non erant in rerum natura, ac nec materia eorum cujus fuerit constat. Et novum accedens ex aere aut subterraneis exhalationibus alimentum etsi accedat rei tuae, est tamen in mea primum potestate. Unde et meum. Unde sequetur et alluvionem acquiri non domino fundi, sed possessori, si modo constet, quid accesserit. Caeterum in fructibus contra est, quod materia ex fundo esse credenda est. Ita sane. Constat tamen et aliam accessisse. Ergo sequetur communio. Subtilia haec. Ajunt, neminem sibi possessionis causam mutare posse. Ego concedo, si ab alio accepta est possessio. Sed si a nullo aliud jus esse putem. Imo vero universaliter verum est, nam etsi a nullo acquiret, manebit titulus pro suo. Hoc igitur volebam neminem mutare sibi possessionis subjectum posse, nisi in re nullius. Ut si prius possederim Titio consensu possessoris praecedentis Caji, possumne incipere possidere Cajo. Et si prius rem inventam possederam alteri, possumne possidere mihi. Non videor, acquisivi enim ni fallor possessionem. At nonne rursus adimere possum. Possum, sed tunc ipsam possessionem mala fide possidebo, etsi sim rei bona fide possessor. Ex quo loco —.

하고 있던 경우 이를 내가 처음부터 나를 위해 점유한 것으로 볼 수 있는가? 그렇게 볼 수 없다고 생각하는바, 내가 착오를 범한 것이 아니라면 나는 점유권[만]을 얻은 것이기 때문이다. 그럼 [반환했던 물건을] 되가져올 수는 있는가? 되가져올 수는 있으되 이때에는 설령 내가 선량한 의사로 물건을 점유한 자라 할지라도 해당 점유물을 악의로써 점유하는 것으로 될 것이다. 바로 이 점에서 [...]21)

[33] [어떤 물건을] 차지하고 있는 사람이 보다 확실한 법적 지위를 누리려면 그 물건이 누구의 소유도 아니라거나 [자신이] 그 물건을 취하고 있는 것만으로 충분하지는 않으며 더 나아가 내 것으로 만들고 있어야 한다. 생명이 없는 물건이라면 단련하고 다듬어서 사용할 수 있어야 할 것이며, 생명이 있는 것이라면 목줄로 묶어 두거나 [아니면] 애정으로라도 묶어 두고 더 나아가 가르치기까지 하여 사용할 수 있어야 한다. 그런데 여기서 어려운 문제가 제기된다. 예를 들어, 내가 미개간지를 발견하여 잡초도 제거하고 둘러보기도 하고 또한 내가 보유할 생각으로 증인을 만들어 놓았다고 치면, 이것으로 그 땅이 내 것이 되어 설령 내가 잠시 후 돌아올 생각으로 자리를 뜨더라도 어느 누구도 그 사이에 그 땅을 차지하여 자기 것으로 만들지 못한단 말인가? 되돌아오려던 내 계획을 알고 중간에 방해한 자는 당연히 내게 손해를 끼친 것으로 간주될 것인바, 즉 직접적 손해 때문이라거나 이득을 가로챘기 때문이라기보다는 — 주변에 미개간지가 충분히, 그것도 더 좋은 미개간지가 있다고 가정할 경우에 말이다 — 오히려 내 표시된 계획

[33] Ut potior sit conditio occupantis, non puto sufficere ut res sit nullius, et ut sit capta, sed ut domita. Inanimata firmari potest et aptari ad usum; animata sive vinculis sive amore astringi, quin et doceri; sed hinc surgunt difficultates. Pone me agrum incultum reperire, lustrare, circumire, testari animum retinendi, an ideo meus est, ut etsi animo mox redeundi abiero, nemo interim eum occupare et suum facere possit. Sane qui sciens animum redeundi meum interim subierit, is injuriarum mihi tenebitur, id est non tam ex damno dato, aut lucro intercepto, pone enim satis agrorum in vicinia esse, etiam meliorum; quam ex ostenso animo nocendi. Sed quid si is ager sit optimus, non erit in altero animus malus. Quid ergo? An plus est ad juris effectum saepibus quam verbis firmasse, cum et saepes transcendi possint? non equidem crediderim. Acquisitum ergo dominium erit. Similiter, si e longinquo prospiciamus simul duo comites feram, ejusne est qui prius cepit, aut qui prius vidit. Utique ejus qui cepit. Quid vero si unus vidit, alter cepit, interest an et alter certo capturus fuerit, nisi comes praecurreret, tunc enim videntis est; sin ad habendum non suffecit vidisse, et non praeveniri, est communis. Cum uterque operam adhibuerit

에 차질을 빚었기 때문이라고 보아야 할 것이다. 그런데 만약 그 땅이 최적의 땅이고 상대방에게는 나쁜 마음이 없었다고 하면 어떻게 되는가? 울타리를 쳐도 침범할 수 있는데도 불구하고 울타리가 말[언어]보다 법적 효과를 더욱 강력하게 만든다고 할 수 있는가? 그렇다고 생각할 수는 없을 것이다. 그러므로 취득을 해야 소유가 성립할 수 있는 것이다. 마찬가지로 만약에 두 명의 사냥꾼이 동시에 [각기] 멀리서 짐승을 쳐다보고 있었다고 하면, 그 짐승은 먼저 잡은 사람의 것이 되는가 아니면 먼저 본 사람의 것이 되는가? 물론 잡은 사람의 것이 될 것이다. 그러면 두 사람 중 한 사람이 발견하고 다른 한 사람이 잡은 경우에는 어떻게 되는가? 여기서 문제는 동료 사냥꾼이 먼저 달려들지 않았더라면 나머지 다른 한 사냥꾼이 [그 짐승을] 잡았을 것이 확실한가 여부인데, [만약 그렇다면] 이런 경우에는 [먼저] 본 사람의 것이 될 것이기 때문이다. 그러나 먼저 발견했다든지 먼저 달려갔다든지 하는 것만으로는 실제로 [그 짐승을] 잡는 데 충분하지 않았다면 공유로 될 것이다. 왜냐하면 발견한 사람이나 잡은 사람이나 각자 그 짐승을 통제 하에 두는 활동에 일조한데다 짐승을 잡는 데 있어 어느 정도의 기여도를 발견자에게 인정하고 어느 정도를 포획자에게 인정할 것인지 획정하기 불가능할 것이기 때문이다. 게다가 만약 짐승이 포획자만의 것이라고 한다면 다음과 같은 결론이 나올 것이다. 즉 두 사람이 물고기를 잡는데 한 사람이 다른 사람의 어망으로 물고기를 몰면 결국 물고기는 어망을 손에 쥐고 있던 사람만의 것이 될 것이다. 또한 동료 사냥꾼도 의문의 여지 없이 [짐승을] 보았다고 한다면 누가 먼저 보았는가 하는 문제는 일어날 리

rei in potestatem redigendae et qui vidit et qui cepit, nec possit iniri ratio quantum ad habendum visio contulerit, quantum captura. Et si res capientis est tantum, sequitur etiam, si duo piscentur, alter alteri pisces in retra agit, fore pisces ejus solum qui rete manu tenet. Quid vero si et comes visurus sine controversia fuerit, nulla habenda est primae visionis ratio. Quid si quis visionem non testetur, habebitur pro nulla, nisi sequatur captio. Ideo enim tacet ut solus habeat, ergo et periculum sustineat nihil habendi. Sed non tantum de visione sermo est, sed et observatione, pone enim duos rem visuros fuisse, sed unum tantum observaturum commoditatem. Caeterum ut ad agrum redeamus. Si ego testato redeundi animo dum absim, ut probabilis sit mutatio voluntatis, nec exquiri a me possit, pone ignorari ubi agam, rectene alius invadet. Puto recte. Quid si ego mox rediturus sim, sed interea alius invasurus sit, nisi Titius possessionem ineat. Titiine ager erit. Non utique. Quid si aliquod mihi ita negotium gerere voluit servareque mihi impensis rem meam, et eae in irritum cecidere vel fato, vel quod ego rem omisi. An illi jus repetendi. Est in genere quaestio de negotiis gestis. An sufficiat animus probabilis re licet infeliciter gesta. Et puto nullam competere actionem etsi aequum sit solatium

가 전혀 없기도 하다. [또한] 자기가 발견했다는 사실을 증명하지 못하면, 포획이 뒤따르지 않는 한 이는 아무런 소용도 없게 될 것이다. 그러므로 [짐승을 발견하고도] 자기 혼자 가지려고 [동료 사냥꾼에게는] 아무 말도 하지 않은 자는 결국 아무것도 가지지 못할 위험을 감수하게 되는 것이다. 그런데 발견만이 문제가 아니라 관찰도 문제인바, 예를 들어 두 사람이 짐승을 발견했는데 그 중 한 사람만이 관찰에 요령이 있는 경우 같은 것이 문제인 것이다. 이제 [위에서 논했던] 땅의 문제로 돌아가도록 하자. 만약 내가 다시 돌아올 의사를 표시하고 나서 잠시 자리를 떴는데, 내가 [그 사이에] 생각이 바뀌었는지 내게 물어볼 방법이 없었던 경우 — 예를 들어, 내가 어디에 있는지 몰라서 — 에는 다른 사람이 [그 땅에 대해] 정당히 개입해 들어올 수 있는가? 정당히 그럴 수 있다고 생각한다. 그러면 만약 내가 잠시 후 되돌아왔는데, 그 사이에 다른 사람이 '티티우스가 점유를 개시하지 않았다'는 이유로 [그 땅에] 개입해 들어온 경우에는 어떻게 되는가? 그 땅은 티티우스의 것이 되는가? 반드시 그렇지는 않다고 본다. 그럼 만약 누군가 나를 위해 사무를 관리해 주고자 했고 또한 내 부담으로 내 물건을 보관해 주고자 했는데, 운이 나빠서 혹은 내가 그 물건을 소홀히 해서 일이 무산됐을 때는 어떻게 되는가? 그에게 청구권이 발생하는가? 이는 종류상 사무관리의 문제에 해당한다. 이때에 사무가 [결과적으로] 제대로 관리되지 못했더라도 그에 [사무관리의] 의사가 있었음이 추정되는 것만으로 충분한가? 선량한 의사로 임하다가 손해를 입은 사람에게는 모종의 위로를 거부하지 [못하는] 것22)이 형평에 맞을지라도 이 경우엔 아무런 소권도 갖지 못한다

aliquod damnum bona voluntate passo [non] denegari. Quid vero si Titius agrum per vim obtineat, dejecto invasore, an ejus est. Possum respondere relinquere eum hoc mihi debuisse. Sed redit hic in genere quaestio an bello amissa, ab alio recepta dominis prioribus debeantur. An forte ratio operae habenda est, ut si constet rem a priore domino recuperari non potuisse, sit capientis, si certum sit, domini prioris. Si dubium, utriusque, prorsus ut in inventione. Sed hoc postremum durum est. Eo ipso enim, quia dubium est, pro domino priore praesumptio est, et in inventione res nondum est alterutrius. Sed rursus periculi imminuti ratio habenda est. Quid vero si periculum nullum imminutum, sed fortuna unus rem alteri amissam recuperavit, puta avem alterius suis retibus illapsam. Perinde esse puto, etsi ne retibus quidem ad hoc tensis, sed forte strui lignorum illapsa sit. Sed si hoc dicemus, prope erit idem dicendum de amissis quod de avibus, ut dimidium sit invenientis : Quid si ita amissa sit res ut ego nunquam sim recuperaturus per me, et alius invenit, nihilominus puto meam manere. Sed si alius suo labore sumtuque eripiat, habere jus retentionis dum hoc ei solvatur. Quid si sit incompensabilis, manebit ejus, nisi res fuerit in eo statu, ut egomet nancisci potuerim. Sed quid de

고 생각한다. 만약 [사무관리인인] 티티우스가 물리력을 써서 침입자를 물리치고 땅을 되찾았다면 그 땅은 티티우스의 것이 되는가? 그는 내게 땅을 넘겼어야 한다고 답할 수 있을 것이다. 그렇지만 여기서 다음과 같은 유사한 문제가 제기된다. 즉 전쟁에서 잃어버렸던 물건을 다른 사람이 입수(入手)한 경우 원주인에게 돌려주어야 하는가 하는 문제이다. 여기서 깊이 생각해 보아야 하는 점은 만약 그 물건을 원주인이 되찾아가기 불가능한 경우에는 현재 물건을 갖고 있는 자의 것이 되는가, 혹은 되찾아갈 것이 확실시되는 경우에는 원주인의 것이 되는가의 문제라고 할 수 있다. 명료하지 않은 경우에는 마치 발견[의 법리]에서처럼 양자 중 누구의 것으로 해도 무방하다고 볼 수도 있을 것이다. 그러나 이 해법을 취하기는 곤란하다고 하겠다. 이처럼 불명확한 경우에는 원주인에게 유리한 방향으로 추정이 이루어지기 마련이며, 발견의 경우에도 물건이 [양자 중] 누군가의 것으로 막바로 정해지는 것은 아니기 때문이다. 또한 면책의 입증의 부담도 고려해야만 할 것이다. 만약 면책을 입증할 만한 게 아무것도 없는 상황에서 우연히 혹자가 다른 사람이 잃어버린 물건을 입수하게 된 경우, 예를 들어 다른 사람의 새가 혹자의 그물로 날아든 경우에는 어떻게 되는가? 이런 용도로 펼쳐 놓은 그물이 아니고 우연히 장작더미에 날아든 경우에도 마찬가지라고 생각한다. 그런데 이렇게 본다면, 분실한 물건에 대해서는 새에 대해 말했던 것과 거의 같은 얘기를 해야 할 것인바, 즉 그 절반은 발견한 사람의 몫으로 한다고 말해야 할 것이다. 만약 물건을 잃어버렸는데 내가 스스로는 그것을 되찾을 수는 없는 상태에서 다른 사람이 그것을 습득했고 그렇지만 그럼

fera capta a me et rursum amissa, an manet mea. Manet si mea facta est. Sed non videtur mea facta esse. Quid ni, an quia non est redacta in potestatem. Sed quid si captam a me et alligatam alius mihi eripiat, utique in eum ad restituendum actio erit. Sed quid si in tertium transtulerit, an ab illo petam. Ergo mea erit. Erit, sed quamdiu tenuerim ut captum ab hoste, qui si rursus aufugerit erit rursus capientis. Res est difficilis.

[34] *Ulpianus l. 1. § cum arietes, si quad. paup. f. d.* si bos aggressor perisset cessare actionem. Quaeritur an omnino jure naturae ex pauperie quadrupedis detur actio si absit domini culpa. Cur enim perdam rem meam sine culpa mea. Puto igitur si qua sit domini culpa, teneri ad damnum etiam ultra rem, si nulla sit culpa, teneri infra rem damnum dantem, id est ad nihil. Aliudne in servo. Certe hic patet dari actionem in servum si damnum dederit. Ergo hic potest privari dominus sine culpa sua. An ergo idem in qualibet re quod in servo. An datur indistincte actio in rem quae damnum dedit. An partiendum est mutuo damnum si unus passus a re alterius qui sine culpa fuit.

[35] Aliquando putavi neminem rem suam facere, nisi melioratione, vel saltem in eam impensis. Nunc aliter sentio,

에도 불구하고 내가 그 물건을 여전히 내 것이라고 생각하는 경우라면 어떻게 되는가? 만약 그 다른 사람이 자신의 노력과 비용으로 그 물건을 가져간 경우라면 대가가 지급되기 전까지는 그 물건을 보유할 권리를 지닌다고 보아야 할 것이다. 만약 보상이 불가능한 경우라면 [그 물건은] 그의 것으로 남게 되겠지만, 단 그 물건이 나 역시 찾아낼 수 있던 상태에 있었던 경우에는 그렇지 않을 것이다. 그러면 내가 야생동물을 잡았다가 잃어버린 경우에는 여전히 나의 것으로 남는가? [일반적으로는] 만약 내 것으로 만든 후라면 여전히 나의 것으로 남을 것이지만, [이 경우에는] 내 것으로 만들었다고 보이지는 않을 것이다. 왜 그러한가? [그 야생동물이] 내 권능 안에 들어오지 않았기 때문인가? 그렇지만 만약 내가 포획하여 묶어 놓은 야생동물을 다른 사람이 내게서 가져간 경우에는 아무튼 그에 대해 반환의 소를 제기할 수 있을 것이다. 그러나 만약 그가 제삼자에게 양도했다면 이 제삼자에게 청구할 수 있을 것인가? 그러므로 [관건은] 물건이 내 것이어야 한다는 점이다. 마치 적군으로부터 사로잡은 포로는 혹 탈주하더라도 여전히 포획자의 소유인 것과 같이 내가 [해당 물건을] 보유하고 있는 한 나의 것이 되는 것이다. [실로] 어려운 문제이다.

[34] 울피아누스 제1권 제1률 「네발짐승이 사고를 쳤다고 보고된 경우」 중 '숫양' 조항에 말하길,[23] "만약 공격을 해 온 황소가 죽으면 소(訴)는 중단된다"고 했다. 여기서 궁금한 것은 자연법에 따를 때에 만약 [황소의] 주인에게 과책이 없는 경우에도 네발짐승의 사고에 기한 소권이 주어지는가 하는 것이다. 어찌 내게 과책이 없는데도 불구하고 내가 내 물건을 상실해야 한단 말인가.

PENSÉES
DE LEIBNIZ,

SUR

LA RELIGION

ET

LA MORALE.

Seconde Édition de l'Ouvrage intitulé Esprit
de Leibniz, considérablement augmenté.

TOME SECOND.

PARIS,

Chez la Vᵉ. Nyon, Libraire, rue du Jardinet, n°. 2,
quartier Saint-André-des-Arcs ;

Et à la Librairie de la Société Typographique,
Quai des Augustins, n°. 70.

AN XI. — 1803.

(『라이프니츠의 종교도덕론』 제2권, 1803. Université de
Lausanne 소장본)

그러므로 생각건대 만약 주인에게 과책이 있는 경우에는 손해에 대해 그 원인과는 별개로 책임을 지며, 만약 과책이 없는 경우에는 손해를 발생시킨 원인의 한도 내에서 책임을 진다고, 즉 [이 경우에는] 아무런 책임도 지지 않게 된다고 해야 한다.24) 종복(從僕)의 경우에는 다른 점이 있는가? 분명 이 경우에는 만약 종복이 손해를 끼친 경우에는 그 종복을 상대로 소를 제기할 수 있을 것이다. 그러므로 이 경우에는 [종복의] 주인은 자신의 아무런 과책이 없었더라도 [그 종복을] 박탈당할 수도 있다. 그렇다면 다른 모든 물건에 관해서도 종복의 경우에서와 마찬가지로 생각할 수 있는가? 손해를 발생시킨 물건에 대해서는 차별 없이 소권이 [피해자에게] 주어지는가? 아무런 과책도 범하지 않은 타방의 물건 때문에 혹자가 손해를 입은 경우에는 서로 손해를 분담해야 하는가?

[35] 예전에 나는 어떤 물건을 자기 것으로 만들기 위해서는 반드시 그 물건을 더 낫게 만들거나 그 물건에 비용을 지출해야만 한다고 생각했다. 하지만 이제는 달리 생각하는바, 설령 그 물건에 아무런 비용도 지출하지 않았더라도 운이 좋아서든 재주가 좋아서든 먼저 발견하거나 관측한 경우에는 이것이 더 우선시된다고 생각한다. 그렇다면 스페인인들에게 아메리카 전체에 대한 권리가 인정될 것인가? 그들이 발견하고 거주하게 된 부분에 있어서 그러하다고 하겠다. 부재하는 동안에도 어떤 물건을 향유할 수 있는 지위에 먼저 처하게 된 자가 소유권자가 되는 것이 원칙이기 때문이다. 그러므로 스페인인들이 아메리카에 처음 진입했을 때에 그 승리가 확실시됐다면 적국의 법적 대응을 제외하면 그 어느 누구도 [스페인인들의] 발견[활동]을 중단시킬 수 없었을 것이다. 그러

etsi nihil in eam impenderit, tamen ipsa inventionis vel observationis primitate sive haec felicitate, sive ingenio contigerit esse potiorem. An ergo jus Hispanis quaesitum in Americam totam. Est in ea quae invenere et domuere. Nam haec regula est, ut qui prius in eo statu est, ut re frui possit, quantum impraesens capax est, dominus fiat. Unde cum Hispani Americam primi ingressi sunt, si certa fuisset victoria, nemo inventoribus, nisi jure hostis, jure intercessisset. Sed ubi dubia belli alea est, cuilibet invadere jus est. Ita tamen ut — (?) domat solis Hispanis simul, velut inventoribus debeat. Hispani quae et invenere et — (?).

[36] Falsum est ex pacto nudo dari actionem, etiam Gentium jure etiamsi aliter vulgo ferant. Alioqui ex gentium jure etiam deceptus tenebor. Teneor tamen ex pacto nudo, primo ubicunque non possum causam reddere non servandi, tunc enim contumeliam facere videbor, et teneor actione injuriarum. Unde a promissis in genere abesse debet animus decipiendi aut datur actio, non tam ad praestandum quam ad contumeliae reparationem. Quod rursus notandum. Sed et si promisero aliquid et ego secutus fuero promissum tuum, teneris mihi ad id quod interest, si culpa tua non servatum

나 전쟁[다툼]의 여지가 있는 경우에는 어느 누구에게나 진입권이 인정되는 법이다. 그러나 [...] 스페인인들에 의해서만 다스려진다고, 즉 발견자들에게 [권리를] 인정해야 한다고 할 수 있다. 발견하고 [...]한 스페인인들이 [...][25]

[36] 단순한 약정[26]에 기해 소권이 주어진다는 것은 설령 만민법에서든 또는 통상적으로든 다르게 다룬다고 할지라도 잘못된 것이라고 생각한다. 다른 경우들에서라면 내가 착오를 범한 경우일지라도 만민법에 따라 의무를 지게 될 것이다. 그렇지만 단순한 약정에 기해 내가 의무를 지게 되는 경우로는 첫째 내가 [그 약정을] 준수하지 않는 데 대한 이유를 대지 못할 경우를 들 수 있는데, 이때에는 [상대방에게] 모욕을 준다고 보일 수도 있고 정신적 피해에 대한 소를 제기당할 수도 있기 때문이다. 그러므로 일반적으로 약속에 있어서는 [상대방을] 착오에 빠뜨리려는 마음이 없어야 하며, 그렇지 않으면 [약속의] 이행보다는 모욕의 치유를 목적으로 한 소를 제기당할 수 있는 것이다. 이 점은 재차 주의해야 할 점이다. 그러나 내가 [네게] 뭔가 약속을 하고 나 역시 너의 약속을 믿었다면, 너의 과책으로 인해 [약속이] 지켜지지 않은 경우에는 너는 그 해당 사항에 대한 의무를 진다는 점이다. 양쪽 모두에 과책이 없는 경우라면 양자 간에 불운을 분담해야 할 것이다. 어떤 손해도 있을 수 없는 사안에 있어서 네가 너의 과책으로 인해 나를 착오에 빠뜨린 경우라면 소는 제기할 수 없다. 왜냐하면 누구의 이해(利害)와도 상관없는 사안에 있어서는 중대한 과실일지라도 과책이 없는 것으로 취급되기 때문이다. 그러나 이러한 사

est. Sin abfuit ab utroque culpa partiendum est infortunium. Si me decipias culpa tua in re, ubi damnum nullum intelligi potest, nec actio est. Quia revera **in re ubi nihil cuiusquam interest, etiam summa negligentia est sine culpa**. Sed si nec in his dolo decipias, interest an in re quantulacunque contumeliam meam quaeras, aut tristitiam ac quemcumque dolorem. Nam perinde est. Etiam qui me gaudio magno implet, ut tanto vexet magis, tenetur injuriarum. Recte ergo et Connanus et ipse profundissimus Aristoteles dudum negarunt, nisi ex συναλλάγμτε id est commutatione actionem esse.

[37] Peccatum mortale est agere quod tute judices plus in universum damnosum quam utile esse. An vero illi rei sunt, qui non putant DEUM esse. Et puto esse non minus quam inexcusati sunt, qui artificis opus vastant, quem esse negant. Quanquam si res accuratius explicanda sit, dubitari queat an detur atheus verus, id est qui cogitet nullum esse DEUM. Cum contra alibi ostensum sit, qui cogitat aliquid esse, cogitat DEUM esse, id est rationem rerum. Quia nihil aliud est existere quam habere rationem.

[38] *Campanella* in *moralibus cap. 2.* virtutem primam quae ipsum finem nobis praestituit vocat sanctitatem (ea mihi

안에서 네가 일부러 나를 착오에 빠뜨린 게 아니라 할지라도 모욕이나 슬픔이나 고통 등을 조금이라도 내게 가하려 한 것인지가 문제가 될 수는 있다. 사실 다 마찬가지이다. 심지어 내게 커다란 기쁨을 준 자라 할지라도 [나중에] 나를 그만큼 혼란에 빠뜨릴 의도에서 그랬던 것이라면 [나의] 정신적 피해에 대해 책임을 진다고 하겠다. 그러므로 이미 오래 전에 코낭27) 그리고 위대한 학자 아리스토텔레스28)는 수날라그마 (συνάλλαγμα), 즉 거래관계가 아니면 소가 제기될 일이 없다고 했던 것이다.

[37] 종합적으로 보아 유익하기보다는 해롭다고 네 스스로 판단하면서도 이를 행하는 것은 치명적인 잘못이 될 것이다. 신은 존재한다고 생각지 않는 사람들이 이러한 부류가 아닐까? 이는 자신들이 존재를 부정하는 어떤 예술가의 작품을 파괴하는 것이 용서받을 수 없는 행동이라는 것보다 덜하지 않다고 생각한다. 이는 좀 더 정확히 설명해야 할 사안이긴 하지만, [어쨌든] 진정한 무신론자, 즉 [이 세상에는] 어떤 신도 존재하지 않는다고 생각하는 자가 있을지에 관해서는 의문을 갖지 않을 수 없다. 이에 대해서는 다른 곳29)에서 증명했다시피, 뭔가가 존재한다는 것을 아는 이는 신, 즉 사물의 근거(ratio rerum)가 존재함을 아는 법이다. 왜냐하면 존재한다는 것은 근거(ratio)를 갖고 있다는 것과 다름없기 때문이다.

[38] 캄파넬라는 『도덕론』 제2장30)에서 우리에게 그 목적 자체를 제시해 주는 제일덕목을 "성(聖)스러움"(내가 보기에 정신의 영역에서 지혜가 차지하고 있는 위치를 감성의 영역에서는 이 덕목이 차지하고 있는 듯하며, 사람들은 또한 이 덕목을 경건함이라

videtur esse in affectu, quod sapientia in mente, vocant et Pietatem) seu regulam amoris DEI quae haec est, ut summe ametur. Amoris nostri haec regula est, ut magis amemus DEUM, uti pars manus subit mortem pro toto, seu pro capite. Porro plus amabimus animam quam corpus et bona animi quam corporis, deinde plus corpus quam bona exteriora, quibus etiam amicos praeferet tanquam partes suae speciei, nedum parentes, uxores, natosque, partes etiam sui. Non tamen bona amicorum, nisi lucrum suum parvum lucro dempto aut supra quintupla (cur hoc praecise) amicorum posthabeat. Patiar enim perdere unum si amicus lucratur quinque, tam in bonis corporis quam fortunae vel etiam animi (non puto hoc universaliter verum).

[39] In qualibet fortuna potior est conditio prioris.

[40] Bona fortuna unius cedit infortunio alterius. Unde si ego amiserim aliquid per infortunium, tu inveneris per fortunam, manebit meum. Si amiserim ego aliquid per culpam, tu inveneris per fortunam, idem est, quia in re mea ad neminem pertinente non est culpa. Imo est culpa dum aliis dominium ignorantibus damnosa esse potest. Si ego amiserim aliquid per infortunium quod ad te pervenerit per ingenium. Cum utriusque sit infortunium, meum in amittenda

부르기도 한다), 즉 신의 사랑이란 법칙, 곧 신을 제일 사랑해야 한다는 법칙이라고 불렀다. 우리 사랑의 법칙이란 즉 우리가 신을 제일 사랑함은 마치 손[手]이 전신 또는 머리를 위하여 희생을 감수하는 것과 같이 해야 된다는 것을 말한다. 더욱이 우리는 육신보다는 영혼을 더욱 사랑하며, 육신의 선(善)보다는 영혼의 선을, 외부적 재화보다는 [우리 자신의] 육신을 더욱 사랑하는 법이며, 하물며 이 외부적 재화보다는 각자가 속한 부류의 부분으로서의 친구를, 그리고 각자의 부분으로서의 부모와 아내와 자식을 우선시함에랴. 그러나 친구의 재화는 나의 그나마 작은 이익이 없어지거나 아니면 친구의 이익의 다섯 배는 능가하지 않는 한 경시되지는 않을 것이다. (왜 이렇게 정확히 말하는가 하면) 만약 친구가 행운이나 영혼의 측면에서의 선뿐만 아니라 육신의 선 측면에서 나보다 다섯 배의 이익을 볼 수 있다면 나는 하나 정도의 손실은 감수할 수 있기 때문이다 (이것이 보편적으로 참이라고 생각지는 않지만 말이다).

[39] 행운에 관해 말하자면, 선행조건이 우선시된다고 해야 할 것이다.

[40] 혹자의 행운은 다른 사람의 불운에 양보하는 법이다 [= 혹자의 행운보다는 다른 사람의 불운이 법적으로 중하게 고려되곤 한다]. 그러므로 만약 내가 불운으로 인해 뭔가를 잃어버렸는데 네가 행운으로 인해 그를 습득했다면, [그 물건은] 여전히 내 것으로 남게 되는 것이다. 내가 잘못하여 뭔가를 잃어버렸는데 네가 행운으로 인해 그를 습득한 경우에도 마찬가지인바, 왜냐하면 다른 어떤 이의 물건이 아니라 바로 내 물건이라는 사실 자체에 잘

re, tuum in amittendo laboris fructu, an dicemus rem fieri communem. An me tibi id laboris pretium teneri.

[41] Si ego amiserim aliquid per culpam, quod ad te pervenerit per fortunam, cum nullum tibi damnum datum sit, meum erit. Tibi tamen amorem quendam, id est recogitationem fructus ex te capti, quanquam non proprie gratitudinem debebo, et quidem magis si mea sit culpa, quam si tantum infortunium intercesserit, quanquam si cogitemus damnum, quod est in eo quod spe dejectus est, dari aliquid debet, si totum sit. Si ego amiserim aliquid per infortunium quod ad te pervenerit per ingenium, id est cum infortunio tuo (nam aliud si culpa tua est), id agendum est ut neutrius sit infortunium, quoad ejus fieri potest, id est unusquisque recuperet rem suam. Tu pretium laboris dolorisque, ego rem. Sed ita ego solus infortunium patior, tibi enim totum solvo, tu nullum. Ergo dimidium tibi tui damni solvere debeo. Sed si ego amiserim aliquid per culpam quod ad te pervenerit per infortunium, totum infortunium tibi praestare debeo. Si utriusque est culpa, communicabitur damnum pro **rata graduum** culpae (An non ergo solum feret major?). Si ego amiserim aliquid per dolum, ut sic loquar, seu voluntatem, pone, ut vexem invenientes, teneor eis ad id quod interest

못이 있는 것[= 그 자체로부터 책임이 발생하는 것]은 아니기 때문이다. 사실 잘못은 [물건이] 누구의 소유인지 몰랐던 사람들에게 피해를 줄 우려가 있을 때에 존재하는 법이다. 만약 내가 불운으로 인해 뭔가를 잃어버렸는데 그것이 [너의] 재능[= 노력]으로 인해 네게 도달한 것과 같은 경우에 말이다. 양자 모두 불운한 경우, 즉 나의 불운은 물건을 잃어버린 데 있고 너의 불운은 노력의 결실을 잃어버리는 데 있는 경우에는 그 물건을 공유로 한다고 할 수 있는가? [아니면] 내가 네게 그 노동의 대가를 지급해야 한다고 해야 하는가?

[41] 내가 잘못하여 뭔가를 잃어버렸는데 그 물건이 우연히[31] 네게 다다른 경우에는 [설령 그 물건이 없다 해도] 네게 손해될 바가 전혀 없기 때문에 그 물건은 [여전히] 내 것인 것이다. 그런데 이때 내가 네게 엄밀한 의미에서의 감사(感謝)는 아닐지라도 모종의 감정, 즉 너로부터 그 결실을 도로 가져온다는 사실에 대한 인식을 가질 수 있으며 이 감정은 [내가 물건을 잃어버리게 된 데에] 우연치 않은 계기가 개입했을 때보다는 내 잘못으로 인한 것일 때에 더욱 커진다고 할 수 있고, 만약 [너의] 기대가 상실됨으로 인해 네게 손해가 발생함을 너와 나 모두 알고 있다면 [내가 너로부터] 그 물건 전체를 도로 받아오는 경우 [나는 네게 보상으로] 뭔가를 주어야 할 것이다. 내가 우연치 않은 계기로 뭔가를 잃어버렸는데 네가 노력으로써, 즉 우연치 않은 계기로 그를 습득한 경우—만약 너의 잘못으로 인한 것이라면 다른 얘기가 될 것이다—에는 그 우연치 않은 계기가 어느 누구의 것도 아닌 것처럼 다루어야 하며 결국에는 [각자가] 자기 몫을 확정할 수 있게,

infortunii, non quidem hic in re ipsa, sed alioqui.

[42] Sed hoc quaeritur an retro eundum, ita ut damnum non censeatur, quod fortunae nostrae, sed quod prudentiae aufertur. Ita sane aequum est, praesertim quoties alterius infortunium intercedit, sed est res altiore consideratione digna. Pone canem a me inventum pugnare cum cane a te emto, ambos caeteroquin pretio aequales, et perire ambos, an mutuo quiescendum est, uti si ambo essent emti, an tanto minoris censetur canis meus, quanto minoris mihi constitit. Quid ergo de haereditatibus fiet, seu iis quae nobis dono eorum qui tamen labore et ingenio quaesiere, quaesita sunt. Credo id aliud esse, quia illi volunt nos habere, et illis injuria fit.

posse		scire		velle
Fortuna	} casus	Prudentia	}	Probitas
infortunium		culpa		malitia

[43] In infortunio tuo puniendo videtur aestimanda necessitas mea; in culpa tua, aestimatio rei, in dolo tuo, utilitas mea. Unde non licet tibi infortunato nocere, nisi cum necessitatis interest. Sed si neutri necessitas tangatur infortunio, aestimandum est in proportione utriusque ad

즉 각자가 자기 물건을 챙길 수 있게 된다. 너는 수고의 댓가를, 나는 그 물건을. 그런데 이렇게 되면 나 홀로 불운[=우연치 않은 계기]을 감수해야 하는바, 나는 네게 전부를 상환해야 하는 반면 너는 아무것도 부담하지 않기 때문이다. 그러므로 [이런 경우에는] 나는 네게 네 손해의 절반만 상환해야 마땅할 것이다. 그러나 만약 내가 잘못하여 뭔가를 잃어버렸는데 그 물건이 우연치 않은 계기로 네게 다다른 경우라면 나는 네게 그 우연치 않은 계기[로 인한 손실]의 전체를 보상해야 할 것이다. 만약 양자 모두에게 잘못이 있는 경우에는 그 잘못의 **정도의 비율**에 따라 손해를 분담해야 할 것이다(그러므로 더 큰 잘못이 있는 자만 손해를 부담하게 되지는 않을 것이다). 내가 속임수에 **빠져서**, 즉 말하자면 [다른 사람의] 고의에 의하여 뭔가를 잃어버렸는데 만약 [나중에] 그 물건을 발견한 사람들을 내가 거칠게 대한다면 나는 그들의 불운에 대하여 배상할 책임을 질 것이며, 이때에는 그 물건 자체로써가 아니라 다른 방식에 의하여 책임을 질 것이다.

[42] 그런데 여기서 [논의의] 처음으로 되돌아가서 손해란 우리의 행운에 대한 관계에서가 아니라 우리의 실천적 지혜에 대한 관계에서 고려되어야 하지 않는가 하는 문제가 제기된다. 그래야 된다고 생각되는바 특히 다른 사람의 불운이 사안에 개입될 때는 더더욱 그러하다. 이 문제에 대해 더욱 깊이 생각해 보자. 길거리에서 발견해서 키우고 있던 나의 개와 네가 돈 주고 산 개가 싸우고 있는데 두 마리가 서로 값어치가 동일하고 그 상태대로 두면 두 마리 모두 죽을 것 같은 상황을 가정해 보자. 이때에 마치 그 두 마리 모두 돈 주고 산 개인양 그대로 [싸우도록] 내버려 두어야

necessitatem, ut proinde in paupere magis quam divite infortunium aestimetur. Ejus aestimationis et Nathan Davidem admonet sub parabola, qui unicam pauperis ovem occidit. Hinc et patet cum in dolo dato utilitas aestimetur, necessitatem aestimari multo magis.

[44] **Justitia** est prudentia in aliorum bonis malisque a nobis contemplatione bonorum malorumque nostrorum a prudentibus potentibusque aliis. Seu **justitia** est prudentia in adhibenda erga alios potentia nostra, contemplatione prudentiae in adhibenda erga nos potentia sua alienae. Justitia est prudentia placendi sapienti et potenti. Justitia est prudentia juvandi et nocendi praemii poenaeque causa.

Ars est exercitium instrumentorum operandi. **Virtus et vitium** est exercitium voluntatis. Illa exercitium potentiae, haec exercitium voluntatis. **Scientia** exercitium intellectus.

Scientia est notitia certa.

Notitia est cognitio perseverans seu cognitio memoria retenta.

Opinio est notitia probabilis.

Sapientia est Scientia boni.

Judiciositas est virtus judicandi seu penetrandi,

하는가. 만약 내 개가 내게 중요하지 않다면 그만큼 내 개가 덜 중요하게 간주돼도 되는가. 그렇다면 상속재산,32) 즉 노력과 재능으로써 그를 취득했던 이들이 우리에게 남겨 준 물건들의 경우에는 어떻게 되는가가 문제이다. 이는 다른 문제라고 생각하는바, 이는 그들[피상속인들]이 우리가 그 물건들을 보유하기를 원했던 것인데 [그를 상실케 내버려 두는 것은] 그들에 대해 손해를 입히는 일이 될 것이기 때문이다.

할 수 있다			알다	의욕하다
행운	}	경우	실천적 지혜	선의
불운			잘못 }	악의

　[43] 너의 불운을 바로잡으려 한다면 [해당 물건이] 내게 얼마나 필요한 것인지 평가해야 할 것이며, 너의 잘못을 바로잡으려 한다면 그 물건의 값어치를, 너의 착오를 바로잡으려 한다면 [해당 물건이] 내게 갖고 있는 유용성을 평가해야 할 것이다. 그러므로 필요한 경우가 아니라면 불운한 자에게 손해를 끼치는 것은 허용되지 않는다 할 것이다. 그렇지만 어느 누구에 대한 필요성도 불운으로 인해 영향을 받지 않는 경우에는 [해당 물건이] 각자에 대해 갖고 있는 필요성의 경중을 따져야 할 것이며, 이렇게 하면 부유한 자보다는 가난한 자에게 그 불운이 더 크게 평가될 것이다. 이런 식의 평가방식에 관해 [이미] 나단이 다윗에게 가난한 자가 키우고 있던 단 한 마리의 양을 죽게 한 자의 우화를 들려줌으로써 일깨워 준 바 있다.33) 그러므로 [위에서 언급한바] 착오가 발생했고 [상대방의 입장에서] 유용성을 평가해야 할 경우에는 필요성의

GOTTFRIED WILHELM
LEIBNIZ

SÄMTLICHE
SCHRIFTEN UND BRIEFE

HERAUSGEGEBEN
VON DER
PREUSSISCHEN
AKADEMIE DER WISSENSCHAFTEN

SECHSTE REIHE
PHILOSOPHISCHE SCHRIFTEN
ERSTER BAND

1 9 3 0
OTTO REICHL VERLAG DARMSTADT

(『라이프니츠 저작/서간 전집』제6부 제1권, 1930)

측면을 더욱 더 크게 평가해야 함을 알 수 있다.

[44] **정의**란 지혜롭고 권위 있는 이들의 관점을 통해 우리 자신의 선과 악에 관해 성찰해 봄으로써 다른 이들의 선과 악에 대한 관계에서 취하게 되는 실천적 지혜이다. 즉 **정의**란 다른 사람의 권위를 우리 자신에게 적용함에 있어 실천적 지혜로써 성찰해 봄으로써 우리 자신의 권위를 다른 이들에게 적용함에 있어 발휘하게 되는 실천적 지혜인 것이다. [따라서] 정의란 지혜롭고 권위 있는 이들을 흡족케 해 주는 실천적 지혜인 것이다. [또한] 정의란 상벌(賞罰)을 목적으로 이익을 주거나 해를 주는 실천적 지혜인 것이다.

예술이란 작업도구를 다루는 것이다. **덕**과 **악덕**은 의지를 다루는 것이다. [즉] 전자는 권위를 다루는 것이며, 후자는 의지를 다루는 것이다. **학식**이란 지성을 다루는 것이다.

[그런데] **학식**이란 확실한 앎을 가리킨다.

앎이란 지속적 인식, 즉 기억으로 간직된 인식을 가리킨다.

[반면] **의견**이란 개연적 앎을 가리킨다.

지혜란 선에 대한 학식이다.

판단력이란 주어진 문제에 대해 판단, 즉 통찰하고 그 각 부분에 대해 해법을 제시할 수 있는 덕을 가리킨다.

분별력이란 사물들 간의 관계를 발견, 즉 사물들을 상호 참조하고, 그 유사성과 차별성을 관찰하며 조합하고 조성할 줄 아는 덕을 가리킨다. 그러므로 판단은 상호연관의 관계에 기초하고 있으며, 발견은 상호유사성의 관계에 기초하고 있는 것이다.

resolvendique in partes rem propositam.

Sagacitas est virtus inveniendi id est res inter se conferendi, earum similitudines dissimilitudinesque observandi, combinandi, componendi. Ita ut judicium nitatur relationibus connexionis, inventio relationibus similitudinis.

Prudentia est judiciositas circa id quod bonum malumve est.

Virtus est promtitudo bene agendi.

Vitium est promtitudo male agendi, vel potius inclinatio ad bonum, hoc ad malum.

Virtus moralis est virtus volendi.

Justitia est virtus volendi quod justum est, vel pro virtutis voce, quia bene volendi esse ex justi adjecto apparet, erit **justitia** promtitudo volendi quod justum est.

[45] Justitiam a prudentia definire debeas. An non valde ambiguum est, si ponatur nullus esse DEUS. **Justum** erit, quicquid impune sperari potest, si a prudentia definienda justitia est. Sin non est a prudentia definienda justitia, a quo ergo, an a bono publico, tunc sequetur justum non esse se quam mille alios salvum malle, ac proinde debebit et aliquis etiam aeternae damnationi se offerre, ut aliorum salutem procuret, quod tamen nemo jure fieri dixerit. An ergo justum

실천적 지혜는 선하거나 악한 바에 대한 판단력이다.

덕이란 선하게 행동할 수 있는 신속성을 가리킨다.

악이란 악하게 행동할 수 있는 신속을 가리키니, 전자는 선에 대한 경향성을, 후자는 악에 대한 경향성을 가리킨다고 할 수 있다.

도덕상의 덕이란 의지의 덕이라 할 수 있다.

정의란 정당한 것을 의욕하는 덕이라고 할 수 있는데, 달리 말하자면 덕의 목소리에 호응하는 것이라고 할 수 있으니, 선하게 의욕한다는 것은 [이미 '정의'란 단어의] '정'(正)이란 수식어에서도 알 수 있으므로 **정의**란 정당한 것을 의욕하는 덕이라고 할 수 있는 것이다.

[45] [이제] 정의를 실천적 지혜의 관점에서 정의(定義)해 보도록 하자. 신은 존재하지 않는다고 전제한다면 이는 매우 이상하지 않겠는가. 만약 실천적 지혜의 관점에서 정의를 정의한다면, 무엇이든 아무리 원해도 처벌받지 않는 것이 있다면 그것은 **정의로운 것**일 것이다. 만약 실천적 지혜의 관점에서 정의를 정의하지 않는다면 무엇에 따라 정의할 수 있겠는가. [만약] 공공선의 관점에서 정의한다면 정의로운 것이란 천 명의 다른 사람을 구하는 대신 자기 한 사람만을 구하기로 하는 것은 아닐 것이니, 더 나아가 다른 사람들의 안녕을 확보할 수만 있다면 어느 누구도 법에 그렇게 하라고 쓰여 있다고 말하지 않았더라도 [기꺼이] 자기 자신을 영벌(永罰)에 바쳐야 하는 것이다. 그렇다면 필요한 것이거나 아무한테도 해가 되지 않는 것이면 다 정의로운 것이 되는가? 이렇다면 나의 무해한 선은 [다] 정의로운 것이 될 것이며 나의 필요에 의한

est quicquid aut necessarium aut nemini damnosum est. Ita ut meum indemne bonum sit justum et tuum a me necessarium malum itidem justum. Justum est, quicquid non est injustum. **Injustum** est, quicquid puniri publice utile est. An potius justum est bonum publicum in singulos quadam proportione geometrica repartitum. Seu justum est ut faciant singuli quod factum vellent ab universis. Seu ut quisque alii praestet, quod vellet ab alio factum sibi, et tantum quisque velit ab alio, quantum eidem praestare paratus est. Justum est id agere ne alteri necessitas mihi nocendi existat. Ergo damno meo ejus necessitati subvenire debeo. Alioqui cogetur ipse velle sibi subvenire. Item indemnitate mea ei prodesse debeo, ne animum malevolum nudem. Sed cur infortunia inter nos partienda sunt, demta miseria et felicitate?

[46] **Justitia** est constans conatus ad felicitatem communem salva sua.

Obligatio est quicquid praestandum est alienae felicitati ut inde redundet ad nostram. Justum est.

Aequitas est aequalitas rationis bonorum cum ratione meritorum. Meritum est hoc loco bonum publicum privato connexum. Ut adeo aequitas sit aequalitas bonorum inter plures, salva eorum productione in universum quanta maxima

너의 악 역시 마찬가지로 정의로운 것이 될 것이다. 정의(正義)로운 것은 어떤 것이든 부정(不正)하지 않은 법이다. [반면] **부정한** 것은 어떤 것이든 공적으로 바로잡는 게 유익한 것을 말한다. 그렇지 않다면 [혹] 정의로운 것이란 공공선을 기하학적 비율에 따라 개인들 간에 배분하는 것인가. 이런즉 정의로운 것은 모두가 행하기를 바라는 것을 개인들이 행하는 것이 될 것이다. 혹은 남이 자신에게 해 주기를 바라는 것을 내가 남에게 해 주는 것34) 또는 내가 남에게 제공해 주려고 준비한 만큼만 남으로부터 받기를 원하는 것이 될 것이다. [그러므로] 정의로운 것이란 곧 남이 나를 해할 필요가 없게 하는 방식으로 행동하는 것이다. 그러므로 내게 손해가 되더라도 그의 필요에 보탬이 되어야 한다. 그렇지 않으면 그는 자구책을 마련하려고 할 수밖에 없게 될 것이다. 또한 내게 손해가 없는 한 그에게 유익하게 해서 [행여나] 그가 순전히 악의의 마음을 갖지 않도록 해야 한다. 그런데 어째서 불운은 불행과 행복을 제외하곤 너와 나 사이에서 나누어야 하는가?

[46] **정의**란 자신의 행복과 동시에 공동의 행복을 항구적으로 추구하는 것이다.

의무란 다른 사람의 행복을 위해 행하여 그 다음으론 우리의 행복을 위해 되돌아오도록 하는 것을 말한다. 이것이 바로 정의로운 것이다.

형평이란 선(善)의 비율과 자격(資格)의 비율 간에 평등을 이루는 것을 말한다. 여기서 자격이란 사적인 연관 하에서의 공공선을 가리킨다. 그러므로 형평이란 생산 전체로부터 다수가 최대한 취할 수 있도록 하는 방식으로 그 다수 간에서 [공공]선의 평등을

haberi potest. Hinc patet non posse rem satis solide ad proportiones revocari, non magis quam virtutem ad mediocritatem. Cum unica sit mensura finis et affectuum ut rationi non reluctantur hominum, ut ubi ipsis felicitas salva est, curent alios quam maxime esse felices.

이루는 것을 말한다. 이로부터 분명해지는 점은 [어떤] 사안을 비례적 관계로 환원시키는 것은 덕을 중용으로 환원시키는 것보다 더욱 철저히 할 수는 없다는 사실이다. 왜냐하면 [중용이야말로] 인간의 이성을 거부하지 않도록 해 주고, 자기 자신의 행복이 온전한 이상 다른 사람들의 행복 역시 최대한으로 보살필 수 있도록 해 주는, 목적과 감정의 유일한 척도이기 때문이다.

제3장

자연법 요론
[시론 2]

Elementa juris naturalis
[*Untersuchungen* 2]

(1670-1671 [?])

Elementa juris naturalis

[Untersuchungen 2]

[1] Aristoteles collocavit virtutes omnes in affectu quodam moderando, solius justitiae medium in rebus tantum quaesivit. At si acutius introspexeris, comperies justitiam esse moderatricem amoris atque odii hominis erga hominem. Neque enim unum ita amare debemus, ut alteri noceamus; neque unum ultra odisse, quam alteri opus est. Duae sunt autem Regulae Affectus hujus moderandi, 1) neminem laedere, 2) cuique quousque alius non laeditur prodesse. In illo **Justitia** fundatur, in hoc **Amicitia** seu Aequitas. Licet autem impedire laedentem, non me tantum, sed et alium. Ad juvandum alios cogi non possum, regulariter. Licet eos qui

자연법 요론
[시론 2]

[1] 아리스토텔레스는 모든 종류의 덕을 감정의 절제와 연관시키고1) 오로지 정의만 그 중용을 사물관계[의 절제]에서 찾았다. 그렇지만 좀 더 면밀히 살펴보면, 우리는 정의가 인간의 인간에 대한 사랑과 미움의 절제임을 알 수 있다. 우리는 어느 한 사람을 사랑하되 그로 인해 다른 한 사람을 해할 정도로 사랑해서는 안 되기 때문이며, 어느 한 사람을 미워하되 다른 한 사람에게 행해지는 그 이상으로 미워해서는 안 되기 때문이다. 이러한 감정을 절제하는 데에는 두 가지 원칙이 있으니, 1) 어느 누구도 해하지 말라, 2) 어느 한 사람에게 이익이 되게 할 때에는 다른 사람에게 해가 되지 않는 한도 내에서 그렇게 하라 등이 바로 그것이다. 전자의 원칙에 **정의(正義)**가 기초해 있다면, 후자에는 친애(親愛) 또는 형평이 기초해 있다고 할 수 있다. 그런데 나를 해치는 것을 방지하는 것뿐만 아니라 다른 사람을 해치는 것도 방지하는 것이

suspicionem praebent ad cautionem cogere.

[2] **Justum** non satis accurate definitur publice utile, cum liceat multorum interitum meo praeferre. Justum est quicquid aut necessarium aut nemini damnosum est. Justum est proportionale inter amorem mei et proximi.

Aequum est publice utile quousque privatim tolerabile est.

Injustum est publice damnosum sine privata necessitate.

Justum est quod non est injustum.

Vulgarissima notio est:

Justum est de quo alii cum ratione queri non possunt. Imo male si quis homo sit venenatus incavibiliter, alii de eo queri, et ipsum jure si alium nullum remedium occidere possunt. Ita si quis furiosus mihi gladio immineat, eum jure occidero.

Justum est in animo.

Aequum in re.

Quanquam rursus aliud sit justum agere, aliud aequum agere etc.

Justitia est voluntas agendi quod aequum est, quia aequum est, virtus amandi seu amicitiae.

Justum est quod iniquum non est.

Justus est, qui aequatione non eget. Id est qui vel non

허용된다. [반면] 내가 다른 사람을 도와야 한다는 것이 강제될 수는 없음이 보통이다. [모종의] 우려를 자아내는 이들에게 주의를 기울여 줄 것을 강제하는 것은 허용된다.

[2] 정의로운 것을 공공에 유익한 것이라고 정의하는 것은 그리 엄밀한 정의라고 할 수 없는데, [공공의 이익이라는 가치와는 반대로] 나보다는 다수의 파멸을 선호하는 것도 허용되기 때문이다. 정의로운 것이란 필요한 것이거나 누구에게도 해를 끼치지 않는 것이다. 정의로운 것이란 나에 대한 사랑과 이웃에 대한 사랑 간의 비례적 관계이다.

형평에 맞는 바는 공공의 이익이라고 할 수 있는데, 사적으로 감내할 수 있는 정도인 경우에 한하여 그러하다.

부당함이란 사적 필요성이 없는데도 불구하고 공공에 해를 끼치는 것이다.

정의로운 것이란 부당하지 않은 것이다.

가장 대중적인 생각은 다음과 같다.

정의로운 것이란 다른 사람들이 논거를 갖고 이의를 제기하지 못하는 바라고 생각하는 경향이 있다는 것이다. 그러나 오히려 어떤 사람이 억울하게 중독된 경우에도 다른 사람이 그 자에 관해 이의를 제기할 수도 있고 만약 해독제가 없다면 합법적으로 그를 죽게 내버려 둘 수도 있을 것이다. [우리가 이런 경우를 정의롭다고 여기지는 않는다.] 마찬가지로 어떤 광인(狂人)이 칼을 들고 내게 덤벼든다면 나는 [논거를 제시할 필요도 없이] 그를 정당히 죽일 수 있는 것이다.

정의로움은 정신에 관한 것이다.

peccavit, vel peccata sarcivit.

Justificatio est personae aequatio.

Aequitas est tantum concedere aliis, quantum desideres in ratione ab ipsis.

Aequum est quod in distributione bonorum inter personas rationi congruum est.

Aequum est tantum quemque concedere alteri, quantum ab altero posceret sibi.

[3] Res difficillime generaliter definiri potest : Aequum est 1) procurare bonum alterius sibi non damnosum, 2) procurare necessarium alteri, tolerabile sibi vel impedire miseriam alterius vitata sua.

Aequum est : procurare felicitatem alterius, salva sua, et impedire miseriam alterius vitata sua.

Seu praeferre utilitatem alterius superfluitati suae, et praeferre necessitatem alterius utilitati suae.

[4] Finge plures in una navi esse. Unus tantum commeatus habet, quantum consumere ante putredinem aut vappescentiam non possit. Finge alios necessaria habere, sed his lautitiis carere. Tunc ajo eum consensu caeterorum cogi posse ut caeteros quoque superflurarum sibi voluptatum participes reddat. Consensu inquam caeterorum, nam a singulis cogi

형평에 맞는 바란 사물에 관한 것이다.

되풀이하자면, 정의로움을 행하는 것과 형평에 맞는 바를 행하는 것은 서로 별개인 것이다.

정의란 형평에 맞는 바를 행하고자 하는 의지인바, 형평에 맞는 것이란 사랑 즉 친애의 덕이기 때문이다.

정의로움이란 불편부당한 것이다.

정의로운 자는 등가관계를 필요로 하지 않는 자이다. 즉 잘못을 범하지 않는 자이거나 아니면 [자신의] 잘못을 바로잡는 자이다.

정당화란 어떤 사람이 [자신의 잘못에 대해] 제시하는 등가관계이다.

형평이란 네가 어떠한 근거로써 다른 사람들로부터 바라는 만큼 그들에게 양보하는 것이다.

형평에 맞다는 것은 사람들 사이에서 재화를 배분함에 있어 이성에 부합한다는 것이다.

형평에 맞는 것은 자신이 다른 사람에게 요청할 수 있는 만큼 자신도 남에게 양보하는 것을 말한다.

[3] [뭔가에 관해] 일반적으로 정의한다는 것은 지난(至難)한 작업이다 : [그래도 시도해 본다면] 형평에 맞는 것이란 1) 타인에게 재화를 제공하되 나 자신에게 해를 끼치지 않는 것이며, 2) 타인에게 필요한 것을 제공하되 나 자신이 감내할 수 있는 것이거나, 아니면 타인에게 불행이 미치지 않도록 하되 나 자신의 불행도 피하는 것이다.

형평에 맞는 것이란 타인에게 행복을 제공하되 나 자신의 행복도 구하는 것이며, 타인에게 불행이 미치지 않도록 하되 나 자신

non potest. NB.

Finge aliis necessaria deesse, tunc ajo eum etiam sine consensu caeterorum a singulis cogi posse ad impertiendum de superfluo. Sed an a singulis ad totum superfluum, quantum sibi necessarium est, an pro rata parte totius navis.

[5] Redit res ad eam quaestionem an liceat aliis necessaria auferre quia sibi necessaria sunt, an jus fasque sit alium tabula deturbare, cujus ope enataturus est. Respondendum est seposita pietatis consideratione licere, ex nuda aequitate, praecisa DEI et futurae vitae consideratione.

[6] Consensus caeterorum quaeritur an omnium requiratur. Respondeo requiritur potentiorum impraesentiarum saltem. Igitur et si uni caeteri permittant jure fiet. Idque adeo ne ejus rei causa bellum oriatur, seu status bellicus. Plures Respublicae seu saltem congregationes particulares sint velut plures naves in eadem classe, si quis in sua navi talia instituere potest, non indiget consensu aliorum nisi metus sit eos re comperta bellum illaturos. At si quis lautitiarum causa reluctetur, jure in eum sumetur bellum. Sumetur velut in hominem malum et puniendum non rerum, sed animi causa, deteriora enim in majoribus facturus est, puniendus ergo. Etc. de consensu caeterorum. Videtur non necessarius, nisi

의 불행도 피하는 것이다.

혹은 타인에게 유익함을 제공하는 것을 우선으로 하되 나 자신에게도 남음이 있는 것 또는 타인에게 필요한 것을 제공하는 것을 우선으로 하되 나 자신에게도 유익한 것을 말한다.

[4] 여러 사람이 한 척의 배 위에 타고 있다고 하자. [그런데] 그중의 오직 한 사람만이 혼자 다 먹지 못해 썩어나갈 만큼의 식량을 갖고 있다고 하자. [그리고] 다른 사람들은 필요한 것을 갖고 있기는 하되 이 정도의 풍족함은 결여되어 있다고 하자. 이러한 경우라면 다른 사람들의 합의에 따라 그 한 사람이 다른 사람들도 자신의 남아도는 식도락을 나눠 가질 수 있도록 강제될 수 있다고 말할 수 있다. '다른 사람들의 합의에 따라'라고 말한 것은 몇몇 개인들에 의해서 강제될 수는 없기 때문이다. 이 점에 유의해야 할 것이다.

다른 사람들에게 필수식량이 결여되어 있다고 한다면, 이러한 경우에는 다른 사람들의 합의 없이도 몇몇 개인들에 의해서도 그 한 사람이 자신의 잉여분을 나누어 주도록 강제될 수 있다고 할 것이다. 그런데 그 몇몇 개인들이 그 잉여분 전체에 대해 자신들이 필요한 만큼 나누어 가질 수 있는지 아니면 선박 [인원] 전체의 몫에 따라 계산하여 나누어 가질 수 있는지가 문제이다.

[5] 이 문제는 곧 다른 사람들이 자신들에게 필요하다고 해서 그 필요한 것들을 가져갈 수 있는가, 어떤 사람이 붙잡고 헤엄치고 있는 널빤지를 다른 사람이 채가는 것이 법과 종교에 부합하는가 등의 질문으로 되돌아간다고 볼 수 있다. [이에 대한] 대답은 신앙에 관한 고려, 순수한 형평의 관점, 신과 내세에 관한 엄밀한

aliquando ex extrinsecis causis.

[7] Jus strictum aequitatis causa violare non licet, nisi certa spe victoriae, et obtentionis, v.g. uni mendico divitem avarum involare, et depraedari jus non est, nec rusticis divites destruere. At si centena millia rusticorum sapientum dari possent, non est dubium quin recte se a miseria publica liberarent, si certi essent non secuturam majorem quae a licentia confusioneque eorum hominum expectanda est.

[8] Aequum est id hominem praestare homini, quod ei non det jus belli. Nam homo hominem odisse non debet, alioqui signo odii dato, dat ei jus belli jure damni infecti. Odit autem qui nullo damno suo impedit bonum meum. Nec homo homini in necessariis obstare debet, alioquin ei dat jus belli. Eo ipso quia cuilibet per quantalibet ad necessaria jus est.

[9] **Aequitas** est prudentia in dispensandis bonis malisque.

Justitia est prudentia in dispensandis malis, seu quousque nocere liceat.

Amicabilitas est prudentia in dispensandis bonis, seu quousque prodesse debeamus.

Prudentia est ars vivendi, seu ars procurandae sibi felicitatis.

Ars est compositum ex scientia et agilitate.

고려 등의 측면에서 각각 나누어 제시해 볼 수 있을 것이다.

[6] 다른 사람들의 합의란 모든 사람들의 합의를 요건으로 하는가 하는 물음을 제기한다. 나는 최소한 현장에 있던 주요 인물들의 합의가 있어야 한다고 답하고자 한다. 그러므로 만약 여러 사람들이 한 사람에게 [결정을] 위임하는 것도 정당하게 할 수 있다고 하겠다. 단 이와 같은 사정을 계기로 하여 분쟁이나 분쟁상태가 발생하지 않는 한에서 말이다. 몇몇 나라들 혹은 최소한 몇몇 집단은 마치 같은 편대에 속한 배들과 같아서, 만약 누군가 자신의 배 안에서 위와 같은 일들[의 처리]에 관해 정해 줄 수만 있다면 다른 사람들의 합의는 필요치 않을 수도 있다. [모종의] 사정이 발각되어 그 다른 사람들이 분쟁을 일으킬 우려가 없는 한 말이다. 그런데 [이때] 누군가 사치스러운 [= 불필요한] 이유로 [결정에 따르기를] 거부한다면 그를 상대로 분쟁이 발생할 수도 있음은 정당하다고 하겠다. 이 사람이 악인으로 치부되어 벌을 받게 되는 것은 물질적인 문제 때문이 아니라 그 마음 때문인데, [그대로 놔두면] 보다 더 중요한 사안에서 보다 더 나쁜 행동을 할 수도 있는 고로 벌을 받아야 하는 것이다. '다른 사람들의 합의'에 관해서는 기타 여러 가지 고찰을 할 수 있을 것이다.²⁾ [그런데 합의는] 경우에 따라 외적 원인이 존재하지 않는 한 필요하지는 않을 것이라 생각된다.

[7] 승리나 취득에 대한 확고한 희망이 없는 한 엄격한 의미의 권리를 형평을 이유로 침범해서는 안 된다.³⁾ 예를 들어, 어떤 걸인(乞人)이라도 욕심꾸러기 부자를 습격해서 약탈할 권리는 없으며, 어떤 빈농(貧農)들이라도 부자들을 파멸시킬 권리는 없는 것이

GOTTFRIED WILHELM

LEIBNIZ

SÄMTLICHE
SCHRIFTEN UND BRIEFE

HERAUSGEGEBEN
VON DER
AKADEMIE
DER WISSENSCHAFTEN
DER DDR

SECHSTE REIHE
PHILOSOPHISCHE SCHRIFTEN

ZWEITER BAND

1990

AKADEMIE-VERLAG BERLIN

(『라이프니츠 저작/서간 전집』 제6부 제2권, 1990년판)

다. 그러나 지혜로운 빈농이 수십만 명이 존재한다면, 자기들 빈농의 방종과 혼란으로 인해 더 심각한 일이 발생하지 않을 것이 확실하기만 하다면 자신들을 공적인 불행으로부터 올바로 해방시킬 수 있다는 점은 의심할 바 없다고 하겠다.

[8] 어떤 사람이 다른 사람에게 제공한 바가 설사 그 다른 사람에게 다툼의 권리를 허용하는 것이 아니라 할지라도 형평에 맞는 일이 될 수 있다. 실로 사람은 사람을 미워해서는 안 되는바, 만약 그렇지 않아 미움의 표시를 [상대방에게] 준 경우에는 그에게 미연의 손해에 대한 다툼의 권리를 주게 된다. 그리하여 자신은 아무런 손해도 입지 않으면서 [유독] 나의 이득을 방해하는 자는 [나를] 미워하는 자라고 볼 수 있다. 또한 사람은 다른 사람이 뭔가를 필요로 하는 상황에 있을 때에 그를 방해해서는 안 되는바, 그렇지 않으면 그에게 다툼의 권리를 주게 된다. 왜냐하면 누구에게든 자신이 필요로 하는 바에 얼마든지 접근할 수 있는 권리가 있기 때문이다.

[9] **형평**이란 선과 악을 취급함에 있어서의 실천적 지혜이다.

정의란 악을 취급함에 있어서의, 즉 어느 정도까지 해를 끼쳐도 되는지에 관한 실천적 지혜이다.

호의란 선을 취급함에 있어서의, 즉 어느 정도까지 이득을 주어야 하는지에 관한 실천적 지혜이다.

실천적 지혜란 살아가는 법, 즉 자신에게 행복을 가져다주는 법을 말한다.

이 **기법**은 지식과 신속함으로 이루어져 있다.

(**지혜**란 행복에 관한 지식이다.)

(Sapientia est scientia felicitatis.)

Scientia est notitia certa.

Notitia est terminus indeclarabilis et immediato sensu constans.

Certitudo est claritas veritatis.

Claritas est notitia omnium partium cogniti.

Veritas est existentia propositionis.

Existentia est alicujus sensibilitas.

Aliquid est, quicquid cogitabile est.

Agilitas est agendi cum velis promtitudo seu celeritas.

Felicitas est status voluptatis sine dolore.

Miseria est status doloris sine voluptate.

Voluptas est quod appetitur propter se.

Dolor, quod vitatur propter se.

Bonum est quod appetit qui pernovit.

Malum quod fugit qui pernovit.

Appetitus est conatus sentiendi.

Fuga est conatus non sentiendi.

Conatus est initium motus.

(**Voluntas** est conatus rei cogitantis.)

Pernosse est clare nosse, seu omnia ad rem pertinentia nosse.

지식이란 확실한 인식을 가리킨다.

인식은 설명하기 어려운 용어인바, 직감에 연관되어 있다.

확실함이란 진리가 분명한 상태를 말한다.

분명함이란 인지하고 있는 모든 부분들에 대한 인식을 말한다.

진리란 어떠한 명제가 존재함을 말한다.

존재한다는 것은 뭔가가 감지가능하다는 것을 말한다.

뭔가라고 하는 것은 인지가능한 모든 것을 말한다.

신속함이란 네가 원한다면 즉각적으로 그리고 빠르게 행동하는 것을 말한다.

행복이란 고통 없는 기쁨의 상태를 말한다.

불행이란 기쁨 없는 고통의 상태를 말한다.

기쁨이란 그 자체로 욕구의 대상이 되는 것이다.

고통이란 그 자체로 회피의 대상이 되는 것이다.

선이란 그를 제대로 아는 자라면 욕구하게 되는 바이다.

악이란 그를 제대로 아는 자라면 회피하게 되는 바이다.

욕구란 감지해 보고자 하는 바람이다.

회피란 감지해 보지 않고자 하는 바람이다.

바람이란 움직임의 시초이다.

(의지란 뭔가를 인지하고자 하는 바람이다.)

제대로 안다는 것은 명확히 아는 것, 즉 대상에 연관된 모든 것을 아는 것이다.

[10] 우리가 즐거운 경우는 그 대상으로부터 흡족스러운 느낌을 받을 때이다.

우리가 뭔가를 좋아하는 경우는 그 대상의 행복이 우리에게도

[10] **Delectamur** re cujus sensus jucundus est.

Amamus rem cujus felicitas nobis jucunda est.

Odimus rem cujus miseria nobis jucunda est.

Amicitia est status mutui amoris.

Inimicitia est status mutui odii.

Certamen est conatus alterius conatui contrarius.

Pugna est vis vi contraria.

Vis est conatus corporis contra corpus, lacerandi corpus (dimovendi corpus, v.g. disjicere muros, pulsare hominem).

Dolus nonnunquam in Criminalibus accipi solet pro omni conatu laedendi cogitantis injusto, alioquin **Dolus** est conatus fallendi.

Fallere est cognitionem alterius impedire (est enim dolus non solum in simulando, sed et dissimulando).

Impedire est facere ne quid fiat.

Hostilitas est certamen universale.

Bellum est certamen per vim universale. Potest autem et Hostilitas et Bellum sine odio, et proinde sine Inimicitia esse. Uti cum in alios non ipsorum aversatione, sed nostrae utilitatis causa pugnamus. Ita in lepores nostrae utilitatis causa pugnamus. In insecta quaedam innoxia ex odio tantum atque aversatione deformitatis. Cum hominibus improbis,

흡족함을 줄 때이다.

우리가 뭔가를 미워하는 경우는 그 대상의 불행이 우리에게는 흡족함을 줄 때이다.

친애란 서로 좋아하는 상태를 말한다.

적대감이란 서로 미워하는 상태를 말한다.

대척(對蹠)이란 일방의 욕구가 타방의 욕구에 대응하는 경우이다.

싸움이란 힘과 힘의 대립이다.

힘이란 실체의 실체에 대한, 후자의 실체를 무너뜨리려는 (제거하려는, 예를 들어 벽을 무너뜨린다든지, 사람을 구타한다든지) 욕구이다.

음모(陰謀)란 [용어는] 간혹 형사에서 사용되는바 해를 끼치려고 기도하는 자의 부당한 모든 욕구를 가리키며, 달리 말하면 음모는 기만하고자 하는 욕구인 것이다.

기만한다는 것은 타방의 인지를 방해하는 것이다 (즉 음모란 가장[假裝]의 행위뿐만 아니라 위장[僞裝]의 행위 또한 포함하는 것이다).

방해한다는 것은 뭔가를 행하지 못하도록 행하는 것이다.

적대관계란 일반화된 대척관계를 말한다.

싸움이란 힘을 사용하는 일반적 대척관계를 말한다. 그런데 적대관계와 싸움은 미움 없이도, 그러니까 적대감 없이도 발생할 수 있다. 예를 들자면, 우리가 상대방들과 싸울 때에 그들에 대한 혐오감 때문에서가 아니라 우리 자신의 유익함을 위해서 그러는 경우와 같다. 즉 토끼를 상대로 다투는 것[= 잡는 것]은 우리의 유익

perinde ut cum feris bestiis perpetua inimicitia est.

[11] **Juvare** est boni alterius causam esse.

Laedere est mali alterius causam esse.

Nocere est bonum impedire.

Prodesse est malum impedire.

Lucrum est boni incrementum.

Damnum est boni decrementum.

(Haec paulo inaniora : Juvare est actum alterius faciliorem reddere. Notandum : dici me juvare, me laedere. Contra dici : mihi prodesse, mihi nocere. Cur ita? Non est hic nimis grammaticandum).

Utile est quod alterius causa bonum est

Adversum est, quod alterius causa malum est.

[12] **Praesentia** boni bona est; **absentia** mali bona est. Praesentia mali mala est; absentia boni mala est. **Causa** boni bona est; causa mali mala est. Quod destruit bonum, malum est. Quod destruit malum, bonum est. **Adjumentum** boni bonum est, mali malum est. **Impedimentum** boni malum est. Imp. mali bonum est. **Obstaculum** boni malum est; mali bonum est. **Requisitum** boni bonum est, Requisitum mali malum est (non ita grande tamen). Aliud de effectu, parte etc. Neque enim si causa bona est, effectus est bonus. Neque

함을 위해서이며, 어떤 벌레들은 무해하지만 그 벌레들을 상대로 다투는 것은 그 추한 모습에 대한 미움과 혐오 때문에 그러는 것이다. 사악한 자들에 대해서는 마치 사나운 야수에 대해서와 마찬가지로 항시적 적대감을 가질 수 있다.

[11] **돕는다는** 것은 다른 사람의 선(善)을 목적으로 한다는 것이다.

해친다는 것은 다른 사람의 악(惡)을 목적으로 한다는 것이다.

손해를 입힌다는 것은 선을 방해한다는 것이다.

이익을 준다는 것은 악을 방해한다는 것이다.

이득이란 선이 증가함을 말한다.

손해란 선이 감소함을 말한다.

(다음과 같은 논점은 좀 공허하다고 할 수 있다 : 돕는다는 것은 다른 사람의 행위를 좀 더 용이하게 만드는 것이다[라든지 하는 것]. 주의할 점 : '나를 돕다', '나를 해치다' 등으로 말하곤 하는 반면, '나에게 이익을 주다', '나에게 손해를 입히다' 등으로 말하곤 한다. [이러한 구문의 차이는] 어째서 그러한가? 여기서는 너무 문법적으로 따지지 말도록 하자.4))

유용하다는 것은 다른 사람과의 관계에서 선한 것을 말한다.

반대한다는 것은 다른 사람과의 관계에서 악한 것을 말한다.

[12] 선의 **존재**는 좋은 것이고, 악의 **부재** 역시 좋은 것이다. [반면] 악의 존재는 나쁜 것이고, 선의 부재 역시 나쁜 것이다. 선의 **원인**은 좋은 것이고, 악의 원인은 나쁜 것이다. 선을 파괴하는 것은 나쁜 것이며, 악을 파괴하는 것은 좋은 것이다. 선을 **추가하**는 것은 좋은 것이고, 악을 추가하는 것은 나쁜 것이다. 선을 **방해**

si totum, pars.

[13] **Finis** seu bonum propter se est quod appetitur nulla ad alterius appetitum habita ratione.

Medium est cujus appetitus causa efficiens est appetitus alterius.

Bonum per se est, ex cujus definitione demonstrabilis est Bonitas.

Bonum per accidens secus.

Bonum absolute est quod appetit qui omnia pernovit summa summarum subducta, s. quod plus appetitur quam fugatur.

Quodammodo Bonum est, quod appetit qui quaedam pernovit.

하는 것은 나쁜 것이며, 악을 방해하는 것은 좋은 것이다. 선에 대한 장애는 나쁜 것이고, 악에 대한 장애는 좋은 것이다. 선에 대한 요구는 좋은 것이며, 악에 대한 요구는 나쁜 것이다(그렇게 심각한 정도는 아닐지라도). 이와 달리 결과에 있어서는 부분적으로만 그러하다. 왜냐하면 원인이 좋다 해서 결과가 좋은 것도 아니고, 전체가 그러하다고 부분이 그러한 것도 아니기 때문이다.

[13] 목적 즉 그 자체로 선한 것은 다른 사람이 지니고 있는 바람과는 전혀 상관없이 [나 스스로] 바라는 바를 가리킨다.

중용이란 나 자신의 바람이 다른 이가 갖게 될 바람의 능동적 원인이 되는 것을 말한다.

그 자체로 선한 것이란 그 정의(定義) 자체로부터 선함이 증명되는 것을 가리킨다.

[반면] 경우에 따라 선한 것은 그러하지 아니하다.

절대적 선은 모든 것을 제대로 알고 있는 이가 종합에 종합을 거듭한 후에 바라게 된 바, 즉 회피의 대상이 되기보다는 바람의 대상이 되는 것을 말한다.

[반면] 일정한 의미에서 선한 것은 일정한 것을 제대로 알고 있는 이가 바라는 바를 말한다.

제4장

자연법 요론

[1]

Elementa juris naturalis

[1]

(1670-1671 [?])

Elementa juris naturalis

[1]

[1] Felicitatem generis humani in eo consistere ut quousque licet et possit quae velit, et sciat quae e re sit velle, manifestum est. Quorum illud pene assecutum est, in hoc deficit nusquam minus potens quam in se ipsum. Constat enim potentiam ejus hac tempestate in immensum auctam esse, ex duobus elementis orbis nostri alterum pene domitum, alterum ab alterius rapacitate recuperatum, id est maria mobilibus quibusdam pontibus strata, terras immanibus hiatibus divisas nunc redunitas. Coelum ipsum nos fallere non posse, et cum sidera sua occulit a deformi lapillo suppleri : idem propius nobis admotum, et multiplicatos oculos ad

자연법 요론

[1]

[1] 인간의 행복은 자신이 원하는 바가 어디까지 허용되고 가능한지 여하 그리고 자신이 그로부터 원하는 바가 무엇인지를 아는가 여부에 달려 있다는 점은 분명하다. 이 중 전자의 점에 관해서는 거의 모든 사람들이 잘 알고 있지만, 후자의 점에 있어서는 인간은 자기 자신에 대해서 만큼이나 무능력하다고 할 수 있다. 사실 오늘날 인간의 능력은 어마어마하게 증가해서 지구를 이루는 두 가지 부분 중 하나는 거의 다 길들이게 되었고 다른 하나는 전자에 대한 욕심으로 덩달아 차지하게 된바,1) 즉 대양(大洋)은 말하자면 이동식 교각[= 배]들로 뒤덮여 있고 대지(大地)는 예전에 거대한 구렁으로 서로 떨어져 있던 것이 이제는 [하나로] 연결되게 됐다. 그리고 하늘조차도 우리를 좌절시킬 수 없어서, 자신의 별들을 가리고자 할 때에 [우리는] 굽은 돌멩이[= 렌즈]로 그것들을 다 찾아낸다. 하늘은 우리에게 더욱 가까워졌고, 우리의 증가된

interiora rerum admissos, centuplicatam mundi faciem, jam novos orbes, jam novas species, aequali admiratione illic magnitudinis, hic parvitatis videri. Nec deesse alterius generis conspicilia, quibus non loco tantum, sed et tempore dissita pervideantur, eam historiae lucem illatam, ut possimus videri semper vixisse, paratum novum monumentorum genus, utcunque papyraceum omni tamen aere perennius, quo fieri possit, ut super omnes temporum barbarorum, tyrannorumque injurias semper magna ingenia vivant, et certam coeli immortalitatem imaginaria nominis aeternitate praecipiant. Igitur tempora literis, coelum conspiciliis, terram itineribus, mare navibus complexi sumus, caetera Elementa sequuntur exemplum, et aer nunc primum pandit arcanos sinus ab omni aevo abditos, postquam ignis jam tum inexplicabili DEI beneficio ad laudabilem quandam caeterarum rerum sicubi in negandis opibus suis pertinaces essent, torturam conspiravit, deditque nobis fulmina illa quibus nulla vis par esse potest, nisi quam humana rabies contrariam opponit.

[2] Nimirum postquam victores orbis sumus, intra nos hostis superest, parentque omnia praeterquam homo homini, corpus animo, animus sibi. Id est ut familiarius deposito cothurno dicam, Medicinam corporum animorumque

시력은 사물의 안까지 꿰뚫어 보게 되어 세상의 면면이 백배가 되었으니, 한편으로는 새로운 행성과 다른 한편으로는 새로운 종을 각기 그 거대함과 미세함에 똑같이 경탄해 마지않으며 관찰하게 됐다. 또한 다른 종류의 관찰도 공간적인 측면에서뿐만 아니라 역사의 조명 덕택에 시간적인 측면에서도 할 수 있게 되어서는 마치 우리가 항구(恒久)의 세월을 살아 온 것처럼 보이기도 하고, 새로운 종류의 기념물이 제작되어 비록 종이로 만들어졌지만 그 어떤 청동보다도 더욱 영구적이어서 위대한 정신은 모든 야만적·폭압적 시대로부터 받은 피해에도 불구하고 영구히 살아가게 됐으며 그 명성이 영원할 것으로 상상하여 마침내 천국의 불멸을 요청하기에 이르렀다. 그리하여 우리가 기록을 통해 시간을 포용하고, 관찰을 통해 하늘을, 도로를 통해 대지를, 선박을 통해 대양을 포용하게 된 것처럼 다른 요소들도 이러한 예를 따르게 된 것이며, [그리하여] 이제 대기 역시 지난 모든 세월 동안 감춰져 왔던 그 비밀스러운 실체를 펼치기 시작한바 종전에는 불 이외의 다른 것들이 불의 위력을 고집스럽게 부정할 때면 신의 오묘한 간섭으로 불이 칭송받을 만한 고통을 그 다른 것들에게 가하기도 하고 또한 인간의 분노로 표출되는 힘 이외에는 그 어떤 것도 견줄 수 없는 힘을 가진 번개를 우리에게 내리꽂기도 한다고 믿었던 것이다.

[2] [그런데] 우리가 지구의 정복자가 된 이후에도 적(敵)은 우리 내부에 잔존해 있어서, 모든 것이 가시화되긴 했으나 인간은 인간에게, 신체는 정신에게, 정신은 정신 그 자체에게 적이 되었다. 즉 굽 높은 신발을 벗어 버리듯이 좀 더 쉽게 말하자면, 우리는 신체의학도 정신의학도 잘 몰라서, 전자를 다룰 때에는 마치

ignoramus, illam tractamus ut procurator causam ob lucrum, hanc ut puer lectionem ob nihil, discit enim in spem obliviscendi. Quare mirum non est, quod hactenus nec jucundi, nec utilis, nec justi scientia constituta est. Jucundi scientia Medica est, Politica utilis, Ethica justi. Medicus explorare structuram nostram, situsque partium ac motus, voluptatum causas ut servet faciatque, dolorum contraria ut tollat impediatque, debet. Quam in rem ei Characteristicae, Opticae, Musicae, Odorariae, Culinariae, non minus quam Chemicae et Botanicae ministeriis utendum est. Et habemus incredibilem massam egregiorum experimentorum, sed rudem et indigestam, et usu nisi pene fortuito carentem. Quorsum vero materia tanto studio comportata in promtu est, si in aliud seculum differenda est structura nostrae felicitatis. Cur non collatis viribus impetum facimus in hanc pertinaciam tegentis se naturae. Cur, inquam, nisi quod naturalis scientiae imperfectio in civilem refundit culpam, cum possint si omnes velint, et singuli velint ut vellent universi, nec tamen quod volunt possuntque singuli faciant universi, nisi rem recte et ex verae Politicae arcanis aggrediantur illi quorum in manu est magnam hominum partem in exemplum caeterorum felicem reddere et se in illis. Nam qui rem ex vero

변호사가 이득을 위해서 사건을 다루는 것처럼 하고 후자를 다룰 때에는 마치 어린아이가 수업을 받을 때 다 잊어버리길 바라면서 헛되이 받는 것처럼 한다는 뜻이다. 그러므로 지금까지 쾌적함에 대한 학문도, 유익함에 관한 학문도, 정의로움에 관한 학문도 제대로 정립되지 못한 것은 그리 놀라운 일이 아니라 하겠다. [여기서] 쾌적함의 학문이라 함은 의학을 말하며, 유익함의 학문은 정치학을, 정의로움의 학문은 윤리학을 말한다. 의사는 우리의 신체구조와 각 부분의 위치와 움직임 등을 살펴서 상쾌함의 원인들은 유지 또는 제공해야 하며 반대로 고통의 원인들은 제거 또는 방지해야 한다. 이를 위해 의사는 화학 및 식물학 등의 지식은 물론 체질학, 광학, 음악, 후각학, 조리법 등의 지식도 활용해야 한다. 우리는 [이 분야에 있어서] 뛰어난 경험들을 믿지 못할 만큼 많이 해 왔지만, 이것들이 아직까지는 거칠고 제대로 소화되지 않았을 뿐만 아니라 우연에 의한 경우를 제외하고는 거의 활용되고 있지 못한 상태에 있다. 우리 행복의 달성이 또다시 한 세기를 기다려야 한다면, 도대체 이 분야를 그토록 열심히 연구해 온 까닭은 무엇이란 말인가. 어째서 우리는 이와 같은 자연의 고집스런 침묵을 힘을 다해 쳐서 깨뜨리지 않는가. 자연과학이 불완전한 것을 갖고 그 잘못을 공공부문에 돌리는 것이 아니라면 도대체 [위와 같은 지연이] 왜 발생한단 말인가. 집단적으로도 그리고 각 개인별로도 할 수 있고 또 바라서 결국 모두 함께 바라게 된 일임에도 불구하고, 대다수 사람들을 행복하게 하여 나머지 사람들에게도 모범이 되게 하고 자기 자신들도 행복하게 만드는 일을 담당하고 있는 이들이 당해 문제를 올바로 또한 참된 정치의 비법에 따라 처리한

aestimant, intelligunt scientiam justi utilisque, id est publici privatique boni sibi invicem implicitas esse, nec posse quenquam facile esse in medio miserorum felicem. Ignoravimus ergo hactenus, id est non hausimus, non bibimus veros aequi bonique fontes, possunt enim ignorari quae millies lecta, audita, imo cogitata sunt, si reflexio ut ita dicam, atque animi adversio abfuit. Nam quod nos scimus scire, eo volumus uti; quod nos scire nescimus, id nec scimus.

[3] Duo sunt, quae nos animadvertere faciunt, Eloquentia et demonstratio. Illa affectus commovet, atque quandam ut si dicam sanguinis ebullitionem excitat, haec claram quandam comprehensionem menti ingenerat; illa igitur nisi demonstrationem vestiat evanida, et non nisi insanis motibus jactatae plebis ecstasis inanis est, haec paucos quidem afficit nec nisi magnos, eos tamen, a quibus solis emendationis spes est, hoc maxime seculo quo omnia magna ingenia in solidum veritatis cibum quadam bulimia feruntur. His si satisfecerimus, si propriarum eos cogitationum admonuerimus, si locaverimus in solido veritatem, poterimus fortasse eloquentiae jacturam solari. De tota utilitate alias non, ut spero, vulgaria habemus, nunc semina ejus scientiae sparsisse

결과 실행하지 않게 된 경우는 예외로 한다면, [위 부작위는] 각 개인이 다 바란 일을 모두 함께 실행하지 않는 것이 되기에 말이다. 당해 문제를 참되게 판단할 줄 아는 이들이라면 정의로움의 학문과 유익함의 학문, 즉 공공선(publicum bonum)에 관한 학문과 사적 선(privatum bonum)에 관한 학문 양자는 상호 연관되어 있다는 사실과 어느 누구도 불행한 자들[을 방치한 채 그들] 사이에서 행복하기란 쉽지 않다는 사실을 잘 알고 있다. 그러므로 지금까지 우리는 형평과 선의 진정한 원천을 몰랐다고 할 수 있다. 달리 말하면 우리는 그러한 샘을 파 본 적도 없고 그 샘물을 마셔 본 적도 없는 것이다. 만약 성찰이라고 할 수 있는 것과 정신의 활용이 부재하다면, 결국 수천 번 읽고 듣고 심지어 알고 있었던 것마저 모를 수 있기 때문이다. 우리가 뭔가 알고 있음을 안다면 그것을 활용하고자 바랄 것이되, 우리가 뭔가 알고 있음을 모르고 있다면 그것을 모르는 것과 마찬가지인 것이다.

[3] 우리로 하여금 뭔가를 깨닫게 해 주는 것에는 두 가지가 있다. 웅변과 논증이 바로 그것이다. 전자는 감성을 움직여서 때로는 말하자면 피를 끓게 하기도 하고, 후자는 우리의 정신 속에 명료한 이해를 가져다준다. 그러므로 전자는 허름한 논증의 옷이라도 걸치지 않으면 비상식적 동기로 충동을 받은 민중의 공허한 흥분에 불과하게 되며, 후자는 소수의 위인들과 상관되는바 뛰어난 모든 인재들이 진리의 확고한 양식(糧食)을 갈구하게 된 금세기[= 17세기]에 이르러 우리는 오로지 이 소수의 위인들 덕택에 세상을 바로잡을 수 있는 가능성에 희망을 갖게 되는 것이다. 우리가 세상의 인재들을 만족시키고 우리 고유의 생각을 그들에게 상기시키

suffecerit, quae monstret, quo usque cedendum sit singulis
bono universorum, si inde in se velint redundare auctam
velut reflexione felicitatem. Hoc praestitisse est Juris et Aequi
Elementa tradidisse, quod facere nunc bonis a coelo ominibus
aggrediamur.

(1) Doctrina Juris ex earum numero est, quae non ab
experimentis, sed definitionibus, nec a sensuum, sed rationis
demonstrationibus pendent, et sunt, ut sic dicam, juris non
facti. Cum enim consistat Justitia in congruitate ac
proportionalitate quadam, potest intelligi justum aliquid esse,
etsi nec sit qui justitiam exerceat, nec in quem exerceatur,
prorsus ut numerorum rationes verae sunt, etsi non sit nec
qui numeret nec quod numeretur, et de domo, de machina,
de Republica praedici potest, pulchram, efficacem, felicem
fore, si futura sit, etsi nunquam futura sit. Quare mirum non
est harum scientiarum decreta aeternae veritatis esse, omnia
enim conditionalia sunt, nec tradunt, quid existat, sed quid
suppositam existentiam consequatur : Nec a sensu descendunt,
sed clara distinctaque imaginatione, quam Plato Ideam
vocabat, quaeque verbis expressa idem quod definitio est,
quicquid autem clare intelligi potest, non verum quidem
semper, possibile est tamen, imo et tunc verum est quoties

며 그래서 우리가 확고한 진리에 머물 수만 있다면, 어쩌면 웅변술을 갖추지 않더라도 무방할지도 모르겠다. 유익함 전반에 관해서는 희망컨대 통속적이지 않은 방식으로 다룰 기회가 있을 것이므로, 여기서는 그에 관한 학문의 씨를 뿌려 놓는 것으로 족할 것이며 이 학문을 통해 우리는 개인들이 전체의 선(善)에 양보함으로써 (마치 성찰을 통해 행복이 증가하듯이 그렇게 증가된) 행복을 자기 자신들에게 돌려받고자 한다면 과연 어느 정도까지 양보해야만 하는지 알게 될 것이다. 이에 대한 해답을 제시하는 것은 법의 요체와 형평의 요체를 다루는 작업이 될 것인바 이제 하늘의 온갖 자비에 힘입어 [아래와 같이] 시도해 보고자 한다.

(1) 법이론이란 실험이 아니라 개념정의에, 그리고 감각에 의한 증명이 아니라 이성에 의한 증명에 의존하는 분야, 말하자면 법에 관한 분야에 속하지 사실에 관한 분야에 속하지 않는다. 정의(Justitia)는 일종의 일치 그리고 비례에 관한 것이므로, 설사 정의를 행사하는 자도 없고 정의의 행사의 대상이 되는 자도 없다고 할지라도 [그와 상관없이 항상] 뭔가 정의로운 것이 존재하고 있음을 알 수 있는데, 이는 마치 수(數)의 관계가 참인 것은 설사 셈하는 자도 없고 셈의 대상도 없다고 할지라도 마찬가지인 것과 같으며, 그리하여 우리는 집이나 기계나 국가에 대해서도 그 아름다움과 효율과 행복 등에 관해 예견할 수 있는 것이다. 존재할 것이 있다는 사실은 설사 [당해 사물이나 사건이] 존재하는 일이 발생하지 않더라도 변함이 없는 것과 같다. 따라서 이러한 학문들의 언명들이 영원한 진리를 담고 있다는 것은 놀라운 일이 아닌데, 왜냐하면 이 언명들은 모두 조건부(條件附)여서 이미 존재하는 것

de possibilitate sola quaestio est. Quoties autem de necessitate quaestio est, de possibilitate quaestio est, nam si quid necessarium dicitur, possibilitas oppositi negatur. Quare necessariae rerum connexiones et consequentiae eo ipso demonstratae sunt, quod ex clara distinctaque imaginatione, id est cum verbis exprimitur definitione, per continuatam definitionum sibi implicatarum seriem, id est demonstrationem, deducuntur. Cum igitur doctrina juris scientia sit, et scientiae causa sit demonstratio, demonstrationis principium definitio, consequens est vocabulorum, **Juris**, **Justi**, **Justitiae**, definitiones, id est ideas quasdam claras, ad quas ipsi cum loquimur exigere propositionum, id est usus vocabulorum, veritatem etiam nescientes solemus, debere ante omnia investigari.

(2) Investigationis haec methodus est, ut insigniora et maxime dissita ex usu loquendi exempla conferentes, comminiscamur aliquid quod et his et caeteris congruat. Quemadmodum enim inductione experimentorum struimus hypothesin, ita propositionum collatione definitionem utrobique ex potissimis praetentatis compendium facimus caeterorum intentatorum. Hac methodo opus est, quoties inconsultum est formare sibi pro arbitrio usum vocum. Nam quoties nobis,

을 다루는 것이 아니라 존재한다고 추정한 바로부터 도출된 것을 다루기 때문이다. 그리고 이 언명들은 감각으로부터 온 것이 아니라 플라톤이 이데아라고 불렸던 명료하고도 분명한 상상으로부터 온 것인바 언어로 표현될 시에는 개념정의와 마찬가지가 된다. 그런데 우리가 명료하게 알 수 있는 것 모두가 항상 참은 아니지만 가능한 것이기는 하므로, 가능성만이 문제가 될 때에는 참이 되기도 한다. 그리고 필연성이 문제가 될 때에는 이는 곧 가능성의 문제이기도 한데, 뭔가가 필연적이라고 말한다면 그 반대의 가능성은 부정되기 때문이다. 그러므로 사물의 필연적 연관과 귀결은 명료하고도 분명한 상상, 즉 언어로 표현될 때의 개념정의로부터 출발하여 그 안에 내포된 개념정의들의 연속, 즉 논증을 통해 연역되는 것이다. 따라서 법이론 역시 학문이고 학문의 존재이유는 논증에 있고 논증의 출발은 개념정의이니, 결국 우리는 무엇보다 먼저 **법, 정의로움, 정의** 등 단어들에 대한 개념정의, 즉 일종의 명료한 이데아[= 관념]에 대한 탐구에서부터 시작해야 할 것이다. 우리가 말을 할 때에는 부지불식간에도 이 개념정의에 따라 명제들의 참됨, 즉 단어사용의 참됨을 기대하는 법이기 때문이다.

(2) 이 탐구의 방법은 언어의 활용 중에서 중요하고도 가장 널리 통용되고 있는 예들을 모아서 이러한 예들에도 일치하고 다른 예들에도 일치하는 모종의 개념정의를 끌어내는 데 있을 것이다. 우리가 경험들로부터 귀납하여 하나의 가설을 만들어 내듯이 명제들을 수집함으로써 하나의 개념정의를 만들어 낼 수 있는 것이며, 이 두 가지 경우 모두 각기 가장 강력한 예들을 다룸으로써 그 안에 다른 예들도 포함시키는 요령을 실행할 수 있는 것이다. 자의

quoties nostris, quoties de re incomperta vulgo loquimur, est in potestate nostra vocem alligare certae cuidam ideae quaecunque memoriae excitandae apta est, ne definitionem semper, id est decem alias voces perpetuo repetere necesse sit. At cum in publicum, cum de re vulgo jactata, nec vocum penuria laborante scribimus, aut stultitiae est intelligi nolentis, aut malitia decepturi, aut superbia alios ad sua commenta sine ratione adigere sperantis, propria sibi vocabula aut peculiares earum usus excogitare. Qua de re pluribus in praefatione ad Nizolium diximus.

(3) Principio autem versatur in juris quaestione, quoddam et nostrum bonum et alienum. Nam quod nostrum attinet omnes uno ore confitentur, quae quis ex necessitate fecerit tuendae salutis suae causa, juste fecisse videri. Deinde nemo est qui justitiam a prudentia disjungere audeat, cum enim justitia sit omnium consensu virtus quaedam, virtus autem omnis ea affectuum frenatio, ut nihil obsistere rationis rectae imperiis possint, Ratio autem recta agendorum cum prudentia idem sit, consequens est, nec justitiam sine prudentia esse posse. Porro nec prudentia a bono proprio disjungi potest, et inania sunt et ab ipsa dicentium praxi aliena quaecunque contra dicuntur. Nemo est qui quicquam consulto faciat nisi

로 단어를 사용하는 것이 적절치 않은 경우엔 이와 같은 방법을 채택해야 한다. 우리의 관심사 혹은 우리가 속한 집단의 관심사에 관해 이야기하거나 대중이 잘 알지 못하는 바에 관해 이야기할 때에 일정한 관념에 우리 식의 목소리를 부여해 주는 것은 우리의 권한에 속하는 일이며, 이렇게 함으로써 기억하기에도 좋고 개념 정의를 늘 ─ 즉 열 가지 다른 목소리로 항상 ─ 반복하지 않아도 될 것이다. 그러나 우리가 공중(公衆)을 대상으로 글을 쓰거나 대중에게 널리 알려진 주제에 관해 글을 쓰거나 아니면 어휘의 부족으로 인한 곤란 없이 글을 쓸 때에, 만약 자기 자신한테만 고유한 어휘를 사용한다든지 어휘를 특별한 의미로만 사용한다든지 한다면 이것은 자신이 남들에게 이해되지 않기를 바라는 어리석음에서 비롯되든가 아니면 남들을 기만하려고 하는 악의에서 비롯되든가 아니면 별 근거도 없이 남들을 자신의 주장에로 이끌어 가기를 바라는 오만함에서 비롯되는 일이라고 하겠다. 이에 관해서는 내가 이미 니졸리의 저술에 붙인 서문2)에서 충분히 말한 바 있다.

(3) 우선 우리의 선(善)3)인 동시에 다른 이의 선이 되는 것의 법적 문제를 다루어 본다. 우리의 선에 관해서는 모든 사람이 한결같이 동의하기를, 필요에 의해서 자신의 안녕을 보호할 목적으로 행위한 자는 올바르게 행위한 것으로 보인다고 말한다. 그런데 어느 누구도 정의를 실천적 지혜와 구분하려고 감히 시도하지는 않을 것인바 정의는 모든 이가 동의하듯이 일종의 덕이며 모든 덕은 감정을 제어하여 아무것도 올바른 이성(ratio recta)의 명령에 장애가 될 수 없게 만들며 올바른 이성을 사용한다는 것은 실천적 지혜와 동일한 것이기 때문이다. 따라서 정의는 실천적 지혜 없이

sui boni causa, nam et quos amamus eorum bonum
quaerimus, delectationis nostrae causa, quam ex eorum
felicitate capimus, amare enim est alterius felicitate delectari,
DEUM ipsum amamus super omnia, quia voluptas est omni
cogitabili voluptate major rei omnium pulcherrimae
contemplatione frui. Ex his constat non posse quenquam in
malum suum si rei summam ineas, obligari. Adde nec nisi in
bonum suum obligari quenquam. Cum enim justitia sit
quiddam quod homini prudenti persuaderi potest, nihil autem
persuaderi possit, nisi petitis rationibus ab utilitate auditoris,
necesse est omne debitum utile esse. Habemus igitur
propositiones duas : primo, omne necessarium justum est,
secundo, omne debitum (injustum) utile (damnosum) est, ex
communi consensu eorum qui vocabulis istis utuntur
derivatas. Superest videamus, quousque in justitia boni alieni
ratio habeatur.

(4) Primum autem omnes homines clamant injuriam sibi
imo naturae vim fieri si quis quaerat malum aliorum nullo
commodo suo, si neget aliis innoxiam utilitatem, si perire
malit, quem nullo impendio servare potest, sed et, si
commodum aliquod suum nihil pertinens ad summam rerum
miseriae aliorum aut felicitati praeponat, si crudeles oculos

는 존재할 수 없다고 할 수 있다. 게다가 실천적 지혜 역시 그 고유한 선과 구분될 수 없는 것이니, 이에 반대되는 주장들은 헛될 뿐만 아니라 실천적 지혜에 관해 말하는 자들의 실천에도 반하는 것이 된다. 자기 자신의 선을 위한 목적이 아니라면 아무것도 하지 않는 사람은 아무도 없을 것인바 우리는 우리가 사랑하는 이들이라면 그들의 선 역시 추구하는 경향이 있는데 이는 그들의 행복에서 우리 자신의 기쁨을 찾기 때문이다. 사랑한다는 것은 다른 이의 행복에서 기쁨을 느끼는 것이 아닌가. 우리가 무엇보다 신을 사랑하는 이유는 우리가 생각해 볼 수 있는 그 어떤 환희보다 더욱 큰 환희는 세상의 아름다운 모든 것 중에서 가장 아름다운 존재에 대해 관조함으로써 얻을 수 있는 것이기 때문이 아닌가. 이 문제를 깊이 고찰해 볼 때에 이상의 논의로부터 또한 도출되는 바는 어느 누구에게도 그 자신에게 해가 되는 것을 의무로 부과할 수 없다는 것이다. 아울러 어느 누구에게도 그 자신의 선을 위한 것이 아니라면 의무를 부과할 수 없다는 점도 덧붙이도록 하자. 정의란 것은 실천적 지혜를 지닌 사람이라면 그를 상대로 설득할 수 있는 것이어야 하며, 청자(聽者)에게 유익한 것을 근거로 대지 않으면 그를 상대로 아무것도 설득할 수 없기에 모든 의무는 반드시 유익한 것이어야 하기 때문이다. 그러므로 우리는 다음과 같은 두 가지 명제를 갖게 된다. 즉 첫째 필수적인 것은 모두 정의롭다는 것이며, 둘째 의무(/정의롭지 못한 것)는 모두 유익하다(/해롭다)는 것인데, 이 두 명제는 이러한 주장을 하는 이들이 공통적으로 동의하는 바로부터 파생된 것들이라고 하겠다. 이제 남은 문제는 타인의 선은 정의 안에서 어느 정도까지 고려해야 하는가이다.

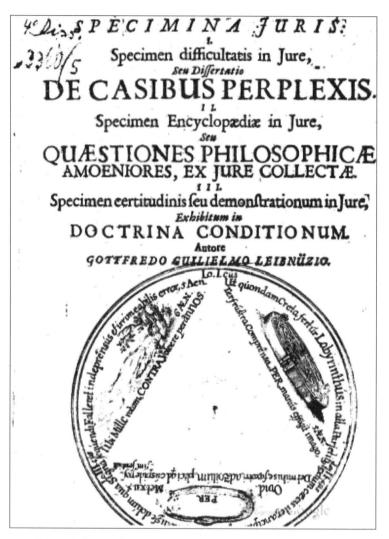

(『법학예제』[합본, 1669], Bayerische Staatsbibliothek 소장본)

196   Elementa juris naturalis [1]

(4) 첫째로 만약 누군가 자기한테 아무런 편익이 주어지지 않는데도 불구하고 타인에게 해를 끼친다든지, [자신에게는 전혀] 무해한데도 [모종의] 유익함을 타인에게 제공하기를 거부한다든지, 내게는 아무런 부담을 끼치지 않고도 구해 줄 수 있는 자를 망하게 내버려 두기를 바란다든지, 아니면 사안의 핵심에는 아무런 관련도 없는데도 불구하고 뭔가 자신의 편익을 다른 사람들의 불행이나 행복에 우선시한다든지, 죽은 사람들을 생눈으로 멀쩡히 구경한다든지, 살인이나 고문 등의 방법을 써서 사업을 도모한다든지, 자신의 유리4)가 깨지[게 내버려두]기보다는 자신의 하인이 스러지는 편을 택한다든지 하면, [이러한 취급을 받은] 모든 사람들은 자신에게 피해가 가해졌다고 주장하고 더 나아가서는 자연에 폭력이 가해졌다고까지 주장할 것이다. 둘째로 타인에게 피해를 줌으로써 이득을 편취한 자에게 동조하는 사람은 아무도 없을 것이다. 셋째로 또 달리 쟁점이 될 수 있는 것은 동일한 불운이 두 사람에게 미쳤을 때에 동등한 원인에 있어서는 서로 동등한 권리를 갖는 것이 형평에 맞음에도 불구하고 그 중 한 사람만 손실의 보상을 받아야 한다고 주장하는 경우일 것이다. 이 모든 경우에 있어서 사람들은 당해 행위(factum)뿐만 아니라 그 의사(voluntas)까지 비난하는 법이다. 이로부터 다음과 같은 명제가 나온다. 즉 첫째로 자신의 선을 위한 목적 없이 남에게 해를 끼치는 것은 정의롭지 못하다는 점, 둘째로 그럴 필요[= 긴급성]가 없음에도 불구하고 다른 사람의 파멸을 원하는 것은 정의롭지 못하다는 점, 자신의 이득을 위해 다른 사람에게 피해를 주고자 하는 것은 정의롭지 못하다는 점, 손해를 공동으로 감수하기를 원하지 않는 것은 정의롭지 못하

mortibus pascat, si homicidiis, si tormentis negotietur, si malit servum quam vitrum perire. Deinde nemo est qui probet ex alieno damno lucrum captantem. Denique est et alia causa querelarum, si idem infortunium duos afflixerit, et unus postulet solus indemnis esse, cum aequum sit in pari causa par jus esse. Horum omnium non factum tantum sed et voluntatem homines incusant. Hinc propositiones : primo, injustum est alteri nisi sui boni causa nocere velle; secundo, injustum est alteri exitii causam esse velle sine necessitate; tertio, injustum est alteri damnum velle lucro suo; quarto, injustum est commune damnum ferre nolle.

(5) Cum ergo in summa constet justum et sui et alieni boni rationem habiturum, tentemus paulatim definire. An forte justum definiendum est velle quod est nemini damnosum, sed ita justum non erit damnum suum quam alienum vitatum malle. An ergo id demum justum est, quod fit sui damni vitandi causa. Sed ita justum esset vitrum quam servum perire malle. An, quod fit suae necessitatis causa. Sed ita non liceret lucrum suum alieno praeferre. An justum est publice indemne, sed ita salus mea damno publico postponenda esset. An justum est, quicquid non est causa belli, sed ita injustum esset in casu concursus malle alium

다는 점 등이다.

(5) 요컨대 정의롭다고 하는 것은 나 자신의 선을 이유로 함과 동시에 타인의 선도 이유로 갖고 있음이 확인되었으므로, 이제 정의로움에 관한 개념정의를 조금씩 정립해 나가도록 해 보자. 정의롭다고 하는 것은 누구에게도 해가 되지 않는 것을 바라는 것인가. 하지만 이렇다면 타인에게 손해가 미치는 것을 피하기보다 자신에게 손해가 미치는 것을 피하려 하는 것이 정의롭지 못한 선택이 될 것이다. 아니면 자신에게 피해가 미치는 것을 피하려는 목적으로 행위하는 것만이 정의로운 것인가. 하지만 이렇다면 자신의 유리가 깨지[게 내버려두]는 것보다 하인이 스러지는 편을 원하는 것이 정의로운 것이 될 것이다. 아니면 자신의 필요[= 긴급성]를 원인으로 행하는 것[이 정의로운 것]인가. 하지만 이렇다면 [평상시에] 타인의 이득보다 자신의 이득을 선호하는 것이 허용되지 않을 것이다. 아니면 공중(公衆)에게는 피해를 주지 않는 것이 정의로운 것인가. 하지만 이렇다면 나 자신의 안녕을 [늘] 공중에의 피해[에 대한 고려]보다 뒤에 두어 고려해야만 할 것이다. 아니면 전쟁의 원인이 아닌 것은 무엇이든 정의로운 것인가. 하지만 이렇다면 경쟁의 경우에 자신보다 남이 스러지는 것을 바라는 것은 정의롭지 못한 것이 될 것이다. 아니면 실천적 지혜의 관점에서 분쟁의 소지가 없는 것은 다 정의로운 것인가. 하지만 이렇다면 바람직하긴 하겠지만 문제는 부정의가 분쟁을 일으키는 것이지 분쟁이 부정의를 일으키는 것이 아니라는 점이다. 만약 개념정의하기를 실천적 지혜를 지닌 자들로부터 비난을 받지 않는 것은 다 정의로운 것이라고 한다면 이도 마찬가지의 논거에 따른 것이 될

quam se perire. An justum est, quicquid querelam prudentis non meretur, ita sane, sed injustitia facit querelam, non querela injustitiam; par est ratio, si definias, justum est, quicquid impune est apud prudentes : Item si justum definias, quicquid defendi queat in Comitiis sapientium universi, quicquid sit Optimae Reipublicae consentaneum, quicquid placeat naturae, quicquid placeat sapienti et potenti, quicquvid sit potentiori utile : item, ut tute facias, quod ab aliis postulas, ut nihil postules, quod non facturus esses, ut faciant singuli, quod facere omnes singulis utile est. Nec illud justum est, quicquid non est contra bonum sociale, nam et Curtius, si ademta fuisset ei spes ultra mortem, poterat jure supersedere illo tam horribili saltu, quanquam patriae salutari. Nec justum est, quicquid congruit naturae rationali, nam quid hoc vult sibi justum esse quod ei sine deformitate coexistere potest, id enim est vulgo congruere. Sed ita injusti erunt morbi; an potius justum esse quicquid congruit rectae rationi, sed ita omnis error, etiam non nisi erranti damnosus crimen erit.

[4] An justitia est virtus servans mediocritatem inter duos affectus hominis erga hominem, amorem et odium; hac meditatione mirifice plaudebam ipse mihi puer, cum

것이다. 만약 전체 현인들의 회의에서 옹호될 수 있는 것은 다 정의로운 것이라고 개념정의한다든지, 최선의 국가에서 합의된 것, 자연에 부합하는 것, 현자와 권력자에게 기꺼운 것, 강자에게 유익한 것은 다 정의로운 것이라고 개념정의한다면 이 역시 마찬가지가 될 것이다. 다른 사람들에게 요청할 바를 네 스스로 한다든지, 네 스스로 하지 않을 것이면 [다른 사람에게] 아무것도 요청하지 않는다든지, 모두가 각자에게 해 주는 편이 유익한 것을 각자가 한다든지 하는 것도 마찬가지이다. 사회적 선에 반하지 않는 것이 다 정의로운 것도 아닌바 아무리 조국의 안녕을 위한 일이라도 만약 사후(死後)에 대한 희망이 없었더라면 쿠르티우스마저도 저 끔찍스러운 투신을 적법하게 거부했을 수 있기 때문이다. 합리적인 자연에 부합하는 것이 다 정의로운 것은 아닌바 자연은 왜곡 없이 자신과 공존할 수 있는 것이라면, 즉 [꼭 합리적인 것이 아니더라도] 자연에 통상적으로 부합할 수 있는 것이라면, 자신의 입장에서 정의로운 것이라고 기대하기 때문이다. 하지만 그렇[게 합리적 존재만 자연의 입장에서 정의로운 것이라고 본]다면 병자들도 정의롭지 못한 존재라고 하게 될 것이다. 아니면 올바른 이성에 부합하는 것은 다 정의로운 것인가. 하지만 이렇다면 모든 과실(過失)은 오로지 그 과실을 범한 자에게만 피해를 준 것이라도 위법 행위가 될 것이다.

[4] 인간에 대한 인간의 두 가지 감정, 즉 사랑과 증오의 [두 가지 감정의] 중용(中庸)에 봉사하는 덕은 정의에 해당하는가. 요즘 아리스토텔레스학파에서 감정의 다른 모든 덕들도 사물의 중용적 정의를 지니고 있다고 말하는 것은 비록 동의하기 어렵지만, [어

peripateticae scholae recens, concoquere non possem caeteras omnes virtutes affectuum, unam justitiam rerum moderatricem haberi. Sed haec blanda magis quam solida facile exui, cum apparuit totam virtutis rationem in eo consistere, ut affectus nihil possint, nisi obedire atque ita virtutem moralem, quam vocant, non nisi unam esse, esse ut sic dicam dominum spirituum et sangvinis sui, posse incandescere, insurgere, refrigescere, gaudere, dolere, cum velis et quamdiu et quam vehementer velis. Quanquam haec temperatura contrariorum plerumque mixtione contingat. Adde quod ut profusum esse inepte, aut tenacem intempestive nullius affectus abreptioni imputandum est, cum fiat falsa ratiocinatione hominis honorem aliquem sibi ex luxuria aut prodigalitate aut lucrum majus spondentis; vel contra facultatibus suis fortunaeque sine ratione diffidentis; ita possum injustus esse non odio ejus cui noceo, sed amore mei aut tertii amori tui praevalente. Me autem et te vel te et tertium amare, non sunt affectus oppositi sibi (quanquam ex accidenti collidantur), cum consistere possint ambo in summo gradu. Sed et, si hanc amoris odiique latitudinem justitiae assignabimus, injustum erit, alium nimium amare, cum damno suo, quod tamen non injustum est, sed ineptum, cui enim injuria fit, nisi facienti.

쨌든] 이 중용에 관해서는 내가 어렸을 때에5) 열렬히 찬동했던 것이긴 하다. 그러나 견고하다기보다는 그럴듯한 주장에 가까운 이 의견을 나중에 나는 다음과 같은 점을 깨달았을 때에 아무렇지도 않게 떨쳐내 버렸다. 즉 덕의 전적인 근거는 감정들로 할 수 있는 것은 복종 이외에 아무것도 없다는 점에 있으며, 또한 이들[= 아리스토텔레스학파]이 도덕상의 덕이라고 부르는 것은 실제로는 한 가지로서 말하자면 각자의 정신과 피의 주인이라고 할 수 있는바 우리가 원하는 만큼의 동안 그리고 원하는 만큼의 정도로 [때에 따라] 열화(熱火)가 치밀게 하기도 하고 흥분시키거나 냉정하게 만들거나 기쁘게 하거나 고통스럽게 하는 능력에 지나지 않다는 데 있다는 점이다. 하지만 이와 같은 절제는 여러 가지 상반된 감정들을 혼합했을 때에 일어나는 것에 불과하다. 덧붙일 것은 어리석은 낭비나 경우에 어긋난 인색함 등은 그 어떤 감정의 발흥에 의한 것이 아님이 인정되어야 한다는 점인데, 사실 이러한 것들은 사치나 과소비 또는 커다란 이득을 통해 명예를 얻을 수 있다고 기대하는 자의 잘못된 계산으로 행해진 것들이기 때문이다. 혹은 자기 자신의 능력이나 부에 대해 특별한 근거 없이 저항하여 행해진 것들일 수도 있다. 그러므로 내가 정의롭지 못할 수 있는 것은 내가 피해를 준 자에 대한 미움 때문이 아니라 나 자신이나 제삼자에 대한 사랑이 상대방에 대한 사랑보다 우세했기 때문인 것이다. 사실 나와 상대방을 동시에 아낀다든지 상대방과 제삼자를 동시에 아낀다든지 하는 것은 (비록 우연히 서로 충돌하는 일은 있어도) 서로 상반되는 감정들은 아닌바 이 감정들은 높은 경지에서는 양립할 수 있기 때문이다. 그리고 이 사랑과 미움의 범위를 정

Injuriam autem sibi facere, non est ex severe loquentium more. Nec erit fructus alius huius tam immoderati verborum usus, quam ut justi et boni vocabula confundantur, ac dum suppetentibus non uteremur, fingenda sint nova. Quare nec justum erit, quicquid in aliis juvandis laedendisque prudentiae adversum non est. Sequetur enim ubi semel laedendi jus est injustum esse, qui non quam artificiosissime laedat.

[5] An vero justum est, quod non est contra conscientiam. Sed quid est hoc contra conscientiam esse, cum conscientia sit memoria proprii facti. An illud factum nostrum injustum est, cujus memoria molesta est, id est cujus nos poenitet. Si ita, tunc omne damnum quod ipsi nobis nostra culpa dedimus injustum erit, ergo nobis faciemus injuriam, contra priora. At, inquies, sunt quaedam notitiae innatae, inditusque est nobis justi injustique testis quidam omni exceptione major, qui malos ipsa sceleris conscientia torquet, ita formata natura nostra admirabili consilio conditoris, ut si nulla alia, certe haec sit peccatorum poena : dolor facientis. Sed hoc oraculum consulant, qui volent, qui volent invenient, intestinum istum tortorem esse metum, metum, inquam, poenae a Judice, qui nec falli nec effugi potest, cujus opinionem etiam simplicissimis impressam aspectu hujus

의에 적용해서 생각해 본다면, 자기 자신에게는 피해를 주면서까지 다른 사람을 과도하게 사랑하는 것은 정의롭지 못한 것으로 보일 수도 있을 것이나, 이는 정의롭지 못한 것이 아니라 부당한 것이다. 피해란 것을 행위자에게가 아니라면 도대체 누구에게 준단 말인가. 그런데 자기 자신에게 피해를 준다는 것은 엄격한 화법에서 나온 말이 아니다. 이처럼 무절제한 언어를 사용한 결과는 다름이 아니라 정의(正義)로움과 선(善)함 이 두 가지 용어가 혼동된 것에 불과하며, 이런 경우에 우리는 기존의 용어를 사용할 것이 아니라 새로운 용어를 찾아야 할 것이다. 그러므로 다른 사람에게 도움을 주든 피해를 주든 간에 실천적 지혜에 반하지 않는다고 해서 그 모든 행위가 다 정의로운 것은 아니다. 가해의 권리가 일단 인정된다면 [오히려] 가해를 최대한 정교하게 가하지 않은 자는 정의롭지 못하다는 결론이 도출될 것이기 때문이다.

[5] 양심에 반하지 않는 것이 진정 정의로운 것인가. 그런데 이 "양심에 반하지 않는 것"이란 무엇인가? 양심이란 자기 자신이 행한 바에 대한 기억일진대, [그렇다면] 우리가 행한 바에 대한 기억이 불편함을 주는 경우에 그 행위는 정의롭지 못한 것인가. 만약 그렇다면, 우리 자신의 잘못으로 우리 자신에게 주는 모든 피해는 정의롭지 못한 것이 될 것이며, 결국 우리가 우리 자신에게 [부당한] 피해를 주게 되는 것이 될 텐데, 이것은 바로 앞에서 말했던 바에 반한다.6) 혹자는 말하길, [인간에게는] 모종의 본유관념(本有觀念)이 있기도 하고 또한 우리에게는 정의로운 것과 정의롭지 못한 것에 대해 그 무엇보다도 강한 기준이 내재되어 있어서 사악한 자로부터 양심만으로서 악을 떨어뜨려 놓을 수 있으며, 우리의 본

Universi, nec profligatissimi utcunque velint exuere possunt. Justum ergo erit cujus poena metuenda non est, quam definiendi rationem jam tum facessere jussimus.

[6] Ubi consistemus ergo post tot jactationes, an Justitia erit habitus volendi bonum alienum propter suum. Proximum hoc est veritati, sed parum detortae. Est in Justitia respectus aliquis boni alieni, est et nostri, non is tamen ut alterum alteri finis sit, alias sequetur jure miserum aliquem in exitio relinqui, unde eum pene nullo negotio eripere in nostra potestate est, cum certum est praemium auxilii abfore. Quod tamen omnes etiam qui nullam futurae vitae rationem habent ut sceleratum exsecrantur. Ut taceam respuere omnium bonorum sensum hanc mercenariam justitiae rationem, et quid de DEO dicemus, quem instrumenti loco habere, nonne indignum est. Sed quomodo haec superioribus conciliabuntur ubi diximus nihil fieri a nobis consulto nisi boni nostri causa, cum nunc negemus bonum alienum quaerendum esse propter nostrum. Conciliabitur, ne dubita, ratione quadam paucis observata, ex qua magna lux illucescere potest, verae tum Jurisprudentiae tum Theologiae. Nimirum pendet haec res ex natura amoris. Duplex est ratio bonum alienum cupiendi, altera propter nostrum, altera quasi nostrum, illa aestimantis,

성은 경외로운 창조주의 생각에 따라 형성된 것이어서 그 어떤 다른 형벌이 없더라도 뭔가를 범했다는 사실로부터 얻게 되는 고통이야말로 그 죄에 대한 형벌이 된다고 말할 것이다. 그러나 이와 같이 말하고자 하는 이들은 다음과 같은 계시에 귀기울여야 할 것이며, 귀 기울이고자 하는 이들은 깨닫게 될 것인즉, 내심의 형리(刑吏)는 [다름이 아니라] 두려움, 즉 우리가 속일 수도 없고 빠져나갈 수도 없으며 그 의견은 이 세상에서 가장 단순한 이들에게도 각인되어 있고 또한 가장 타락한 자라도 그로부터 벗어나려 해도 벗어날 수 없는, 그러한 판관(判官)으로부터 받게 될 형벌에 대한 두려움이라는 것이다. 그러므로 정의롭다는 것은 그 형벌을 두려워할 필요가 없다는 것이 되는바, 이로써 우리는 [정의로움에 대한] 개념정의를 정립했다고 판단된다.

[6] 그렇다면 [정의로움에 대한 개념정의의] 수많은 시도 끝에 이제 우리는 어디에 도달하였는가? 정의(正義)는 나 자신의 선을 위해서 다른 사람의 선을 바라는 습성[7]이라고 해야 할까. 이는 [정의의] 진리에 가장 가깝지만 약간 왜곡되어 있다고 할 수 있다. 정의(正義)에는 타인의 그리고 나의 선에 대한 고려가 포함되어 있기는 하지만, 하나가 다른 하나의 [최후의] 목적이지는 않기 때문이다. 그렇지 않다면, 파멸에 직면한 어떤 불쌍한 사람을 아무런 어려움 없이 구해 줄 수 있는 능력이 우리에게 있는데도 불구하고 구조에 대한 대가(代價)가 없음이 확실하다면 그냥 그를 그대로 놔두는 것도 정당하다는 결론이 나오고 말 것이다. 그러나 사후세계에 대해 아무런 생각이 없는 자들[8]일지라도 이런 자는 사악한 놈이라고 저주할 것이다. 이처럼 정의의 개념을 용병과 같은 도구

haec amantis; illa domini affectus est in servum, haec patris in filium, illa indigentis erga instrumentum, haec amici erga amatum, illic propter aliud expetitur bonum alienum, hic propter se. At, inquies, quomodo fieri potest ut bonum alienum sit idem cum nostro, et tamen propter se expetatur. Potest enim alias bonum alienum esse nostrum, sed ut medium non ut finis. Imo vero, inquam ego, etiam ut finis, etiam ut per se expetitum, quando jucundum est. Nam omne jucundum per se expetitur, et quicquid per se expetitur jucundum est, caetera propter jucundum, ut faciant, ut servent, ut contraria tollant. Hoc sentiunt omnes, quicquid dicant; aut faciunt saltem, quicquid sentiant. Interroga Stoicos illos, illos aereos, nubivolos, μετεωρολόγους, voluptatis simulatos hostes, rationis veros, circumspice, rimare actus eorum, motusve, senties nec digitum ciere posse, quin mendacium impingant inani suae philosophiae. Honestas ipsa nil nisi jucunditas animi est. Si Ciceronem attentius auscultaveris pro honestate in voluptatem declamantem, audies de pulchritudine virtutis, de scelerum deformitate, de conscientia quieta secum in sinu gaudentis animi, de existimationis illaesae bono, de nominis immortalitate, de gloriae triumpho magnifice perorare. Sed quid in his omnibus

로 사용하는 것을 배척하는 모든 선량한 이들의 의견에 관해서는 말할 필요도 없을 것이다. 그렇다면 신에 관해서는 어떻게 설명해야 할지가 문제인바 신을 도구와 같은 자리에 두는 것이 적절한지가 의문이기 때문이다. 그런데 방금 말한 바들과 우리가 위에서 말했던 바들을 어떻게 조율할 것인가도 문제인바, 위에서 우리는 우리 자신의 선을 위해서가 아니면 그 어느 것도 우리 스스로의 생각에 기해서 행하지 않는다고 말했던 반면 [지금 여기서는] 타인의 선을 추구해야 하는 것은 우리 자신을 선을 위해서라는 주장을 배격하고 있기 때문이다. [하지만] 이 두 가지 설명이 조율될 수 있음은 의심할 바 없는바 그 근거에 관해서는 여태까지 논한 이가 거의 없지만 이로부터 법학뿐만 아니라 신학에도 커다란 빛을 비출 수 있다고 본다. 분명 이는 사랑의 본질에 연관되어 있는 것이다. 다른 사람들의 선을 바라는 데에는 두 가지 이유가 있는데, 하나는 우리 자신의 선을 위한 것이며 또 다른 하나는 마치 우리의 선을 위한 것처럼 보이는 것이라 할 수 있는바, 전자는 계산(aestimans)에 근거를 두며 후자는 사랑(amans)에 근거를 두고, 또한 전자는 주인이 하인에 대해 갖는 관계와 같으며 후자는 아버지가 아들에 대해 갖는 관계와 같고, 전자는 뭔가를 필요로 하는 자가 도구에 대해 그리고 후자는 친구가 자신이 친애하는 자에 대해 갖는 관계와 같고, 전자는 뭔가 다른 것 때문에 타인의 선을 기대하는 것이며 후자는 그 선 자체 때문에 타인의 선을 기대하는 것이다. 그런데 어떻게 하면 다른 사람들의 선과 우리의 선을 같은 것으로 만들 수 있는지, 또한 다른 사람들의 선이 그 자체를 목적으로 기대될 수 있는 것인지 물을 수 있을 것이다. 그렇지 않

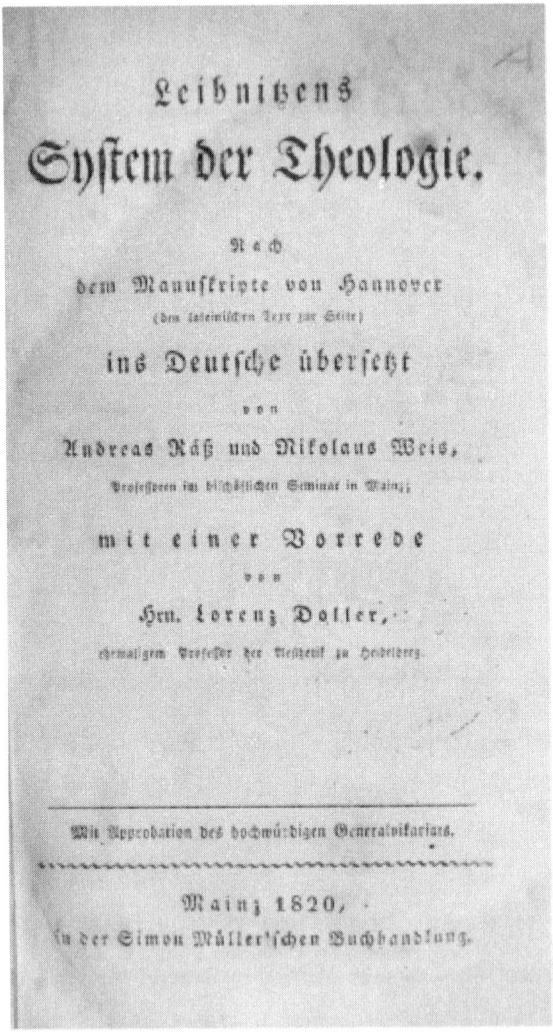
Leibnitzens

System der Theologie.

Nach

dem Manuskripte von Hannover

(dem lateinischen Texte zur Seite)

ins Deutsche übersetzt

von

Andreas Räß und Nikolaus Weis,

Professoren im bischöflichen Seminar in Mainz;

mit einer Vorrede

von

Hrn. Lorenz Doller,

ehemaligem Professor der Aesthetik zu Heidelberg.

Mit Approbation des hochwürdigen Generalvikariats.

Mainz 1820,

in der Simon Müller'schen Buchhandlung.

(『신학의 체계』 독일어 번역본. University of Toronto 소장본)

다면 다른 사람들의 선이 우리의 선이 될 수 있는 것은 실로 수단
으로서 그러한 것이지 목적으로서 그러한 것이 아니기 때문이다.
그러나 진실로 나는 답하길 [다른 사람들의 선이 내게] 기쁨이 될
때에 그는 목적이 될 수도 있고 그 자체로 기대될 수도 있는 것이
라 본다. 모든 종류의 기쁨은 모두 그 자체로 기대될 수 있고 또
한 무엇이든 그 자체로 기대되는 것은 기쁨에 다름아닌 반면, 다
른 것들은 [그 자체 때문이 아니라] 모종의 기쁨 때문에 행해지거
나 봉사하거나 반대되는 것들을 제거하거나 하는 것이다. 이 점은
사람마다 말이 다르기는 하나 세상의 모든 사람들이 다 의식하고
있는 바이며, 혹 사람마다 달리 의식하고 있더라도 적어도 그렇게
행하고 있는 바이다. 저 공중부양자들, 구름 위를 나는 자들, 메테
오로고우스 (μετεωρολόγους, 하늘바라기), 쾌락의 적인양 하나 실
제로는 이성의 적인 자들인 스토아 학파에게 물어보고, 저들의 행
위와 움직임을 살펴보라. 그러면 저들은 자신들의 텅 빈 철학의
거짓을 내치지 않고서는 손가락 하나 움직일 수 없음을 볼 수 있
을 것이다. 품격 (honestas)⁹⁾ 그 자체는 정신적 기쁨에 다름 아닌
것이다. 만약 키케로가 품격을 높이고 쾌락을 낮추는 열변을 토하
는 것을 주의 깊게 들어본다면, 그가 덕의 아름다움에 관해 이야
기하고 또한 사악한 자들의 왜곡, 정신적 기쁨 속에서도 그 자체
로는 고요함을 유지하는 양심, 훼손되지 않을 가치를 지닌 선, 이
름의 불멸성 그리고 영광의 승리 등에 관해 웅변적으로 논하고 있
음을 볼 수 있을 것이다. 그런데 이 모든 것에서 쾌락을 제외하고
그 자체로 기대해야만 하는 것이 있다면 그것은 무엇인가? ('그
자체로'라고 말한 이유는 [결과적 소득이] 다른 방식으로 나타날

per se (per se, inquam, nam alioquin est et alius gloriae fructus quod potentiam auget, facit enim ut amemur, aut metuamur), expetendum est praeter voluptatem. Pulchra expetimus quia jucunda sunt, pulchrum enim definio cujus contemplatio jucunda est. Duplicatur autem jucunditas reflexione, quoties contemplamur pulchritudinem ipsi nostram, quod fit conscientia tacita virtutis nostrae. Sed quemadmodum duplex in visu refractio contingere potest, altera in lente oculi, altera in lente tubi, quarum haec illam auget, ita duplex in cogitando reflexio est, cum enim omnis mens habeat speculi instar, alterum erit in mente nostra, alterum in aliena, et si plura sint specula, id est plures mentes bonorum nostrorum agnitrices, major lux erit, miscentibus speculis non tantum in oculo lucem, sed et inter se, splendor collectus gloriam facit. Par est in mente ratio deformitatis, etsi alias tenebrae nulla speculorum reflexione augeantur.

[7] Ut redeamus ergo in viam, consensu generis humani omne jucundum per se expetitur et quicquid per se expetitur est jucundum. Ergo facile intelligi potest, quomodo bonum alienum non nostrum tantum fieri possit, sed et per se expetatur. Quoties scilicet jucundum est nobis, bene aliis esse. Unde exstruitur vera definitio amoris; **Amamus** enim

수도 있고, 영광의 경우 그 결실로서 권력을 강화하거나 창설하여 그 결과 우리가 사랑의 대상이 되거나 아니면 두려움의 대상이 될 수 있기 때문이다). 우리가 아름다운 것들을 추구하는 것은 그것들이 우리에게 기쁨을 주기 때문인데, 여기서 아름다운 것들이란 '그를 바라보거나 떠올리는 것이 기쁨을 주는 것들'이라고 정의될 수 있는 것이다. 실로 우리가 지닌 덕의 말 없는 양심이 만들어 내는 우리 안의 아름다움 자체를 떠올릴 때마다 이러한 성찰을 통해 기쁨이 배가(倍加)됨을 알 수 있다. 그런데 시각적으로도 반사가 배가될 수도 있는바 한 번은 우리 눈의 수정체를 통해, 다른 한 번은 [망원경과 같은] 튜브의 수정체를 통해 반사가 이루어지는 것이다. 그러면 후자의 반사가 전자의 반사를 확대하게 되고 인식에 있어서도 성찰이 배가되게 되는데, 왜냐하면 모두의 마음속에는 거울의 반영과도 같은 것이 있는바 하나는 우리의 마음속에 있고 다른 하나는 타인의 마음속에 있기 때문이다. 그리고 만약 그 거울이 여러 개가 있다면, 즉 우리의 선을 인식할 수 있는 거울이 여러 개가 있다면, 커다란 빛이 되어 그 거울들로 우리 눈을 위한 빛을 합쳐 낼 뿐만 아니라 그 상호 간을 위한 빛도 합쳐 낼 것이며, 이렇게 하여 모아진 광휘(光輝)가 영광을 만들어 낼 것이다.10) 정신 면에서 왜곡이 이루어지는 과정도 마찬가지인바, 비록 어둠은 어떤 거울의 반사로도 더 짙어지지 않지만 말이다.11)

[7] 이제 본론으로 되돌아가자면, 전 인류가 동의하는 바와 같이 그 자체로 기쁨을 주는 것은 기대되어 마땅하고 또한 그 자체로 기대되는 것은 어느 것이나 다 기쁨을 주는 것이라고 할 수 있다. 그러므로 우리 자신의 선과 상관없이 다른 사람들의 선을 위하는

eum, cui bene esse delectatio nostra est. Quare constat (ut obiter dicam) omne quod amatur esse pulchrum, id est delectabile sentienti, non tamen omne pulchrum amari, neque enim irrationalia vere amantur, quia nec quaeritur ut eis bene sit, nisi ab iis, qui sibi in brutis quoque nescio quid rationis quod ipsi sensum vocant, populari errore fingunt. Cum ergo bonum alienum justitia exigat per se expeti, cum per se expeti bonum alienum, sit alios amari, sequitur de natura justitiae esse amorem. **Justitia** ergo erit habitus amandi alios (seu per se expetendi bonum alienum, bono alieno delectandi) quousque per prudentiam fieri potest (seu quousque majoris doloris causa non est). Nam et quae ex nostris bonis voluptas capitur, fraenanda est prudentia, ne forte majoris aliquando doloris causa sit, tanto magis quae ex alienis. Quanquam non sit e re prudentiam hic advocari, nam etiam qui stulte, tamen credit, bonum alienum versari, sine dolore suo, obligatus est tamen. Erit ergo **Justitia** habitus capiendi voluptatem ex opinione boni alieni usque ad opinionem majoris doloris nostri. Sed rursus postrema verba recidi possunt, nam etsi dolor noster intercurrat, nihil vetat tamen delectari boni alieni opinione, quanquam actus sequatur voluptatem majorem, aut minorem dolorem. Est ergo, ut

것이 어떻게 가능한지 그리고 다른 사람들의 선이 어떻게 그 자체로 기대될 수 있는지 [이제] 쉽게 알 수 있다. 즉 우리에게 기쁨을 준다면 다른 사람들의 선을 추구할 수 있다는 것이다. 이로부터 사랑의 참된 정의(定義)를 정립할 수 있는바, 우리가 **사랑하는** 이는 그의 선을 위하는 것이 우리를 기쁘게 하는 사람인 것이다. 왜냐하면 (위에서 얘기했다시피) 사랑을 받는 것은 어느 것이나 아름다운 것들, 즉 감성의 존재를 기쁘게 하는 것이기 때문이다. 다만 아름다운 모든 것이 사랑을 받는 것도 아니고 비이성적인 것이 진실로 사랑을 받는 것도 아닌바, 왜냐하면 짐승에게도 뭔가 이성적인 미지의 것 — 감각이라고 부르면서도 — 이 있다고 속되게 잘못 생각하는 자들 이외에는 위와 같은 것들[비이성적인 것들]의 선을 추구하는 일은 전혀 없기 때문이다. 그러므로 정의(正義)는 다른 사람들의 선을 그 자체로 추구할 것을 요청하고 또한 다른 사람들의 선을 그 자체로 추구하는 것이야말로 다른 사람들을 사랑하는 것이라는 사실로부터 정의의 본질은 바로 사랑이라는 결론이 도출된다. 따라서 **정의**는 다른 사람들을 사랑하는 (혹은 다른 사람들의 선을 추구하고, 다른 사람의 선에서 기쁨을 찾는) 것이 실천적 지혜에 따라 이루어지는 한에서 (혹은 이러한 선택이 더 큰 고통의 원인이 되지 않는 한에서) 이런 것을 행하는 습성이라고 할 수 있다. 또한 우리 자신의 선으로부터 취할 수 있는 기쁨 역시 실천적 지혜에 의해서 제어되어 자칫 다른 사람의 선에서 얻는 기쁨보다 더 큰 고통의 원인이 되지 않도록 해야 한다. 그런데 여기서 [굳이] 실천적 지혜에 호소할 필요는 없는바 자기 자신의 고통 없이도 다른 사람들의 선을 도모할 수 있다고 어리석게 믿는

concludamus tandem aliquando, vera perfectaque **Justitiae** definitio, habitus amandi alios, seu capiendi voluptatem ex opinione boni alieni quoties quaestio incidit. **Aequum** est amare alios omnes quoties quaestio incidit. **Obligati** sumus (debemus) ad id (id) quod **aequum** est. **Injustum** est bono alieno non delectari quoties quaestio incidit. Justum (**Licitum**) est, quicquid injustum non est. Justum ergo est non tantum quod aequum est, ut delectari bono alieno, cum quaestio incidit, sed et quod non injustum est, uti facere quidvis, quoties quaestio non incidit. Jus est potentia agendi quod justum est.

자라 할지라도 [어쨌든] 그러한 의무를 지기 때문이다. 그러므로 정의란 우리 자신이 더 큰 고통을 받을 수 있다는 예측이 있기 전까지는 타인의 선을 예측하고 그로부터 기쁨을 취하는 습성이라고 할 수 있다. 그런데 ['우리 자신이 더 큰 고통을 받을 수 있다는 예측이 있기 전까지는'이라는] 이 구절에 대해 다시 한번 생각해 볼 수 있겠는데, 왜냐하면 비록 우리의 고통이라는 변수가 개입된다 하더라도 타인의 선에 대한 예측으로부터 기쁨을 얻음이 방해받지는 않기 때문이다. [우리의 선택에 따라] 행위가 더 큰 기쁨 쪽으로 이루어지거나 아니면 더 작은 고통 쪽으로 이루어질 수는 있지만 말이다. 그러므로 이제 어느 정도 결론을 내자면, **정의**에 대한 참되고 완벽한 개념정의는 다른 사람들을 사랑하는 습성 혹은 문제가 생기면 그때에 타인의 선에 대한 예측으로부터 기쁨을 얻는 습성이라고 할 것이다. [그리고] 형평에 맞는 것이란 문제가 생기면 그때에 다른 모든 사람들을 사랑하는 것이다. 우리는 **형평에 맞는 것**에 대한 **의무**를 지(며 또한 가져야 하)는 것이다. [반대로] 문제가 생겼는데 그때에 타인의 선에 대해 기뻐하지 않는 것은 **정의롭지 못한** 것이다. 정의로운 것(**허용되는 것**)은 정의롭지 않은 것이 아닌 것이다. 그러므로 정의로운 것은 형평에 맞는 것이어서 문제가 생기면 그때에 타인의 선으로부터 기쁨을 얻는 것일 뿐만 아니라, 다른 한편 정의롭지 않은 것이 아니기에 문제가 생기지 않은 때에라도 자신이 원하는 것은 무엇이든 다 행하는 것이다. [마지막으로] 권리란 정의로운 것을 행할 수 있는 권능이다.

제5장

자연법 요론
[2]

Elementa juris naturalis
[2]

(1671 후반 [?])

Elementa juris naturalis

[2]

[1] **Justitia** est habitus amandi omnes.

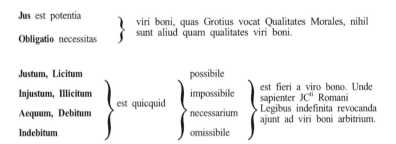

Jus est potentia

Obligatio necessitas

} viri boni, quas Grotius vocat Qualitates Morales, nihil sunt aliud quam qualitates viri boni.

Justum, Licitum

Injustum, Illicitum

Aequum, Debitum

Indebitum

} est quicquid

possibile

impossibile

necessarium

omissibile

} est fieri a viro bono. Unde sapienter JC^{ti} Romani Legibus indefinita revocanda ajunt ad viri boni arbitrium.

Indifferens est simul justum et omissibile.

Possibile

impossibile

necessarium

contingens

} est quicquid

potest

non potest

non potest non

potest non

} fieri seu quod verum est

quodam

nullo, seu non quodam

omni, non quodam non

quodam non

} casu.

자연법 요론
[2]

[1] 정의는 모든 사람을 사랑하는 습성이다.

권리란 선인(善人)의 권능이다. } 이를 그로티우스는 도덕적 자질이라고 불렀는데, [기실] 선인의 자질에 다름 아니다.
의무란 필수사항이다.

정의로운 것,
허용되는 것
정의롭지 않은 것, } 이란
허용되지 않는 것 선인에
형평에 맞는 것, 의해서
해야 하는 것 행해지는
하지 않아도 되는 것이
것

가능한
것이다.
불가능한
것이다. } 그래서 현명하게도 로마의
필수적인 법률가들은 법률상
것이다. 불명확한 것은 선인의
생략가능한 의견을 참조해야만 한다고
것이다 했던 것이다.1)

아무래도 상관없는 것은 정의로운 동시에 생략가능한 것이다.

Omnes ergo Modalium complicationes et transpositiones et oppositiones, ab Aristotele aliisque in Logicis demonstratae ad haec nostra Juris Modalia non inutiliter transferri possunt.

Persona est quisquis amat se seu quisquis voluptate vel dolore afficitur.

Brutis nec voluptas nec dolor nec sensus magis quam machinae aut speculo.

Vir Bonus est, quisquis amat omnes.

AMAMUS eum cujus felicitate delectamur.

Appetitus unionis non est amor, lieben daſ man vor liebe freßen möchte. Uti vulgo dicimur cibos amare quorum sensu delectamur. Ita enim etiam Lupus dicendus est agnum amare. Amor ergo venereus toto genere differt a vero.

Felicitas est status personae optimus.

(Cum autem detur bonorum progressus in infinitum consequens est statum optimum consistere in non impedito ad ulteriora semper bona progressu. Quies in appetendo, seu status in quo nihil optes, non felicitas est, sed torpor. Ne sentit quidem bonum suum qui non optat continuationem, sed nec delectatio est sine harmonia, nec harmonia sine varietate.)

가능한 것		행함이	가능하거나	어떤 경우에는 참인 것이다.
불가능한 것	은		불가능하거나	어떤 경우에도 참이 아닌 것이다
필수적인 것		행하지	불가능하거나	모든 경우에 참인 것이다
우연적인 것		않음이	가능하거나	어떤 반대의 경우에 참인 것이다

그러므로 아리스토텔레스[2] 및 다른 이들이 논리학에서 보여 주었던바 양상[논리]상의 모든 전개와 대우(對偶), 그리고 대립 등이 여기 우리의 법양상[논리]에 무용(無用)치 않게 전용될 수 있다고 본다.

인(人)이란 누구든 자기 자신을 사랑하는 자 혹은 쾌락 또는 고통으로부터 영향을 받는 자를 말한다.

[반면] 짐승의 쾌락과 고통 그리고 감각은 기계나 거울의 그것보다 더하지는 않다.

선인(善人)이란 누구든 모든 사람을 사랑하는 자이다.

우리가 사랑하는 이는 그의 행복이 우리를 기쁘게 하는 자를 말한다.

하나가 되고자 하는 욕구, 예를 들어 '좋아해서 먹고 싶은 것을 좋아하는 것'은 사랑이 아니다. 일반적으로 말하길, 우리는 맛이 우리를 즐겁게 하는 음식을 사랑한다고 한다. 이런 식이라면 늑대는 양을 사랑한다고 말해야 할 것이다. 그러므로 비너스적 사랑은 참된 사랑과는 전적으로 다른 것이다.

행복이란 어떤 한 인(人)이 누리는 최상의 상태이다.

(그런데 선[善]은 무한을 향하여 쌓여 갈 수도 있기 때문에 결국 최상의 상태란 선이 방해받음 없이 그다음 단계를 향하여 항시적으로 나아가는 데 있다고 하겠다. [그러므로] 욕망의 정지

Status est aggregatum accidentium

(uti forma est aggregatum affectionum).

Accidens hoc loco est praedicatum contingens

(uti Affectio est praedicatum necessarium).

Praedicatum est attributum aliud quam nomen.

Nomen est attributum quo res noscitur.

Optimum est maxime bonum.

Bonum est quicquid appetitur a pernoscente,

quale est non tantum jucundum, sed et jucundi causa,

requisitum, auxilium; aut mali contra.

Pernoscere est, nosse quid res agere aut pati possit scil. tum

per se, tum aliis combinata.

Haec vera notitia practica est, theorema enim est propter

problema. Hinc sequitur neminem esse ullius rei

pernoscentem nisi idem sit sapiens seu pernoscens

universalis. Quod pernoscere id latinius dicetur: intelligere.

Est enim intelligere intima legere sed intelligendi vox nunc

laxius sumitur pro omni cognitione quae cum ratione est.

JURISPRUDENTIA est scientia justi, seu scientia libertatis et

officiorum, seu scientia juris, proposito aliquo casu seu

facto. Scientiam voco, etsi practicam, quia ex sola

definitione Viri boni omnes ejus propositiones demonstrari

상태, 즉 아무것도 필요로 하지 않는 상태는 행복이 아니라 무기력(無氣力)함인 것이다. [선의] 지속을 필요로 하지 않는 자는 [무엇이] 자기 자신의 선인지도 느끼지 못하는데, 그러나 기쁨은 조화 없이는 있을 수 없으며 조화는 다양함 없이는 있을 수 없는 것이다.)

상태란 우연한 일들이 축적된 것이다

(마치 형상이 관계들의 축적인 것과 같다).

여기서 **우연한 일**이란 우발적 술어(述語)를 말한다

(마치 관계가 필연적 술어인 것과 마찬가지이다).

술어란 주어가 아닌 속성을 말한다.

주어란 실체를 알게 해 주는 속성을 말한다.

최상의 것이란 최고의 선을 말한다.

선이란 통찰력이 있는 이들(pernoscens)이 바라는 바를 말하는데,

기꺼운 것뿐만 아니라 그 기쁨의 원인과 요건 그리고 그에 도움이 되는 것 혹은 [반대로] 악에 대항하는 것 등을 가리킨다.

통찰력이 있다는 것(pernoscere)은 어떤 일은 할 수 있고 어떤 일은 감내할 수 있는지 그 자체로서뿐만 아니라 다른 것들과의 연관 하에서도 잘 아는 것을 말한다.

이는 진정한 의미에서의 실천적 앎이라고 할 수 있는바, 그 정리(定理)가 어떤 한 문제로부터 출발하기 때문이다.3) 결국 어느 누구도 어떤 사안에 대해 동일한 정도로 현명하지 않거나 혹은 일반적인 통찰력을 지니고 있지 못하면 그 어떤 사안에 대해 [필요한 구체적인] 통찰력을 갖고 있다고 말할 수 없는 것이다. 통찰력이 있다는 것을 좀 더 라틴어식으로 말한다면 꿰뚫어 보

fentées avec ces précautions, que l'ancienne n'eft plus Im-
pofée à caufe de la foibleffe des fideles, que la fage condef-
cendance des Pafteurs fçait menager, & que la nouvele qui
leur y eft propofée, n'y eft pas confonduë avec les abus qui
s'y font introduits dans les derniers fiecles, & qui ne font nez
que de l'ignorance de la loi de Dieu, & de la corruption du
cœur humain.

Ceux qui ont pris le foin de rédiger ces conferences, en ont
auffi tiré des matieres, & formó des deffeins pour faire des
fermons durant tout l'avent.

SISTEME NOUVEAU DE LA NATURE ET DE LA
*communication des fubftances, auffi bien que de l'union qu'il y a
entre l'ame & le corps. Par M. D. L.*

ÏL y a plufieurs années que j'ai conçu ce fiftême, & que
j'en ai communiqué avec de fçavans hommes, & fur tout
avec un des plus grans Theologiens & Philofophes de notre
temps, qui ayant apris quelques-uns de mes fentimens par
une perfonne de la plus haute qualité, les avoit trouvez fort
paradoxes. Mais ayant reçu mes éclairciffemens, il fe retra-
êta de la maniere la plus genereufe & la plus édifiante du
monde, & ayant aprouvé une partie de mes propofitions, il
fit ceffer fa cenfure à l'égard des autres dont il ne demeuroit
pas encore d'acord. Depuis ce temps-là j'ai continué mes
meditations felon les ocafions, pour ne donner au Public que
des opinions bien examinées ; & j'ai tâché auffi de fatisfaire
aux objeêtions faites contre mes effais de Dinamique, qui ont
de la liaifon avec ceci. Enfin des perfonnes confiderables
ayant defiré de voir mes fentimens plus éclaircis, j'ai hazardé
ces meditations, quoi qu'elles ne foient nullement populai-
res, ni propres à eftre goutées de toute forte d'efprits. Je
m'y fuis porté principalement pour profiter des jugemens de
ceux qui font éclairez en ces matieres ; puis qu'il feroit trop
embaraffant de chercher & de fommer en particulier ceux
qui feroient difpofez à me donner des inftruêtions que je fe-
rai toujours bien aife de recevoir, pourvu que l'amour de la

(「자연의 새로운 체계」 전반부가 발표됐던 *Le journal
des sçavans* [1695.6.27.], pp.294-300. BnF 소장본)

는 것(intelligere)이라고 할 수 있다. 꿰뚫어 본다는 것은 속을 들여다본다(intima legere)는 뜻이기 때문인데, 꿰뚫어 본다는 단어는 이제는 보다 넓은 뜻으로 이성과 관련된 모든 인식에 대해 쓰이고 있다.

법학이란 어떤 사건이나 사실이 주어졌을 때 그 정의로움에 관한 학문 또는 자유와 의무에 관한 학문 또는 법에 관한 학문이라고 할 수 있다. 내가 여기서 학문이라고 말한 이유는 비록 [이 분야가] 실제적이기는 하나 선인(善人)에 대한 정의(定義)에서만도 그 모든 명제가 다 [논리적으로] 증명될 수 있고 귀납이나 예증에 의존하지 않기 때문이며, 비록 다양한 법들이 조화된 것이라 할지라도 [그 모든 명제가] 실천적 지혜를 지닌 이들의 성문(成文)의 또는 불문(不文)의 일치된 견해에 따라 그리고 인민의 목소리로 공적으로 훌륭히 조명될 수 있고 심지어 증명에 무능한 사람들도 [그 참됨을] 확인할 수 있는 것이다. [또한] **정의로움에 관한** 학문, 즉 선인(善人)의 입장에서 가능한 것에 관한 학문이라고 부른 이유는 이 학문을 통하면 선인의 입장에서 행하지 않아도 되는 것과 생략하지 않아도 되는 것 등이 분명해지기 때문이다. 의무에 관한 학문, 즉 선인의 입장에서 보아 불가능하면서 필수적인 것, 곧 생략함이 불가능한 것들에 관한 학문이라고 부른 이유는 여기서 다뤄지지 않는 나머지 경우들은 정의로우면서도 하지 않아도 되는 경우, 즉 가능하지만 우연적인 [= 경우에 따라 다른] 경우에 해당될 것이기 때문이다. 필수적이면서 불가능한 경우들을 열거해 보는 것만으로도, 아니 불가능한 경우들을 열거해 보는 것만으로도 충분할 것이며, 나

possunt, neque ab inductione exemplisque pendent, etsi harmonia variarum legum, consensuque prudentum scripto non scriptoque, ac populorum voce publica egregie illustrentur, et apud homines demonstrationum incapaces etiam confirmentur. **Justi** scientiam voco seu ejus quod viro bono possibile est, quia eadem opera apparet et quicquid ei possibile non est facere, et quicquid ei possibile non est omittere. Scientiam officiorum voco, seu ejus quod viro bono impossibile et necessarium, id est omissu impossibile est, quia caetera quae non excipiuntur justa et indifferentia, seu possibilia et contingentia habentur. Sufficit necessaria impossibiliaque, imo sufficit impossibilia enumerari, inde caetera tacendo intelligentur. Quia omnia per naturam rerum factu omissuve possibilia habentur, donec contrarii suspicio cum ratione oriatur.

Libertas est potentiae moralis seu cadentis in virum bonum congruitas cum naturali.

Officium est defectus potentiae moralis a naturali.

Ergo libertas est modus a quo actus denominatur possibilis aut contingens viro bono, seu justus et indifferens.

Officium, a quo denominatur impossibilis aut necessarius seu injustus debitusque.

머지 경우들에 관해서는 굳이 말하지 않아도 이해될 수 있을 것이다. 왜냐하면 사물의 본성상 [세상의] 모든 경우는 그 반대의 경우에 대한 의문이 이성적으로 들지 않은 한 어떤 경우든 행할 수 있거나 혹은 생략할 수 있다고 생각되기 때문이다.

자유란 도덕적 능력 혹은 선인(善人)다움을 자연적인 것에 합치시키는 것을 말한다.

의무란 도덕적 능력이 자연적인 것을 결여한 상태를 말한다.

그러므로 자유는 어떤 행위가 선인의 입장에서 가능한 것인지 아니면 우연적인 것인지, 혹은 정의로운 것인지 아니면 아무래도 상관없는 것인지 규정해 주는 양태라 할 수 있다. [그리고] 의무는 [어떤 행위가] 불가능한 것인지 아니면 필수적인 것인지, 혹은 정의롭지 않은 것인지 아니면 해야 하는 것인지 규정해 주는 양태인 것이다.

[한편] 자연적인 것을 초월하는 도덕적 능력이 존재하지 않음은 아래에서 설명하는 바와 같다.

[2] 정리 (定理)

법에 대한 개념정의 자체로부터 시작하여 우리가 정립해야만 했던 [기타] 여러 가지 개념정의 다음으로 우리가 살펴보고자 하는 것은 분석에 관한 지속적 정리들, 즉 용어의 조합들이다. 이는 개별적 주어의 조합이거나 개별적 술어, 일반적 주어의 조합이거나 아니면 일반적 술어와 주어, 즉 교환가능한 것들의 조합이다. 개별적 주어의 명제들이 학문에서 제외되는 것은 가능성밖에는 가

Excessus potentiae moralis super naturalem nullus est, ut mox ostendetur.

[2] THEOREMATA

Definitiones, quas quidem ipsa Juris definitio a nobis exegit, perpetua Analysi sequuntur Theoremata, seu Terminorum combinationes. Sunt aut particularis subjecti, aut particularis praedicati, universalis subjecti, aut universalis praedicati et subjecti, id est convertibiles. Particularis subjecti propositiones removentur a scientiis, quemadmodum et omnes eae quae nihil docent nisi possibilitatem. Sunt enim infinitae non modo, sed et sine ingenio multiplicabiles a quovis, nec docent quicquam, quod faciunt universales, quae in id prosunt, ut possimus imposterum in agendo de particularium inquisitione securi esse. Universales propositiones sed non convertibiles enunciant genus de specie, docentque utique, sed non satisfaciunt, donec incidamus in terminos aeque late patentes in καθόλου πρῶτον, in methodos et problemata construendi, et theo-remata solvendi universales, in quibus omne solumque coincidunt. Propositiones negativae, licet sint semper convertibiles, prosunt ne frustra agamus, non ut

르치지 않는 다른 모든 것들과 마찬가지이다. 이런 종류의 명제들은 무한할 뿐만 아니라 일반적인 것에 관해서는 아무것도 가르치지 않는 자들이 정신적으로 아무런 노력도 기울이지 않고도 반복해 낼 수 있기 때문인데, [반면] 일반적인 용어들[에 대한 가르침]은 우리로 하여금 사기꾼들이 개별적인 용어들에 관해 논하는 것을 대함에 있어서 경계를 할 수 있도록 도와준다. [주어-술어가] 일반적인데 교환불가능한 명제들은 종(種) 개념으로부터 유(類) 개념을 구분할 수 있도록 가르쳐 준다. 그러나 이것만으로는 충분치 않은바, 우리는 보편적이고 일차적인 것들(καθόλου πρῶτον)[4]에 마찬가지로 폭넓게 열려 있는 용어들에도 익숙해야 하고 문제를 구성하는 방법과 전체성과 단일성이 일치된 보편적 정리들을 풀어내는 방법에도 익숙해야만 하는 것이다. 부정명제들은 [그 주어-술어가] 교환가능하면서도 우리가 오류에 빠지지 않고 유익한 결과를 맺도록 도와준다. 그러므로 우리는 [주어-술어가] 서로 상이하다고 일반적으로 말해지는 보편적이고 교환가능한 긍정문을 언제나 제일 먼저 찾아보아야 할 것이지만, 이러한 명제에 접근하는 것은 [주어-술어가] 교환불가능한 부정문을 통해서만 해야 하는바, 이는 유클리드와 다른 여러 수학자들의 용법으로부터 도래했으며 이후 보다 더 보편적이고 보다 더 간단한 증명방법을 창안해 낸 그 후계자들에 의해서도 그 더욱더 훌륭해진 여러 학문 분야에서 활용됐던 것이다. 이러하므로 이제 어떤 순서로 우리의 정리(定理)들을 배열하는 것이 적절할지 보도록 하자. 우리의 이 모든 [논리] 요소들은 우리로 하여금 무엇이 정의로운 것인지, 정의롭지 않은 것인지, 해야 하는 것인지, 생략가능한 것인지 등을 알게 해 줄 것

fructuose. Propositiones ergo universales convertibiles affirmativae quibus disparata de se invicem universaliter dicuntur quaeri semper potissimum debent, sed saepe tamen ad eas non nisi per negativas et non convertibiles ascendi potest, quod et Euclidi et plerisque Mathematicorum usu venit, etsi plerumque perfectis magis magisque scientiis soleant a successoribus methodi inveniri universalius breviusque demonstrandi. Quae cum ita sint videamus quo potissimum ordine theoremata nostra disponi conveniat. Universa haec Elementa nostra eo pertinent ut sciamus quid justum, injustum, debitum, omissibile, quae quia Logicis proportione respondent, Juris Modalia appellare soleo. Primum ergo combinanda videntur ipsa inter se, ut cum dico : omne debitum est justum, hoc enim brevi compendio plurima theoremata lucrifacio, quae de debito demonstrata transferenda essent ad justum. Deinde combinanda sunt cum componentibus. Componuntur autem Modalia Juris ex Modalibus Logicis, et definitione viri boni. Primum ergo combinentur cum Modalibus Logicis, tum simpliciter, id fit cum dico : impossibilium non datur obligatio; tum cum gradibus, modalium, nempe probabili et improbabili, ut cum dico : nihil probabile est injustum esse seu omnis actus in

이며, 이는 마치 논리학에서의 비례5)에 상응하기 때문에 나는 이를 법양상[논리]이라고 부르고자 한다. 그러므로 [I]6) 우선 [이 논리요소들을] 서로 조합시킬 줄 알아야 하는데, 예를 들어 "해야 하는 것은 모두 정의로운 것"이라고 말하는 경우에서처럼 이 간단한 예시문 속에서 갖가지 정리(定理)들을 활용해서 '해야 하는 것'에 관해서 논했던 바를 '정의로운 것'에 적용할 줄 알아야 하는 것이다. [II] 다음으로는 [이 논리요소들을 해당 명제의] 구성요소들과 조합시킬 줄 알아야 한다. 법의 제양상은 논리학에서의 양상[II.1]과 선인(善人)에 대한 개념정의[II.2]로 이루어져 있다. 그러므로 [법의 제양상은] 첫 번째로 논리학에서의 양상과 조합되는데, [II.1a] 한편으로는 "불가능한 것에는 의무가 주어지지 않는다"고 말하는 경우에서처럼 간단하게 이루어지기도 하고, [II.1b] 다른 한편으로는 "개연적인 것 중 그 어떤 것도 부정의하지는 않다" 혹은 "의문[=불확실성]이 있는 행위는 모두 [그 의문이 해소될 때까지는] 정의로운 것으로 간주된다"고 말하는 경우에서처럼 양상의 정도, 즉 개연성과 불개연성의 정도를 참작하여 이루어지기도 한다. 다음으로는 [II.2a] 선인(善人)에 관한 것과 그 구성요소, 즉 사랑이라든지 모든 사람이라든지 등과 조합되고, 또한 [II.2b] 사랑의 구성요소, 즉 기쁨이라든지 행복이라든지 등과 조합되며, 다시 이들의 구성요소와 조합되는데, "안녕에 필수적인 것은 모두 정의로운 것"이라고 말하는 경우에서와 같다.

dubio justus habetur. Deinde cum viro bono, ejusque componentibus, quae sunt amor, et omnes; componentibusque amoris, delectatione, et felicitate, componentibusque eorum, ut cum dico : omne necessarium ad salutem justum est.

[3] **Theoremata quibus combinantur Juris Modalia inter se**

Nullum justum est injustum.

Quia nullum possibile est impossibile, eidem, nempe viro bono. Nunquam enim quidam, est nullus seu non quidam.

Nullum injustum est justum,

conversione simplici th. 1.

Nullum omissibile indebitum est debitum.

Quia nullum contingens est necessarium. Neque enim **quidam non** est non quidam non seu **omnis**.

Nullum debitum est omissibile indebitum,

convers. simplici th. praeced.

Nullum injustum est debitum.

Quia nullum impossibile est necessarium. Neque enim non quidam seu **nullus** potest esse non quidam non seu **omnis**.

Nullum debitum est injustum,

convers. simpl. th. praeced.

[3] [I] 법의 양상들이 상호 조합되어 있는 정리(定理)들

정의로운 것은 그 어떤 것도 부정의롭지 않다.

왜냐하면 가능한 것은 그 어떤 것도 불가능하지 않기 때문이며, 이것은 심지어 선인(善人)에게도 마찬가지이다. 존재하는 것은 그 어떤 것도 무(無) 혹은 부재(不在)가 아니기 때문이다.

부정의로운 것은 그 어떤 것도 정의롭지 않은바

정리 1을 간단히 뒤집어 보면 알 수 있다.

생략가능하고 하지 않아도 되는 것은 그 어떤 것도 꼭 해야만 하는 것은 아니다.

왜냐하면 우연적인 것은 그 어떤 것도 필수적[= 필연적]이지 않기 때문이다. 또한 '그렇지 않은 뭔가가 존재한다'는 것이 '그렇지 않은 뭔가가 있지는 않다', 즉 '모두가 그러하다'는 뜻은 아니기 때문이다.

해야만 하는 것은 그 어떤 것도 생략가능하거나 하지 않아도 되는 것이 아닌바

앞의 정리를 간단히 뒤집어 보면 알 수 있다.

정의롭지 않은 것은 그 어떤 것도 해야만 하는 것이 아니다.

왜냐하면 불가능한 것은 그 어떤 것도 필수적이지 않기 때문이다. 또한 [불가능한 것의] 부재(不在) 혹은 무(無)가 '그렇지 않은 뭔가가 부재한다' 혹은 '모두가 그러하다'는 뜻은 아니기 때문이다.

해야만 하는 것은 그 어떤 것도 부정의롭지 않다.

앞의 정리를 간단히 뒤집어 보면 알 수 있다.

Omne indebitum juste omittitur et omne quod juste omittitur est indebitum.

Pro indebito enim substitue : possibile non fieri. Possibili non fieri respondet quidam non. Jam et juste omisso, respondet possibile non (justo possibile, omisso non), vel quidam non, coincidunt ergo.

Omne injustum est debitum omitti.

Et omne debitum omitti est injustum,

seu injustum et debitum non fieri coincidunt. Quia necessarium non fieri et impossibile, coincidunt. Nam etiam Nullus et omnis non coincidunt. Cur ita? quia **nullus** est non quidam. **Omnis** est non quidam non. Ergo omnis non, est non quidam non non. Abjiciant se mutuo duo posteriora non, superest non quidam.

Omne injustum omitti est debitum, et

Omne debitum est injustum omitti.

Eodem argumentandi modo, quia **nullus non** et omnis coincidunt.

Cujus omissio omissibilis est, id justum est, et

Quicquid justum est, ejus omissio omissibilis est.

Quia non quidam non, et omnis coincidunt.

Cujus omissio omissibilis non est, id injustum est, et

하지 않아도 되는 것은 그 어느 것이나 올바로 생략할 수 있으며, 올바로 생략할 수 있는 것은 그 어느 것이나 하지 않아도 되는 것이다.

'하지 않아도 되는 것'의 자리에 '하지 않는 것이 가능한 것'이란 표현으로 대체해 보자. '하지 않는 것이 가능한 것'에는 '그렇지 않은 뭔가'가 상응한다. 그리고 '올바로 생략할 수 있는 것'에는 '그렇지 않은 것이 가능한 것'(즉 '올바로'에는 '가능한 것'이, '생략할 수 있는'에는 '그렇지 않은'이) 또는 '그렇지 않은 뭔가'가 상응하므로, 양자는 서로 일치하는 것이라고 볼 수 있다.

정의롭지 않은 것은 그 어느 것이나 생략해야만 하는 것이다.

그리고 생략해야만 하는 것은 그 어느 것이나 정의롭지 않은 것인 바,

'정의롭지 않은 것'과 '하지 않아야 하는 것'은 서로 일치하는 것이다. 왜냐하면 '하지 않는 것이 필수적인 것'과 '불가능한 것'은 일치하기 때문이다. 진실로 '그 어떤 것도 그렇지 않다'와 '그 어느 것이나 모두 그렇지 않다'는 서로 일치한다. 왜냐하면 '그 어떤 것도 그렇지 않다'는 '그러한 것이 조금도 있지 않다'는 뜻이기 때문이다. '그 어느 것이나 모두 그러하다'는 '그렇지 않은 뭔가가 있지는 않다'의 뜻인 것이다. 그러므로 '그 어느 것이나 모두 그러한 것은 아니다'는 '그렇지 않은 뭔가가 있지 않은 것은 아니다'란 뜻이 된다. 후자의 두 번의 부정은 서로 상쇄되므로, 결국 '그렇지 않은 뭔가가 있다'는 뜻만 남게 되는 것이다.

LE JOURNAL

DES

SÇAVANS

Du LUNDY 4. JUILLET M. DC. XCV.

SISTEME NOUVEAU DE LA NATURE ET DE LA *communication des substances, aussi-bien que de l'union qu'il y a entre l'ame & le corps.* PAR M. D. L.

APRE's avoir établi ces chofes, je croyois entrer dans le port : mais lors que je me mis à mediter fur l'union de l'ame avec le corps, je fus comme rejeté en pleine mer. Car je ne trouvois aucun moyen d'expliquer comment le corps fait pafler quelque chofe dans l'ame, ou *vice verfa* ; ni comment une fubftance peut communiquer avec une autre fubftance creée. M. Defcartes avoit quité la partie là-deffus, autant qu'on le peut connoître par fes écrits : mais fes difciples voyant que l'opinion commune eft inconcevable, jugerent que nous fentons les qualitez des corps, parce que Dieu fait naitre des penfées dans l'ame à l'ocafion des mouvemens de la matiere ; & lors que notre ame veut remuer le corps à fon tour, ils jugerent que c'eft Dieu qui le remuë pour elle. Et comme la communication des mouvemens leur paroiffoit encore inconcevable, ils ont cru que Dieu donne du mouvement à un corps à l'ocafion du mouvement d'un autre corps. C'eft ce qu'ils apelent *le fiftéme des caufes*

1695. Gggg

(「자연의 새로운 체계」 후반부가 발표됐던 Le journal des sçavans [1695.7.4.], pp.301-306. BnF 소장본)

생략하는 것이 정의롭지 않은 것은 그 어느 것이나 해야 하는 것
  이며,

해야 되는 것은 그 어느 것이나 생략하는 것이 정의롭지 않은 것
  이다.

　같은 논법에서 보자면, '그 어떤 것도 그렇지 않은 것은 없다'와
'모두 그러하다'는 일치하기 때문이다.

생략함이 생략가능한 것은 곧 정의로운 것이고,

정의로운 것은 그 어느 것이나 그 생략함이 생략가능한 것이다.

　왜냐하면 '그렇지 않은 뭔가가 있지는 않다'와 '모두 그러하다'
  는 일치하기 때문이다.

생략함이 생략불가능한 것은 곧 정의롭지 않은 것이고,

정의롭지 않은 것은 그 생략함이 생략불가능한 것이다.

　왜냐하면 '그렇지 않은 뭔가가 있지 않은 것은 아니다'는 '그
  어느 것이나 모두 그러한 것은 아니다'는 뜻이기 때문이다. '그
  어느 것이나 모두 그렇지 않다'는 '그 어떤 것도 그렇지 않다'
  와 일치하는 것이다.

해야 하는 것은 그 어느 것이나 모두 정의로운 것이다.

　왜냐하면 필수적인 것은 그 어느 것이나 모두 가능한 것이기
  때문이다. 진실로 '모두 그러하다'면 '어떤 것은 그러하다'가 언
  제나 성립하는 법이다. [그리고] '모두 그러하다'면 '그렇지 않은
  뭔가가 있지는 않다' 혹은 '어떤 것도 그렇지 않지 않다'는 뜻
  이 된다. 그러므로 '어떤 것은 그러하다'가 성립하는 것이다.

정의롭지 않은 것은 그 어느 것이나 모두 생략가능하며 하지 않아
  도 되는 것이다.

Quod injustum est, ejus omissio omissibilis non est.

Quia non quidam non non, est omnis non. Omnis non coincidit nulli.

Omne debitum est justum.

Quia omne necessarium est possibile. Nam semper, si omnis est, etiam quidam est. Si enim **Omnis** est, non quidam non est seu quidam non non est. Ergo quidam est.

Omne injustum est omissibile indebitum.

Quia omne injustum est debitum omitti, th. —, et omne debitum omitti juste omittitur (omne enim debitum justum est, th. praec.). Omne ergo injustum est omissibile viro bono, seu indebitum.

Haec in specimen Logicae tum Simplicis, tum Modalis ad Jurisprudentiam applicatae, nam de caetero nullum est theorema Logicum in doctrina conversionum, oppositionum, imo et figurarum modorumque, quod non aliquo theoremate Juridico investiri queat. Modo ut ostendi justo possibile, et quidam, injusto impossibile, et nullus; debito, necessarium et omnis; omissibili contingens, et quidam non, substituantur. Quod in universum admonuisse suffecerit. Si quis putat hoc se ponte asinorum carere posse, uti possunt certe ingenio, sciat etiam sua interesse fundamenta humanae ratiocinationis

왜냐하면 정의롭지 않은 것은 그 어느 것이나 모두 생략해야 하기 때문이다. [앞의] 정리. 그리고 생략해야 하는 것은 그 어느 것이나 모두 올바로 생략될 수 있기 때문이다(해야 하는 것은 그 어느 것이나 모두 정의로운 것이다. 앞의 정리). 그러므로 정의롭지 않은 것은 그 어느 것이나 모두 선인(善人)의 입장에서 볼 때에 생략가능한 것 혹은 하지 않아도 되는 것이다.

이상이 법학에 적용될 수 있는 단순·양상 논리의 예제이며, 그 나머지에서도 [주어-술어의] 교환, [개념의] 대립, 더 나아가 [문장구성의] 도식, [의미론적] 양상 등에 관한 학설에 있어 여러 법적 정리에 적용되지 못할 논리학상의 정리는 아무것도 없다고 생각된다. 위에서 설명한 바와 같이, '정의로운 것'의 자리에는 '가능한 것'과 '어떤 것'이, '정의롭지 않은 것'의 자리에는 '불가능한 것'과 '그 어떤 것도 그렇지 않다'가, '해야 하는 것'의 자리에는 '필수적인 것'과 '모든 것'이, '생략가능한 것'의 자리에는 '우연적인 것'과 '어떤 것은 그렇지 않다'가 대신할 수 있는 것이다. 일반적 설명으로서는 이로써 충분하다고 생각된다. 만약 혹자가 생각하기를 다른 천재들과 마찬가지로 자신은 이와 같은 '당나귀의 교각'7) 같은 게 필요 없다고 한다 하더라도 적어도 그는 회의론자들의 모든 비아냥에 맞서서 인간적 사고의 기초를 확고하고도 논증적으로 정립해 내는 것이 그 자신에게 있어서조차도 얼마나 중요한 것인지 알아야만 할 것이다. 왜냐하면 가장 단순명료했던 기하학자들조차도 이러한 필수적 보충사항을 손에서 놓고자 하지 않았기 때문인데, 세상의 어느 누가 '두 개의 직선으로는 공간을 담을 수 없다'는 사실과 '[두 개의 직선은] 오직 하나의 교점만을 가질 수

contra omnes scepticorum insultus communita ac demonstrata
extare. Qua necessaria superfluitate etiam brevissimi alioquin
geometrae carere noluerunt, nam quis non videt duas rectas
non posse spatium comprehendere, non posse habere nisi
punctum commune, et tamen haec etiam pueris obvia ab
Euclide tam operose demonstrantur, non ut cognosceremus
haec, sed ut sciremus : nihil enim hic novi est praeter ipsam
firmitatem. Utilis etiam haec admonitio est ad philosophos,
ne quam propositionem nisi demonstratam, sub clarae et per
se notae fallaci Schemate transmittant; cum videant, haec
axiomata tam aperta, tam recepta ac perpetuo cogitandi
loquendique usu trita, posse tamen, ac proinde etiam debere
demonstrari.

[4] **Theoremata quibus combinantur Juris Modalia Modalibus
Logicis seu justum cum possibili**

Omne justum possibile est.

Quia justum est possibile viro bono, per def. Ergo alicui.
Alicui possibile est simpliciter : possibile, quia possibile
est, quod aliquo casu posito est. Ergo omne justum
possibile est. Ergo

있을 뿐'이라는 사실을 보지 못하겠는가. 이런 것들은 어린아이들도 잘 알 수 있게 유클리드가 정성 들여 설명했던 것인데, 우리는 이런 것들이 있다는 것을 단지 아는 데 그치는 것이 아니라 제대로 [그 원리를] 이해해야 한다. 왜냐하면 여기서는 그 보강증거 이외에는 새로운 것이 전혀 없기 때문이다. 내 말은 철학자들에게도 유용한 지침이 될 것인바 어떤 명제가 [언뜻] 분명해 보이고 자명해 보이는 오류적 체계 하에 있는지 여부를 검증하지 않고서는 [다음 단계로] 논지를 전개해서는 안 되기 때문인데, 만약 이러한 공리들이 이미 널리 알려져 있고 수용되어 있으며 사고(思考)와 화법(話法)의 오랜 용법의 하나로서 다루어져 왔다고 하더라도 철학자들은 이런 명제들을 거듭 증명해 낼 수도 있고 그러기에 더더욱 증명해 내야 하는 것이다.

[4] **[II.1a] 법의 양상들이 양상논리와 조합되어 있는, 즉
정의로움에 관한 것과 가능성에 관한 것이 조합되어 있는 정리들**

정의로운 것은 그 어느 것이나 모두 가능한 것이다.
　　왜냐하면 그 개념정의상 정의로운 것은 선인의 입장에서 가능한 것이기 때문이다. 그러므로 다른 사람에게도 마찬가지인 것이다. '다른 사람에게도 마찬가지'라는 것은 단순한 의미로 [= 완전히] '가능하다'는 뜻인데, 왜냐하면 이러저러한 경우에 놓인 사람에게도 가능하다는 뜻이기 때문이다. 그러므로 정의로운 것은 그 어느 것이나 모두 가능한 것이다. 따라서
불가능한 것은 그 어느 것이나 정의롭지 않은 것인바,

Quicquid est impossibile, id injustum est,

conversione per contrapositionem theorematis praecedentis.

Seu ad impossibilia jus nullum est. Hinc res impossibiles
non sunt in commercio et nec promitti, nec alienari nec
relinqui possunt. Sed an et quousque aestimatio earum iniri
possit, praestarique debeat, alterius loci est. Notandum est
posse quidem colligi : omne justum possibile est, quia
justum definitur possibile viro bono. Sed non posse dici :
omne injustum impossibile est, etsi injustum definiatur
impossibile viro bono. Ratio discriminis est, quod alicui
possibile, est simpliciter : possibile. Possibile enim in
modis habet se ut quidam in signis. Sed non alicui
impossibile est simpliciter impossibile. Impossibile enim in
modis aequi pollet signo universali : nullus.

Omne debitum possibile est,

quia omne debitum justum, th. — c. praeced.

Omne justum possibile, th. — hic.

Omne impossibile indebitum seu omissibile est viro bono,

convers. per contrap. th. praeced.

Omne necessarium debitum est,

quia simpliciter necessarium est necessarium viro bono.

Necessarium enim est, quod omni casu existit, ergo et in

앞의 정리를 대우(對偶)의 방식으로 [주어와 술어를] 교환해 보면 알 수 있다. 즉 불가능한 것에는 어떤 권리도 주어지지 않는 것이다. 이래서 불가능한 물건은 거래에 나오지도 않는 것이며, 약속되거나 양도되거나 포기할 수도 없는 것이다. 그렇지만 그런 것들에 대한 평가를 해야 하는지 여부와 만약 한다면 어느 정도까지 해야 하는지 그리고 그러한 평가를 우선적으로 해야 하는지 여부와 만약 한다면 어느 정도까지 해야 하는지는 별도의 문제이다. 주의할 점은 '정의로운 것은 그 어느 것이나 모두 가능한 것은 정의로운 것은 선인의 입장에서 가능한 것이라고 개념정의되기 때문이다'고 결론을 맺을 수 있다고 해서 '정의롭지 않은 것은 그 어느 것이나 모두 불가능한 것'이라고 말할 수는 없다는 점이다. 비록 '정의롭지 않은 것은 선인의 입장에서 불가능한 것'이라고 개념정의되기는 하지만 말이다. 이처럼 [두 가지 명제를] 차별하는 이유는 '누군가에게 가능하다'는 것은 단순히 '가능하다'는 뜻이기 때문이다. '가능하다'는 것이 양상의 측면에서 갖고 있는 뜻은 마치 '어떤 사람 [경우]'이 징표[증거]의 측면에서 갖고 있는 뜻과 같기는 하다. 하지만 [반면] '어떤 사람에게 불가능하다'는 것이 '단순히 불가능하다'는 뜻은 아니다. [원래] '불가능하다'는 것이 양상의 측면에서 갖고 있는 뜻은 전칭(全稱) 한정사 '그 어떤 것도 아닌'(nullus)이 갖고 있는 뜻과 똑같기 때문이다.

해야만 하는 것은 어느 것이나 모두 가능한 것인바,

해야만 하는 것은 어느 것이나 모두 정의로운 것이기 때문이다. 앞의 정리를 뒤집어 보면 알 수 있다.

praesenti. Non sequitur : omne debitum necessarium est, eandem ob rationem qua ostendimus non omne injustum esse impossibile.

Omne indebitum nec necessarium est, sed contingens seu omissibile,

convers. per contrap. th. praec.

Omne necessarium justum est,

quia omne necessarium est debitum, th. — hic, omne debitum est justum, th. — cap. praeced.

Quicquid injustum est, id nec necessarium est, sed contingens,

convers. per contrap. th. praeced.

[5] [Theoremata quibus combinentur justum cum existente]

Actus facilius est justus quam injustus. Item

Actus praesumitur justus.

Quia facilius evenit aliquid possibile quam impossibile esse. Nam ad possibile nihil requiritur quam ut supponatur; ad impossibile vero ut dum supponatur, ejus simul oppositum supponatur. Plura ergo requiruntur ad impossibile quam possibile. Ergo facilius est actum esse justum quam

정의로운 것은 그 어느 것이나 모두 가능한 것이다. 위의 정리.

불가능한 것은 그 어느 것이나 모두 하지 않아도 되는 것, 즉 선
인의 입장에서 생략가능한 것이다.

앞의 정리를 대우(對偶)의 방식으로 [주어와 술어를] 교환해 보
면 알 수 있다.

필수적인 것은 그 어느 것이나 모두 해야만 하는 것인바,

단순히 [= 완전히] 필수적인 것은 선인의 입장에서 보아 필수적
인 것이기 때문이다. 필수적이라고 하는 것은 모든 경우에 존재
하는 것이고 따라서 현재의 경우에도 마찬가지인 것이다. [그렇
지만] 해야 하는 것은 그 어느 것이나 모두 필수적인 것이라는
명제는 도출되지 않는데, 이는 우리가 위에서 '정의롭지 않은
것은 그 어느 것이나 불가능한 것'은 아님을 증명했을 때와 마
찬가지의 이유에 따른 것이다.

하지 않아도 되는 것은 그 어느 것이나 모두 필수적인 것은 아니
고 단지 우연적인 것이거나 아니면 생략가능한 것이다.

앞의 정리를 대우의 방식으로 [주어와 술어를] 교환하면 알 수
있다.

필수적인 것은 그 어느 것이나 모두 정의로운 것인바,

필수적인 것은 그 어느 것이나 모두 해야만 하는 것이기 때문
이다. 위의 정리.

해야 하는 것은 그 어느 것이나 모두 정의로운 것이다. 이 문단
의 정리.

정의롭지 않은 것은 그 어느 것이나 필수적이지는 않고 다만 우연
적인 것인바,

GOTTFREDI GVILIELMI
LEIBNÜZII Lipfenfis,

ARS COMBI-
NATORIA,

In qua

Ex Arithmeticæ fundamentis *Complicationum* ac *Tranfpofi-
tionum* Doctrina novis præceptis exftruitur, & ufus ambarum per
univerfum fcientiarum orbem oftenditur;
nova etiam

Artis Meditandi,

Seu

Logicæ inventionis femina
fparguntur,

Præfixa eft Synopfis totius Tractatus, & additamenti loco
Demonftratio
EXISTENTIÆ DEI,
ad Mathematicam certitudinem
exacta.

_____

FRANCOFURTI,
Apud HENR. CRISTOPH. CRÖKERUM, Bibliopol.
1690.

(『조합론』[1690년판]. Bayerische Staatsbibliothek 소장본)

앞의 정리를 대우의 방식으로 [주어와 술어를] 교환해 보면 알
수 있다.

[5] [II.1b] [정의로움에 관한 것이 존재에 관한 것과 조합되어
있는 정리들]8)

행위는 정의롭지 않기보다는 정의롭기가 더욱 용이하다. 따라서
행위는 [일단] 정의롭다고 전제한다.

왜냐하면 뭔가가 불가능하기보다는 가능하기가 더욱 용이하기
때문이다. 가능성에 있어서는 다른 요건은 필요치 않고 다만 가
정되는 것만으로 충분하며, 불가능성에 있어서는 [그 불가능성
이] 가정되는 동시에 그 반대 역시 가정되어야 한다. 그러므로
가능성보다는 불가능성이 더욱 많은 요건을 필요로 한다고 하
겠다. 그러므로 정의롭지 않은 행위보다 정의로운 행위가 더욱
용이한 것이다. 달리 말하자면, 가능성의 요건 혹은 가정은 불
가능성의 가정에 포함되고 그 역(逆)은 아닌 것이다. '전제한다'
는 것은 그 가정들이 그 반대의 가정들 속에 포함된다는 것이
고 그 역은 아닌 것이다. 따라서 전제한다는 것은 그 반대 속에
본성상 선재(先在)되어 있다고 미리 가정하는 것이 된다. 그러므
로 행위는 [일단] 정의로운 것이라고 전제하는 것이다.
해야 하는 행위보다는 하지 않아도 되는 행위가 더욱 용이하다.
그러니까 [일단] 행위는 하지 않아도 되는 것이라고 전제하는 것
이다.

왜냐하면 하지 않아도 되는 것은 그 어느 것이나 모두 정의로

injustum. Imo requisita seu supposita possibilis in impossibilis suppositis continentur, non contra. **Praesumitur** autem cujus supposita etiam oppositi supposita sunt, non contra. Praesumi igitur est quodammodo praesupponi opposito suo, natura prius esse. Ergo Actus praesumitur justus.

Actus est facilius indebitus quam debitus.

Imo actus praesumitur indebitus.

Quia omne indebitum est justum. Omne debitum est injustum omitti, th. —, jam justum facilius est injusto, imo praesumitur. Ergo indebitum facilius debito : imo praesumitur.

Actus facilius est indebitus quam debitus.

Indebitum enim est quod juste omittitur, debitum quod injuste, vid. sup. th. — —. Jam justum est facilius injusto; th. — praeced.

Hinc apparet praesumtionem esse pro libertate, pro licentia, pro indifferentia. Contra servitutem, obligationem, determinationem. Praesumtio est pro minore, pro negante, pro possibilitate, pro duratione; contra majus, contra id quod facti est, contra difficultatem, contra mutationem. Sed haec recte capienda sunt ne cum probabilistis quibusdam in

운 것이기 때문이다. [반면] 해야 되는 것은 그 어느 것이나 생략함이 정의롭지 않은 것이다. 위의 정리. 주지하다시피 정의로운 것이 정의롭지 않은 것보다는 용이하다는 것은 전제되어 있는 바이다. 그러므로 하지 않아도 되는 것이 해야 되는 것보다는 용이하다는 점도 전제되어 있는 것이나 마찬가지이다.

행위는 해야 되는 것보다는 하지 않아도 되는 것이 더욱 용이하다.

하지 않아도 되는 것은 그 생략이 올바를 수도 있는 반면, 해야 되는 것은 그 생략이 올바를 수 없다는 점은 위의 정리에서 본 바와 같다. 따라서 정의로운 것이 정의롭지 못한 것보다 더욱 용이한 것이다. 앞의 정리.

여기서 분명해지는 바는 [위에서 본] 전제는 자유(自由)·허용(許容)·무방(無妨) 등을 위한 것이고, 종속(從屬)·제한(制限)·결정(決定) 등에는 반한다는 점이다. [즉] 전제는 보다 작은 범위, [작은] 부정(否定), 가능성, 지속성 등을 위한 것이고, 보다 큰 범위, 이미 행해진 것, 곤란함, 변동성 등에는 반하는 것이다. 그런데 이와 같은 점들을 올바로 파악하지 않으면 이러저러한 개연성으로서 남용될 우려가 있다. 더군다나 더욱 용이한 것들, 더욱 개연성 있는 것들 그리고 전제되어야 할 것들이 항상 추구되어야 하는 것도, 즉 그 적용에 있어서 [항상] 현자(賢者)에 의해 확실한 것으로 다루어져야 하는 것도 아니다. 아무리 개연성이 높은 것이 있다 하더라도 어떤 것은 기껏 성공해 봐야 별 결실이 없을진대 만약 실패한다면 그 해악이 매우 클 수 있다는 사실을 보라. 현자라면 어느 누구도 이렇게 되는 것을 받아

abusum torqueantur. Neque enim statim **faciliora,**
probabiliora praesumenda; etiam **sequenda** sunt, id est in
agendo pro certis habenda a prudente. Ecce enim potest
aliquid esse probabilissimum, et tamen si succedat parum
fructuosum, si frustretur valde damnosum. Hoc certe nemo
prudens suscipiet. Contra potest aliquid esse si succedat
valde fructuosum, si irritum sit parum damnosum; hic certe
nulla audacia temeritas erit. Tum demum ergo probabilia
sequenda sunt, cum major est ratio probabilitatum quam
effectuum reciproce, seu si plus probabilior est actus A
quam B quam melior est effectus B quam A. Seu si factus
ex ductu probabilitatis in bonitatem major est ab A, quam
B. Fac ab A probabilitatem esse ut 5, bonitatem ut 4.
Factus erit 20. a B probabilitatem esse ut 6, bonitatem ut
3, factus erit 18. Erit ergo A sequendum potius quam B,
etsi minus probabile. Hinc minimum peccandi periculum
maximo etiam commodo proposito vitabit vir bonus, imo et
sapiens (nam ut suo loco demonstrabitur, omnis sapiens est
vir bonus, quanquam non solus), neque enim majus malum
ei evenire potest, quam ut vir bonus esse desinat. Restat
discrimina Facilis, probabilis, praesumendi explicemus.
Facilius est quod est per se intelligibilius, seu quod

들이지 않을 것임은 분명하다. 반면 어떤 것은 만약 성공하면 결실이 클 수도 있고 만약 실패하더라도 해악이 작을 수도 있는바, 이런 경우에는 어떤 대담함도 그리 경솔함에 이르지 않을 것이라는 점 [역시] 분명하다. 그러므로 결국 개연성 있는 것들을 추구해야 하는 것은 [오직] 그 확률이 그 상대적 결과의 비(比)보다 클 때에, 혹은 A행위의 개연성이 B행위보다 크거나 B결과의 개연성이 A결과보다 더 나을 때뿐이다. 혹은 개연성 있는 것들을 갖고 A에 관해 추론한 결과의 유효성이 B에 관해서보다 더욱 클 때이다. [예를 들어] A의 개연성이 5라 하고 그 생산성이 4라고 해 보자. 그러면 그 결과는 20이 될 것이다. B의 개연성이 6이라고 하고 그 생산성이 3이라고 하면 그 결과는 18이 될 것이다. 그러므로 [이 경우] 비록 A의 개연성이 B보다 낮지만, B보다는 A를 추구해야 할 것이다. 이렇게 해서 선인(善人), 즉 현인(賢人)은 — 모든 현인은 그 혼자만 선인은 아닐지라도 선인임에는 분명하므로 그 자신의 입장에서 증명되는 바와 같이 — 잘못을 범할 위험성을 최소화하고 그 편익(便益)은 최대화할 수 있고, 자신이 더 이상 선인이기를 포기하기보다는 자신에게 보다 큰 악이 도래하지 못하도록 할 수 있는 것이다.

이제 남은 문제로서 용이한 것, 개연성 있는 것, 전제되는 것 등 간의 차이에 관해 설명해 보기로 하자. 보다 더 용이한 것이란 그 자체로 보다 더 잘 이해될 수 있는 것 혹은 요건이 더 적은 것 등이라고 할 수 있다. 개연성이 있다는 것은 절대적으로 보다 더 잘 이해될 수 있는 것 혹은 다른 말로 하자면 보다 더 가능성이 높은 것이라고 할 수 있다. 이러하므로 개연성의

pauciora requirit. **Probabile** est, quod est absolute intelligibilius seu, quod idem est, possibilius. Unde ad probabilitatem requiritur non tantum facilitas existendi, sed et facilitas coexistendi caeteris impraesentiarum. Ideo generatim definiri nihil potuit de probabilitate, constat enim probabilitas ex collectione omnium circumstantiarum : non potest ergo indefinite asseri actum probabilius videri justum quam injustum. **Facilius** autem et **praesumendum** differunt ut Minus et pars. Facilius enim est in quo minora vel pauciora quam in opposito cujus requisita requisitorum oppositi pars sunt. Omne ergo praesumendum est facilius, non contra. Quia etiam omnis pars est minor toto, non omne minus est pars majoris. Sed de his exquisitius alio loco.

Omne justum intelligitur aliquo casu in amante omnes (scilicet si solum supponatur, aut saltem sine circumstantiis obstantibus. Circumstantiae enim sunt accidentia actus, potest ergo actus supponi sine illis, etsi non in universum sine ullis).

Omne enim justum possibilis est actus viro bono. Vir bonus et qui amat omnes coincidunt. Possibile est quod aliquo casu est. Ergo justum et aliquis actus amantis

요건으로서는 그 존재의 용이성(容易性)뿐만 아니라 기타 정황들과 공존할 수 있는 용이성도 필요하다. 이런 이유로 개연성이 무엇이냐에 관해 무엇으로도 일반적으로 개념정의할 수 없고, 다만 개연성은 모든 정황의 취합이라고만 할 수 있을 것이다. 그러므로 어떤 행위가 정의롭지 않다기보다는 정의롭다고 보일 개연성이 더 높다고 확고히 주장할 방법은 없는 것이다. 그렇지만 **보다 더 용이한** 것과 **전제되는** 것 사이의 차이는 더 작은 것과 부분 간의 차이와 같다. 보다 더 용이한 것이란 그 반대의 경우에 요청되는 요건들이 [결국] 그 반대의 부분인 것에 비해 요건이 보다 더 작거나 적은 경우를 말한다. 그러므로 전제되는 것은 그 어느 것이나 모두 보다 더 용이한 것이라고 할 수 있고, 그 역은 아니다. 왜냐하면 부분은 그 어느 것이나 모두 전체에 비해 더 작은 것이지만, [반면] 더 작은 것이 모두 더 큰 것의 부분은 아니기 때문이다. 이에 관해서는 다른 곳에서 검토하는 것이 적절할 것이다.

[II.2a] [법양상의 개념이 '선인'과 조합되어 있는 정리들][9]

정의로운 것은 그 어느 것이나 모두 어떤 경우에라도 모든 이를 사랑하는 것으로 이해된다.

(물론 이런 것이 [가능하다고] 가정될 경우에 한해서 또는 최소한 [이를 가능케 하는 데에] 방해적 정황이 없는 경우에 말이다. 정황이란 어떤 행위를 둘러싼 우연적 요소들이므로, 전반적으로 보아 아무런 정황도 없는 행위는 있을 수 없지만 [경우에 따라

omnes coincidunt. Actus voce etiam omissionem comprehendo.

Quicquid non intelligitur in amante omnes aliquo casu, nec justum est,

convers. per contrap. th. praeced.

Quicquid aliquo casu in amante omnes intelligitur id justum est,

coincidunt enim, per dem. th. —.

Quicquid justum non est, nec aliquo casu intelligitur in amante omnes, seu

Nullum injustum aliquo casu intelligitur in amante omnes.

Quae de justo, eadem de debito demonstrari possunt, quia omne debitum justum est, th. —. Exempli causa :

Nullum debitum non aliquo casu intelligitur in amante omnes.

Sed hoc amplius.

Omne debitum omni casu intelligitur in amante omnes.

Omni casu, id est qualemcumque eum supponas, non ideo statim omni tempore.

Probatio theorematis haec est. Quia debitum et necessarium viro bono, necessarium et quod omni casu intelligitur, definita scilicet et definitiones, coincidunt.

Quicquid non intelligitur omni casu in amante omnes, nec

서는] 어떤 정황도 배제된 행위를 가정할 수는 있기 때문이다.)
즉 정의로운 것은 그 어느 것이나 선인의 입장에서 보아 가능
한 행위인 것이다. 모두를 사랑하는 이와 선인은 일치하는 것이
다. 가능한 것이란 그런 [행위가 일어나는] 경우가 있다는 뜻이
다. 그러므로 모두를 사랑하는 행위와 정의로운 것은 서로 일치
한다. 여기서 행위의 개념에는 생략[= 부작위]도 포함된다고 하
겠다.

이러저러한 경우에 모두를 사랑하는 것으로 이해될 수 없는 것은
그 어느 것이나 모두 정의로운 것이 아닌바,
    앞의 정리를 대우(對偶)의 방식으로 [주어와 술어를] 교환해 보
    면 알 수 있다.

이러저러한 경우에 모두를 사랑하는 것으로 이해될 수 있는 것은
그 어느 것이나 모두 정의로운 것이바,
    양자가 일치함은 앞의 정리로 증명된다고 하겠다.

정의로운 것이 아닌 것은 그 어느 것이나 모두 어떤 경우에도 모
두를 사랑하는 것으로 이해될 수 없는바, 즉
정의롭지 않은 것은 어떤 경우에도 모두를 사랑하는 것으로 이해
될 수 없는 것이다.

    정의로운 것에 관한 설명은 해야만 하는 것에 관해서도 마찬가
    지로 설명할 수 있는데, 왜냐하면 해야만 하는 것은 그 어느 것
    이나 모두 정의로운 것이기 때문이다. 앞의 정리. 예를 들자면,
해야만 하는 것은 그 어떤 것도 모두를 사랑하는 것으로 이해되지
않는 것이 없다.

    그런데 좀 더 예를 들어보자.

debitum est, seu quicquid aliquo casu non intelligitur in amante omnes, id omissibile seu indebitum est,

convers. per contrap. th. praeced.

Quicquid est omni casu, intelligitur in amante omnes, est debitum;

convers. simpl. th. —, quia debitum et necessarium viro bono, necessarium et quod omni casu intelligitur, definita et definitiones scilicet coincidunt. Jam in coincidentibus locus est conversioni simplici.

Quicquid non est debitum nec intelligitur omni casu in amante omnes seu

Quicquid omissibile est, id aliquo casu non intelligitur in amante omnes.

Hinc apparet, justo legem positam non esse; si sola acritas adsit, nullum scelus committi posse, aut si quid committatur desinere scelus esse : quin imo qui Caritatem habeat esse impeccabilem, ultra omnes gloriationes sapientis Stoicorum. Adde caritate seu contritione expiari hominem, peccata deleri : caritate simul et poenitentiam et satisfactionem contineri, caritatem ergo purgatorium parare sibi. Caritati fidem inesse, caritate imitari nos DEUM, caritate uniri DEO, caritate beari. De quibus suo loco.

해야만 하는 것은 어느 것이나 모두 어느 경우에든지 모두를 사랑
하는 것이라 이해된다.

'어느 경우에든지'[= 모든 경우에]라고 하는 것은 '뭐든지 가정
하는 대로'라는 뜻이며, 이러하므로 '어느 때에나'[= 모든 때에]
라는 뜻은 아니다.

이것이 바로 위 정리의 증명이라고 하겠다. 왜냐하면 선인의 입
장에서 봤을 때 해야만 하고 필수적인 것과 어느 경우에든지
필수적이라고 여겨지는 것, 즉 개념정의의 대상과 그 개념정의
가 서로 일치하기 때문이다.

어느 경우에든지 모두를 사랑하는 것이라고 이해되지 않는 것은
그 어느 것이나 해야만 하는 것이 아니다. 즉 어떤 경우에든 모
두를 사랑하는 것이라고 이해되지 않는 것은 생략가능하거나
하지 않아도 되는 것인바,

앞의 정리를 대우(對偶)의 방식으로 [주어와 술어를] 교환해 보
면 알 수 있다.

어느 경우에든지 모두를 사랑하는 것이라고 이해되는 것은 그 어
느 것이나 다 '해야만 하는 것'인바,

위 정리에서 [주어와 술어를] 단순교환해 보면 알 수 있는데, 왜
냐하면 선인의 입장에서 봤을 때 해야만 하고 필수적인 것과
어느 경우에든지 필수적이라고 여겨지는 것, 즉 개념정의의 대
상과 그 개념정의가 서로 일치하기 때문이다. 이 일치 속에 이
미 위 단순교환의 자리가 존재한다고 할 수 있다.

해야만 하는 것이 아닌 것은 어느 경우에든지 모두를 사랑하는 것
으로 이해되지 않는데, 달리 말하자면

(『세계의 창조와 질서에 관한 수학적 증명』[1734].
Bayerische Staatsbibliothek 소장본)

생략가능한 것은 어느 것이나 다 '어떤 경우에나 모두를 사랑하는 것'으로 이해되지는 않는 것이다.

여기서 분명해지는 것은 정의로운 것에 관해 법률은 [미리] 정해 놓고 있지 않다는 것인데, 만약 [법률에] 엄격함만 있다면 어떠한 악행도 저질러지지 않을 것이고, 혹 저질러진다 해도 악행이기를 [곧] 멈추게 될 것이다. 사랑을 갖고 있는 사람이라면 진정 무죄일 것이며, 저 지혜롭다는 스토아 학파의 모든 영광을 뛰어넘지 않겠는가. 부언하자면, 사랑 혹은 고행을 통해서 인간은 속죄를 할 수 있고 죄악을 씻을 수 있다는 것이다. 즉 사랑 속에는 형벌뿐만 아니라 동시에 [부족함을] 채움도 함께 있는바, 그러므로 사랑은 자신을 위한 연옥을 준비해 주는 것이라고 할 수 있다. 믿음은 사랑 속에 존재하니, 사랑으로써 우리의 신을 본받고, 사랑으로써 신과 하나가 되며, 사랑으로써 행복을 얻도다. 이에 관해서는 적절한 곳에서 다루기로 한다.10)

[이제] 무엇이 사물 안에 자리잡고 있으며, 무엇이 사물 안에 포함되고, 무엇이 가능한지 그리고 어떠한 가설에 따를 때에 무엇이 참인지 알 수 있게 됐다고 말할 수 있다. 이것은 실제로 로마의 법률가들이 활용했던바, 이에 대해 심오하게 이해하고 있었기 때문이기도 하고 이것이 사물의 본성으로부터 나온 것이기 때문이기도 했다. 우리가 '가능한 것'이라고 말하는 것은 그 대상에 대해 명확하고도 분명하게 이해하고 있기 때문이며, 그 가능성에 대한 기준 (κριτήριον) — 이에 관해서는 [이미] 다른 곳에서 논한 바 있다 — 은 그 [대상의] 존재를 제외하고는 인간에게 다른 어떤 것도 있을 수 없기 때문이다.

Intelligi dicitur, quod in re locum habet, quod in rem cadit, quod possibile est, quod ex hypothesi verum est. Usitata etiam JC^{tis} Romanis acceptione profundissima utique et ex natura rerum sumta. Possibile enim dicimus quicquid clare distincteque intelligitur, nullum est aliud generi humano κριτήριον possibilitatis (de quo alibi) praeter existentiam ipsam.

Quod juste (debite) fit (non fit), id fit (non fit) ab amante.

Quod non fit (fit) ab amante, injuste (indebite) fit (non fit).

Quod juste (debite) fit (non fit), id fit (non fit) ob voluptatem.

Quod non fit (fit) ob voluptatem, injuste (indebite) fit (non fit).

Quod juste (debite) fit (non fit), id fit (non fit) ob harmoniam.

Quod non fit (fit) ob harmoniam, injuste (indebite) fit (non fit).

Quod juste (debite) fit (non fit), id fit (non fit) ob bonum facientis.

Quod non fit (fit) ob bonum facientis, injuste (indebite) fit (non fit).

Quod juste (debite) fit (non fit), id fit (non fit) a volente.

[II.2b] [법양상의 개념이 '선인'에 연관된 개념들과 조합되어 있는 정리들][11]

정의롭게 ([또는] 해야만 하는 대로) 행해지는 (행해지지 않는) 것은 곧 사랑하는 이에 의해 행해지는 (행해지지 않는) 것이다.

사랑하는 이에 의해 행해지지 않는 (행해지는) 것은 정의롭지 않게 ([또는] 하지 않아도 되는 것이) 행해지는 것이다 (정의롭지 않게 행해지는 것이 아니다).

정의롭게 ([또는] 해야만 하는 대로) 행해지는 (행해지지 않는) 것은 곧 그 기쁨 자체로 행해지는 (행해지지 않는) 것이다.

그 기쁨 자체로 행해지지 않는 (행해지는) 것은 정의롭지 않게 ([또는] 하지 않아도 되는 것이) 행해지는 것이다 (정의롭지 않게 행해지는 것이 아니다).

정의롭게 ([또는] 해야만 하는 대로) 행해지는 (행해지지 않는) 것은 곧 조화 그 자체를 위해 행해지는 (행해지지 않는) 것이다.

조화 그 자체를 위해 행해지지 않는 (행해지는) 것은 정의롭지 않게 ([또는] 하지 않아도 되는 것이) 행해지는 것이다 (정의롭지 않게 행해지는 것이 아니다).

정의롭게 ([또는] 해야만 하는 대로) 행해지는 (행해지지 않는) 것은 곧 행위자의 선 (善) 그 자체를 위해 행해지는 (행해지지 않는) 것이다.

행위자의 선 그 자체를 위해 행해지지 않는 (행해지는) 것은 정의롭지 않게 ([또는] 하지 않아도 되는 것이) 행해지는 것이다 (정

Quod non fit (fit) a volente, injuste (indebite) fit (non fit).

Quod juste (debite) fit (non fit), id fit (non fit) a sciente.

Quod non fit (fit) a sciente, injuste (indebite) fit (non fit).

Omne justum amanti cuidam (cuidam scilicet, posset enim evenire ut circumstantia aliqua amoris justitiae contraria sit) possibile est.

Omne injustum amanti cuidam impossibile est.

Quicquid nulli amanti possibile est, injustum est.

Quicquid omni amanti necessarium est, debitum est.

Omne debitum amanti cuidam necessarium est.

Quicquid non cuidam (nulli) amanti necessarium est, indebitum est.

Quicquid voluptatem quaerenti impossibile (necessarium) est, injustum ac proinde et omissibile (debitum ac proinde et licitum) est.

Quicquid harmoniam quaerenti etc.

Quicquid bonum proprium quaerenti etc.

Quicquid voluntatem habenti etc.

Quicquid cogitatione praedito etc.

Quicquid felicitatem alicujus delectabilem sentienti etc.

Quicquid felicitatem alicujus harmonicam sentienti etc.

Quicquid felicitatem alicujus pro bono proprio habenti seu

의롭지 않게 행해지는 것이 아니다).

정의롭게 ([또는] 해야만 하는 대로) 행해지는 (행해지지 않는) 것은 곧 의지에 따라 행해지는 (행해지지 않는) 것이다.

의지에 따라 행해지지 않는 (행해지는) 것은 정의롭지 않게 ([또는] 하지 않아도 되는 것이) 행해지는 것이다 (정의롭지 않게 행해지는 것이 아니다).

정의롭게 ([또는] 해야만 하는 대로) 행해지는 (행해지지 않는) 것은 곧 현인(賢人)에 의해 행해지는 (행해지지 않는) 것이다.

현인에 의해 행해지지 않는 (행해지는) 것은 정의롭지 않게 ([또는] 하지 않아도 되는 것이) 행해지는 것이다 (정의롭지 않게 행해지는 것이 아니다).

정의로운 것은 그 어느 것이나 모두 혹 사랑하는 이에게 — 여기서 혹자(或者)라고 한 것은 사랑의 정의(正義)에 반하는 상황이 발생할 수도 있기 때문이다 — 가능한 것이다.

정의롭지 않은 것은 그 어느 것이나 모두 혹 사랑하는 이에게 불가능한 것이다.

사랑하는 이에게는 그 어느 누구에게나 가능하지 않은 것은 정의롭지 않은 것이다.

사랑하는 이에게는 그 어느 누구에게나 필수적인 것은 그 어느 것이나 다 해야만 하는 것이다.

해야만 하는 것은 그 어느 것이나 모두 혹 사랑하는 이에게 필수적인 것이다.

혹 사랑하는 이에게 (또는 어떤 사랑하는 이에게도) 필수적이지 않은 것은 그 어느 것이나 다 '하지 않아도 되는 것'이다.

volenti etc.

Quicquid felicitatem alicujus cogitanti etc.

Quicquid statum alicujus optimum etc.

Quicquid maxime bonum appetendum a pernoscente etc.

[6] Est ergo Amans, ‖ qui identitatem diversitate pensantem ‖ cum conatu cogitat ‖ (cui coeptum est ‖ mutatione ‖ sui mutare ‖ aliquid ‖ ut cogitet cum conatu ‖ si norit quid res agere aut pati possit) in multitudine ‖ non quorundam non ‖ (singulorum nempe etc.) ‖ quae possunt et non possunt ‖ cogitari in eodem; ‖ eaque tali, ut pars ejus aliis totis sit aequalis; ‖ quatenus ei qui clare sentit, ‖ quid res mutare mutata, et quousque mutari mutando ‖ possit ‖ cogitabitur cum conatu ‖ seu harmonia. ‖

Quis in hac descriptione obsecro agnoscat amantem? Ecce igitur usum vocabulorum ad nervosam compendiositatem, ad memoriam, imo quodammodo lucem, saltem attentionem. Qui has descriptiones ex abrupto daret, ei similis esset qui mille scripturus compleret totidem punctis chartam; et ita rnihi legendum porrigeret, quo nihil quidem per se clarius, id est natura seu DEO, qui uno obtutu complecti potest infinita, nihil tamen primo obtuto molestius, imo confusius intuenti,

기쁨을 추구하는 이에게 불가능한 (필수적인) 것은 그 어느 것이나 다 '정의롭지 않은 것'이며 따라서 생략가능한 ('해야만 하는 것'이며 따라서 허용되는) 것이다.

조화를 추구하는 이에게 [운운 (云云)].

자기 자신에게 고유한 선을 추구하는 이에게 [운운].

의지를 가진 자에게 [운운].

앎의 능력을 부여받은 자에게 [운운].

다른 사람의 행복에서 즐거움을 느끼는 자에게 [운운].

다른 사람의 행복에서 조화를 느끼는 자에게 [운운].

다른 사람의 행복에서 자기 자신에게 고유한 선을 얻거나 의욕하는 자에게 [운운].

다른 사람의 행복이 뭔지 아는 자에게 [운운].

다른 사람의 최선의 상태를 [운운].

통찰력을 지닌 이에 의해서 최고의 선이 달성되어야 함을 [운운].

[6] 그러므로 사랑하는 이는, ‖ 다양성 속에서 갖는 동일성의 무게를 ‖ 의욕적으로 인식하는바 ‖ (그에게 있어서 시작은 ‖ 뭔가를 ‖ 스스로 변화시킴으로 ‖ [그 다음의] 변화로 이루어지며 ‖ 그리하여 의욕적으로 인식하게 되는 것은 ‖ 자신이 어떤 것을 행하거나 감내할 수 있는지 알고 있는지 하는 것인바) [모두의] 군집에 관해 ‖ 단지 그렇지 않은 몇몇이 아니라 ‖ (즉 개별적인 것들이 아니라) ‖ 같은 것[의 테두리] 안에서 인식하는 것이 ‖ 가능하거나 불가능한 것들을 인식하는 것이다. ‖ 그리하여 이 [모두의] 군집은 그 일부분이 전체의 다른 부분들과 평등하게 취급될 수 있을 것이

GOTTOFREDI GUILELMI LEIBNIZII
MEDITATIONES
DE
COGNITIONE, VERITATE ET IDEIS

HONORATISSIMIS ATQVE DOCTISSIMIS
AVDITORIBVS SVIS

COMMENDAT

GEORG. CHRIST. STELLWAG.
PHIL. PROF.

TYPIS MARGGRAFIANIS
MDCCXL.

(『인식과 진리 그리고 이데아에 관한 성찰』[1740년판].
Bayerische Staatsbibliothek 소장본)

다. ‖ [뭔가] 변화된 것을 [여전히] 변화시킬 수 있는지 또한 그 변화로 어느 정도까지 변화될 수 있는지를 ‖ 명확히 읽어낼 수 있는 이라면 ‖ 의욕적으로 ‖ 또는 조화를 염두에 두고 ‖ [이런 것들을] 인식할 수 있기에 말이다.

그렇다면 위의 묘사에서 '사랑하는 이'는 어떻게 그려지는가? [무엇보다 그 묘사에 있어] 어휘의 사용이 섬세하고도 압축적으로 그리고 기억에 오래 남도록 이루어질 뿐만 아니라 더 나아가 주의를 끄는 것은 물론 빛이 나도록 이루어져 있다는 것에 주목하라. 이러한 묘사를 갑작스럽게 하고자 하는 자는 마치 종이 한 장을 채우기 위해 천 가지를 들어 천 개의 마침표를 찍는 자와 유사할 것이니, 만약 그가 내게 자신의 묘사를 읽어 보라고 준다면, 세상의 그 무엇도 무한을 한 눈에 담을 수 있는 '자연 곧 신'[12] 그 자체보다 더욱 분명한 것은 없으며 세상의 그 무엇도 우리 [인간] 자신보다 더욱 복잡하고 혼란스러운 것은 없다는 것을 알게 될 것이다. 그러니까 숫자 기타 명사(名詞)들이 없거나 그 자리에 다른 기호들이 없으면 우리의 인식은 질서의 빛과 기억의 압축성마저 잃어버리고 말 것이다.

더 나아가 이로부터 분명해지는 것은 '선인'(善人)[이라고 단순히 말하는 것]보다는 더욱 광범위한 유(類) 개념이나 술어(述語)가 선인에 해당될 수 있다는 점이다. 틀림없이 서른 개가 넘는 단순한 용어가 있을 것이고, 이 서른 개의 용어를 두 개씩, 세 개씩 조합하여 만든 복합어까지 치면 그 수가 얼마이겠는가. 그 수는 우리가 『조합론』(組合論)[13)에서 보인 바와 마찬가지로 등비급수에서 지수가 30인 항의 수와 같게 될 것이다. 그 수는 믿을 수 없을 정

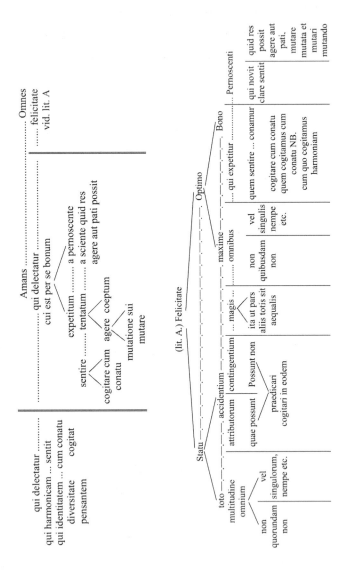

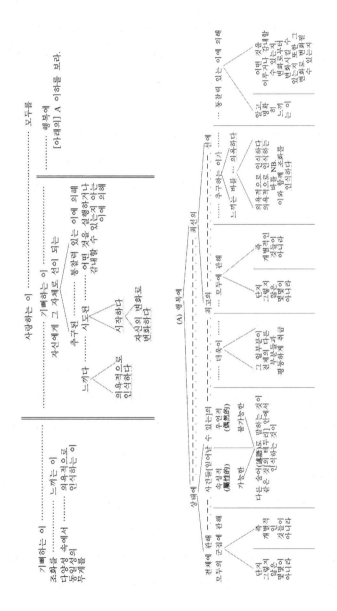

quales nos sumus. Ut igitur sine nominibus numeralibus ita sine caeteris quoque, aut certe aliis eorum loco signis, ordinis luce reminiscentiaeque compendio cogitationes nostrae carerent.

Caeterum hinc patet quod possint esse genera seu praedicata viri boni latiora viro bono. Nimirum ultra 30 simplices, et quot sunt complicationes, seu combinationes, conternationes, etc. de 30. Qui idem est numerus cum termino progressionis geometricae duplae, cujus exponens est 30, ut ex nostra Combinatoria patet. Qui numerus est incredibilis et par Archimedaeo. Et tamen si porro hi termini omnes ad exemplum septem corollariorum justo, injusto, debito, indebito applicentur, seu multiplicentur per 7, aestimari potest quam immanis multitudo prodeat propositionum cui percensendae propemodum aeternitas necessaria est. Et tamen ausim rursus dicere ex iis nullam assignari posse, quam non orator peritus sententiis, exemplis, similitudinibus, argumentis, rationibus, usibus, in magnam eloquii molem facile evestiret. Videtis quantum sciendi compendium contineatur in definitionibus artisque Combinatoriae praedicamentis quae molimur. Hinc est quod varietate casuum, multitudine rerum, copia verborum,

도일 것이며 아르키메데스[의 수]14)에 육박할 것이다. 그리고 만약 이 모든 용어를 '정의로운 것', '정의롭지 않은 것', '해야만 하는 것,' '하지 않아도 되는 것' 등에 관한 일곱 가지 귀결에 적용한다면, 즉 일곱을 곱한다면, 그로부터 엄청난 수의 명제가 산출되어 그를 열거하는 데에만도 거의 영원의 시간이 필요할 것이라고 예상할 수 있다. 그리고 한 가지 감히 더 말하자면, 이 중에는 [일개] 미숙한 연설가가 그 어떤 문장이나 예증, 비유, 논거, 이유나 활용으로도 위대한 웅변집에 담아낼 수 있는 것이라곤 한 가지도 없다는 점이다. 이러한 개념정의와 우리가 정립하고자 하는 술어(述語) 조합론에 [인간의] 지식이 얼마나 압축되어 있는지 볼 것이다. 바로 이 때문에 다양한 경우들과 수많은 사안들, 풍부한 어휘들, 무한한 질문들에 관해 [우리의] 지식을 절망케 할 정도로 [수많은] 책들이 쏟아지는 것이다. 이것이 바로 쓸데없는 것들로 우리를 괴롭히는 것이며, 이유를 찾기보다는 실험하는 데 주어져야 할 시간을 [헛되이] 날려버리게 만드는 것이며, 수많은 종잇장을 채우게 만드는 것이고, 수많은 정신적 노고를 미치광이로 만들어 버리는 것이고, 스콜라학자들과 법률가15) 그리고 결의론자(決疑論者)들로 하여금 무수한 저서를 공급하게 만드는 것이니, 이런 것[들]이 베이컨이 웅변적으로 말했듯이16) 우리를 꿀벌보다는 거미로 만들어서는 신의 경외로움과 만물의 조화에 관해 논하기보다는 우리 자신으로부터 거미줄을 자아내서는 [그 거미줄이] 항상 자신에게로 되돌아오게 만들고 그 갈래가 무한하되 쓸모는 없는 것이다. [그러므로] 설사 누군가 자신의 인생 전체를 바쳐서 산술적으로 가능한 모든 예들을 1에서 1,000까지 들어가며 아무리 두꺼운

infinitate quaestionum ad sciendi desperationem libri turgent. Hoc est quod nos nugis cruciat, quod nobis tempus experimentis potius quam rationi dandum eripit, quod tot chartas implevit, tot ingenia ad insaniam redegit, quod Scholasticis, quod Legistis, quod Casistis infinita volumina suppeditavit, quod nos, ut eleganter Baconus dicebat, pro apibus araneos facit, non admiranda DEI et harmoniam rerum annotantes, sed ex nobis ipsis texentes telam, semper in se reductam, ut varietate infinitam, ita sterilem usu. Si quis impensa in hoc tota vita omnia exempla Arithmetica possibilia quae in numeris ab 1 ad 1000 vel fingi possent, elaborare eaque libro uno quanquam grandissimo complecti posset, praestitisset aliquid sane utile generi humano, quemadmodum qui Tabulas sinuum, qui Radices, qui Tabulam pythagoricam majorem, qui Logarithmos supputavit, at quanto ille universalius, jucundius, compendiosius, utilius, perfectius, qui machinam omnia sponte praestantem ac virtute continentem dabit, modo levissimo artificio disponatur. Quemadmodum ergo nos hoc Panarithmicon DEI munere invenimus, ita pro Machina Panepistemonica has Artis combinatoriae Tabulas paramus, quae quomodo mobiles variabilesque si rotulis applicentur fieri possint, alibi diximus.

책 한 권 안에 공들여 채운다 할지라도 그리고 인류에게 유익한 뭔가 건전한 것을 마치 곡선표(曲線表)나 제곱근이나 피타고라스의 큰 곱셈표 또는 로그값처럼 계산해 낼지라도 이 모든 것을 내용과 기능 면에서 능가하는 기계를 만들어서 가장 간단한 조작으로도 풀어내 주는 이에 비하면17) 그 얼마나 더 일반적이거나 즐거울 것이며 그 얼마나 더 압축적이고 유익하고 완벽하겠는가. 그러므로 우리가 신의 위업 속에서 이 범(凡)산술적 세계를 발견할 수 있듯이 그렇게 범(凡)인식적 기계를 위해 이 조합론의 표를 준비하는 것이며, 다른 곳에서 말했다시피18) 이 표는 바퀴에서처럼 역동적이고도 다채롭게 적용될 수 있는 것이다.

1. 정의로운 것은 그 어느 것이나 다 모두를 사랑하는 이에게 가능하다.
2. 불가능한 것은 그 어느 것이나 모두를 사랑하는 이에게 정의롭지 않은 것이다.
3. 불가능한 것은 그 어느 것이나 모두를 사랑하는 이에게는 생략가능한 것이다.
4. 가능한 것은 그 어느 것이나 다 모두를 사랑하는 이에게는 정의로운 것이다.
5. 정의롭지 않은 것은 그 어느 것이나 다 모두를 사랑하는 이에게는 불가능한 것이다.
6. 모두를 사랑하는 이에 의해 행해진 것은 그 어느 것이나 정의로운 것이다. 그가 행한 것은 그 어느 것이나 가능한 것이기 때문이다.
7. 정의로운 것이 아닌 것은 그 어느 것이나 모두를 사랑하는 이에 의해서도 행해지지 않는다.
8. 해야만 하는 것은 그 어느 것이나 다 모두를 사랑하는 이에게 필수적인 것이다.
9. 우연적인 것은 그 어느 것이나 다 모두를 사랑하는 이에게는 생략가능한 것이다.
10. 모두를 사랑하는 이에게 필수적인 것은 그 어느 것이나 다 해야만 하는 것이다.
11. 모두를 사랑하는 이에게 필수적인 것은 그 어느 것이나 다 정의로운 것이다.
12. 생략가능한 것은 그 어느 것이나 다 모두를 사랑하는 이에게는 우연적인 것이다.
13. 정의롭지 않은 것은 그 어느 것이나 다 모두를 사랑하는 이에게는 우연적인 것이다.
14. 해야만 하는 것은 그 어느 것이나 모두를 사랑하는 이에 의해서 행해진다. 그 모든 것이 다 필수적인 것이기 때문이다.
15. 모두를 사랑하는 이에 의해서 행해지지 않는 것은 그 어느 것이나 하지 않아도 되는 것이거나 생략가능한 것이다.

1.   Omne justum possibile est amanti omnes.
2.   Quicquid impossibile est amanti omnes injustum est.
3.   Quicquid impossibile est amanti omnes omissibile est.
4.   Omne possibile amanti omnes est justum.
5.   Omne injustum impossibile est amanti omnes.
6.   Quicquid fit ab amante omnes est justum.
       Quicquid enim fit possibile est.
7.   Quicquid non est justum nec fit ab amante omnes.
8.   Omne debitum necessarium est amanti omnes.
9.   Omne contingens amanti omnes omissibile est.
10.   Omne necessarium amanti omnes debitum est.
11.   Omne necessarium amanti omnes justum est.
12.   Omne omissibile contingens est amanti omnes.
13.   Omne injustum contingens est amanti omnes.
14.   Quicquid debitum est fit ab amante omnes.
       Nam omne necessarium fit.
15.   Quicquid non fit ab amante omnes indebitum seu omissibile est.

Corollaria :

1.   Omne justum possibile est amanti. Possibile hic voco amanti quod cum amore stare potest.
2.   Quicquid amanti impossibile est injustum est.
3.   Quicquid amanti impossibile est omissibile est.
4.   Quicquid amanti necessarium est debitum est.
5.   Quicquid amanti necessarium est licitum est.
6.   Omne indebitum amanti contingens est.
7.   Omne injustum amanti contingens est.

Eadem omnia evenient orienturque 15 theoremata nova:

a) Si **amanti omnes** substituatur

귀결 :

1. 정의로운 것은 그 어느 것이나 다 사랑하는 이에게는
    가능한 것이다. 여기서 '사랑하는 이에게는 가능한
    것'이라고 한 것은 그가 사랑으로 서 있기 때문이다.
2. 사랑하는 이에게 불가능한 것은 그 어느 것이나 정의롭지
    않은 것이다.
3. 사랑하는 이에게 불가능한 것은 그 어느 것이나
    생략가능하다.
4. 사랑하는 이에게 필수적인 것은 그 어느 것이나 해야만
    하는 것이다.
5. 사랑하는 이에게 필수적인 것은 그 어느 것이나 허용되는
    것이다.
6. 사랑하는 이라면 하지 않아도 되는 것은 그 어느 것이나
    다 우연적인 것이다.
7. 사랑하는 이에게 정의롭지 않은 것은 그 어느 것이나 다
    우연적인 것이다.

[위 귀결과] 동일한 명제들이 [아래에] 다시 자리 잡는 한편 15
개의 새로운 정리(定理)들이 도출된다.

a) '모두를 사랑하는 이'를 대체하는 술어들

1. 모두의 행복에 기뻐하는 이
2. 모두의 조화로운 행복을 느낄 줄 아는 이
3. 모두의 행복에서 다양성 속에서의 동일성을 느낄 줄 아는
    이
4. } '느끼는 이'를 대체하는 술어 : 마치 원래 그러했던 것처럼
5. } 시작하다
6. '기쁨에'를 대체하는 술어 : 그에게는 (모두의 행복이) 그
    자체로 선(善)이 됨에
7. '선(善)에'를 대체하는 술어 : 통찰력 있는 이에 의해
    추구되는 바
8. '추구하는 이' : 시작[의 필요성]을 느끼다
9. '느끼다'에 대해서는 : 의욕적으로 인식하다
10. 11. '시작'에 대해서는 : 초동(初動)을 취하다
12. '행동하다'에 대해서는 : 변화된 바를 변화시키다
13. '변화'에 대해서는 : [어느 한 가지의] 끝인 동시에 다른
    것의 시작
14-20. '통찰력 있는 이'에 대해서는 : 어떤 것을 행하거나 감내할
    수 있는 아는 이

1.	qui delectatur felicitate omnium
2.	qui harmonicam sentit felicitatem omnium
3.	qui in felicitate omnium sentit identitatem diversitate
4. 5.	sentienti substitue : conantem agere quasi ita esset
6.	delectato substitue : cui (felicitas omnium) est bonum per se
7.	bono substitue : quod expetitur a pernoscente
8.	expetenti : sentire conantem
9.	pro sentire : cogitare cum conatu
10. 11.	pro conante : agere incipientem
12.	pro agere : mutatum mutare
13.	pro mutatione : finem simul et initium oppositorum
14-20.	pernoscenti : scientem quid res agere aut pati possit

Hactenus de iis quae delectationi substituantur, sequuntur

quae felicitati.

1.	Felicitati substitue statum Optimum
2.	statui totum accidentium
3.	toti multitudinem omnium
4. 5.	accidentibus, attributa contingentia
6. 7.	attributis, quae possunt praedicari
8. 9. 9. 10.	contingentibus, quae possunt non praedicari
11-16.	Praedicari est cogitari in eodem
17-31.	Omnibus : non quaedam non
32-45.	**Omnibus : enumerationem singulorum** de qua suo loco
46.+44.	Optimo : maximum bonum
44.	Maximo : majus aliis omnibus
44.	Majori : cujus pars alteri toti aequalis est
88.	Omnibus : non quaedam non
88.	**Omnibus : enumerationem singulorum** de qua suo loco.
44 ⌢ 7f. 308.	Bono : quod expetitur a pernoscente
—	Expetito : quod sentire conamur
—	pro sentire : cogitare cum conatu
	Quod conamur cogitare cum conatu jam cogitamus cum conatu. Quia quod conamur cogitare cogitamus.
—	pro cogitare cum conatu, cogitare harmoniam (Bonum ergo est, cum harmonia cogitatur a pernoscente, etsi non in ipsa saltem in effectibus ejus, seu quae agere aut pati potest, ut in utilibus. Unde haec boni definitio universalis est).
308 ⌢ 3f. 924.	Pernoscenti : qui novit quid res agere et pati possit
924.	Novit : qui clare sentit
1848.	Agere et pati : mutare mutatum et mutari mutando

Summa f.4952 ⌢ 20f.99040 ⌢ 15f.1485600.

'기쁨'을 대체하는 술어들에 관해서는 '행복'을 대체하는 술어들
이 뒤따른다.

1.	'행복'은 '최선의 상태'로 대체될 수 있다.
2.	'상태'는 '우연적인 것들의 전체'로
3.	'전체'는 '모든 것의 군집'으로
4. 5.	'우연적인 것들'에는 '우연적 [우발적] 속성들'로
6. 7.	'속성들'에는 '술어가 될 수 있는 것들'로
8. 9. 9. 10.	'우발적인 것들'에는 '술어가 되지 않을 수 있는 것들'로
11-16.	'술어가 된다'는 것은 동일한 측면에 관해 인식하고 있다는 뜻이다.
17-31.	'모든 것' : '단지 그렇지 않은 몇몇이 아니라'
32-45.	**'모든 것' : '개별적인 것들의 열거'**, 이에 관해서는 해당되는 곳에서
46.+44.	'최선' : '최고의 선'
44.	'최고' : '다른 모든 것보다 나은'
44.	'나은' : 그 부분이 나머지 전체에 버금간다는 뜻이다.
88.	'모든 것들' : '단지 그렇지 않은 몇몇이 아니라'
88.	**'모든 것' : '개별적인 것들의 열거'**, 이에 관해서는 해당되는 곳에서
44 x 7 = 308.	'선' : '통찰력 있는 이에 의해 추구되는 바'
—	'추구되는 바' : '시작된다고 느끼는 바'
—	'느끼다'에 대해서는 : '의욕적으로 인식하다' 의욕적으로 인식하기 시작한 바는 우리가 이미 의욕적으로 인식하고 있는 것이다. 왜냐하면 인식하기 시작한 바는 우리가 [이미] 인식하고 있는 것이기 때문이다.
—	'의욕적으로 인식하다'에 대해서는 '조화를 인식하다' (그러므로 선이란 통찰력 있는 이에 의해서 조화가 인식될 때를 말하며, 비록 그 자체에 관해서는 아니더라도 최소한 그 효과 면에서 그러한즉, 마치 효용 면에서 어떤 것을 행하거나 감내할 수 있는지를 아는 면에서 그러하다. 그러므로 선에 관한 이와 같은 개념정의는 보편적이라 할 수 있다.)
308 x 3 = 924.	'통찰력 있는 이' : '어떤 것을 행하고 감내할 수 있는지 아는 이'
924.	'알다' : '명확히 느끼다'
1,848	'행하고 감내하다' : '변화된 바를 변화시키고, 변화로 인해 [자신이] 변화되다'

합계 4,952 x 20 = 99,040; 99,040 x 15 = 1,485,600.

[7] Quae est summa Theorematum eorumque omnium reciprocorum seu subjecti praedicatique aeque late patentis, ex sola viri boni definitione exstruendorum. Sesquimillio propemodum propositionum paucis hic verbis ope artis combinatoriae expressarum. Quarum nulla est, audacter dico, quae non sententiis, exemplis, similitudinibus, rationibus, usibus in aliquam eloquii molem evestiri possit.

Et tamen exposuimus tantum terminum **Amantis**, non **Omnium**, cum vir bonus sit qui amat omnes.

Omnes enumeratione singulorum exponendi sunt saepius de quo suo loco, unde infinita rursus seges propositionum aliquoties repetenda.

Propositiones convertibiles sunt omnes aut definiti de definitione vel contra, aut definitionibus ejusdem definiti de se invicem. Dantur enim, quod ignorantibus intima rerum fortasse paradoxum videbitur, multa millia definitionum ejusdem definiti aeque vera, non aeque clara. Sed quo clariora, hoc minus compendiosa. Sequuntur Corollaria seu propositiones ex convertibilibus sola detruncatione factae, quibus praedicantur partes definitionum de definitis definitionibusque.

Quorum numerum infinite prope infinitum, recensere

[7] 이것이 선인(善人)에 관한 개념정의 하나에서 도출되는 정리들의 합계이며 그 모든 주어와 술어가 동등한 범위 내에서 상호 간에 맺는 호응관계의 합계인 것이다. 이 개념정의로부터 거의 1,500,000개에 달하는 명제들이 조합론의 도움을 받아 표현될 수 있음을 보았다. 감히 말하건대, 이 중 어떤 것도 [각 사상가의] 문장이나 예증, 이유 그리고 활용 등을 통해서 일종의 웅변집에 담을 만하지 못한 것은 하나도 없다고 생각한다.

그런데 이 중 우리는 모든 것을 다룬 것이 아니고 단지 '사랑하는 이'에 관해서만 다루었을 뿐인데, 선인이란 모두를 사랑하는 사람이기 때문이다.

[여기의] 모든 것은 그 각각을 **열거함으로써** 적절한 곳에서 **몇번 다루어야만 할 텐데**, 그렇게 함으로써 해당 명제들의 텃밭이 그만큼 무한히 재현되게 될 것이다.

이 모든 명제들은 개념정의된 대상과 개념정의 간에 치환되거나 아니면 개념정의된 동일 대상에 대한 개념정의들 간에 상호 치환될 수 있다. 사물의 핵심을 잘 모르는 자들에게는 어쩌면 역설적으로 보일 수도 있을 텐데, 그러므로 개념정의의 동일한 대상에 대해 똑같이 참이지만 [그렇다고 해서] 똑같이 명확하지는 않은 천 가지의 개념정의가 있을 수 있는 것이다. 그러나 명확하면 명확해질수록 압축미는 덜해질 것이다. 다음으로는 [주어와 술어가] 치환가능한 문장들이 오로지 그 분리를 통해서 정립된 귀결 혹은 명제들이 뒤따라 나오는바, 여기에서는 개념정의들의 부분들이 그 개념정의의 대상들과 그 개념정의들[자체]에 관한 술어를 이룬다.

그 수는 거의 무한에 가까워서 일일이 열거하는 것은 불가능하

impossibile.

Omnis vir bonus est amans. Est voluptatis animi avidus, est harmonicus, est amator varietatis, congruitatis. Est in perpetuo conatu mutandi aliquid seu novandi in melius scilicet, seu emendandi. Quae omnia in viro bono vera sunt, quia in omni amante, si habuissemus ergo Elementa demonstrationum de amore, sola ad virum bonum applicatione opus fuisset.

Omnis amans bonum amati per se quaerit.

Omnis amor summus est, non omnis amor par est, differunt enim magnitudine etsi non gradu.

Omnis amans conatur prodesse amato.

Delectatur enim felicitate ejus. Ergo bonis. Quo delectamur id cogitamus cum conatu sentiendi. Quod sentire conamur, id si non sit efficere conamur. Semper aliquod bonum abest. Ergo qui amat semper aliquod amati bonum efficere, id est prodesse conatur amato.

Omnis amans prodest amato, nisi aut nequeat, aut alio amore obstante impediatur.

Nam quisquis conatur facit, si possit, nisi alio contrario conatu impediatur. Qui amat conatur ad felicitatem amati, quousque potest, ergo vel ipsam, vel saltem partem ejus

다.

모든 선인은 사랑하는 이이다. 그는 정신적 쾌락을 좇으며, 조화를 중시하며, 다양성과 [동시에] 통합을 사랑하는 이이다. 그는 뭔가를 변화시키고자 하는, 즉 보다 더 나은 상태로 개선시키거나 개정하려고 하는 항구적 욕구를 지니고 있는 사람이다. 이 모든 것은 선인에게서 참이라고 할 수 있는데, 왜냐하면 사랑하는 이라면 그 어느 누구에게나, 만약 우리가 사랑을 증명해 줄 수 있는 요소들을 알고 있다면, 선인에게만 해당되는 것이 적용될 것이기 때문이다.

사랑하는 이는 그 어느 누구나 다 자신이 사랑하는 사람의 선 자체를 추구하는 법이다.

모든 사랑은 고귀하지만, 모든 사랑이 다 동등한 것은 아니고 비록 정도에 있어서는 아니지만 그 범위에 있어서는 서로 차이가 있다.

사랑하는 이는 그 어느 누구나 다 자신이 사랑하는 사람에게 유익하게 됨을 의욕하는 법이다.

이것은 그의 행복에서 기쁨을 얻기 때문이다. 그러므로 그의 선에서 [기쁨을 얻는다]. 우리가 기쁨을 얻는 원천에 대해 우리는 느끼고자 하는 의욕을 갖고 인식하는 법이다. 우리가 느끼고자 의욕하는 바는 아직 결과되지 않은 한 우리는 의욕하는 법이다. 뭔가 선한 것은 항상 결여되어 있기 마련이다. 그러므로 사랑하는 이는 자신이 사랑하는 사람에게 뭔가 선한 것이 항상 발생되기를, 즉 자신이 사랑하는 사람에게 유익하게 되기를 의욕하게 된다.

bonum aliquod efficit, si potest, nisi conatus ad alterius felicitatem obstet. Conatus enim ad bonum non obstat conatui ad felicitatem, quia minor.

Si plures amores concurrant, conatus efficax est ad harmoniam quanta maxima in praesenti statu produci potest.

Si duo amores occurrant, vincit major. Sed productum est differentia efficaciarum.

Quia si duo conatus occurrant, vincit fortior.

Si sint pares, extinguitur efficacia utriusque.

Major amor est cum major ex felicitate delectatio est.

Cum enim felicitas par sit, delectatio tamen impar est. Ergo.

Major amor est, cum major in felicitate harmonia est.

Nam et delectatio major est cum major harmonia est.

Major harmonia est cum diversitas major est, et reducitur tamen ad identitatem.

(Nam non in identitate, sed varietate gradus esse possunt.)

Si plures amores collineent, efficacia utriusque componitur in unam.

Si plures amores pares concurrant oblique, productum est medium efficaciae utriusque oblique, id est ut eligi tertium

사랑하는 이는 어느 누구나 다, 불가능하지만 않다면 혹은 또다른 사랑에 의해 방해를 받지만 않는다면, 자신이 사랑하는 사람에게 유익되게 하는 법이다.

[선한 결과를] 의욕하는 이는 어느 누구나, 가능하다면 그리고 다른 반대되는 의욕에 의해 방해받지만 않는다면, 그를 행하기 때문이다. 사랑하는 이는 자신이 사랑하는 사람의 행복을 가능한 한 의욕하는 법이며, 그러므로 [그 행복] 전체나 아니면 최소한 그 일부로서 그 사람을 위한 모종의 선을, 가능하다면 그리고 다른 사람의 행복을 위한 의욕에 의해 방해받지만 않는다면, 발생시키고자 한다. [반면] 선을 향한 의욕은 행복을 향한 의욕을 방해하지 않는데, 이는 전자가 더 작기 때문이다.

만약 여러 개의 사랑이 경합할 경우에는 현재의 상태에서 최대로 조화를 만들어 낼 수 있는 의욕이 효과를 발휘하게 된다.

만약 두 개의 사랑이 마주할 경우에는, [그중] 더 큰 것이 승리하게 될 것이다. 그러나 결과적으로는 각각의 효과성의 차이만 있을 뿐이다.

왜냐하면 두 개의 의욕이 마주할 경우에는, [실제로는] 더 강한 것이 승리하게 될 것이기 때문이다.

만약 [두 개의 사랑이] 서로 동등할 경우에는, 각각의 효과성이 상쇄될 것이다.

더 큰 사랑은 행복으로부터 얻는 기쁨이 더 클 때 존재한다.

행복이 서로 동등하더라도 그 기쁨은 서로 동등하지 않기 때문이다. 그러므로.

더 큰 사랑은 [또한] 행복에서의 조화가 더 클 때 존재한다.

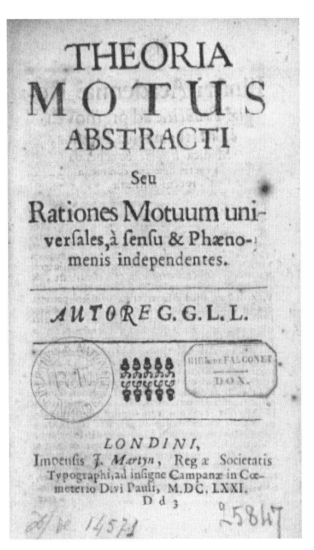

THEORIA
MOTUS
ABSTRACTI
Seu
Rationes Motuum uni-
verſales, à ſenſu & Phæno-
menis independentes.

AUTORE G. G. L. L.

LONDINI,
Impenſis *J. Martyn*, Reg æ Societatis
Typographi, ad inſigne Campanæ in Cœ-
meterio Divi Pauli, M.DC.LXXI.
D d 3

(『추상적 운동의 이론』[1671년판]. BnF 소장본)

더 큰 기쁨은 더 큰 조화가 있을 때 존재하기 때문이다.

더 큰 조화는 다양성이 더 클 때 그리고 그럼에도 불구하고 동일성에로 환원될 때 존재한다.

(정도의 차이는 동일성에 있지 않고 다양성 속에 있을 수 있기 때문이다.)

만약 여러 개의 사랑이 [한 방향으로] 병행하고 있는 경우에는 각각의 효과성이 하나로 집결될 것이다.

만약 동등한 여러 개의 사랑이 비스듬히 경합하고 있는 경우에는 결과적으로 각각의 효과성의 중간이 비스듬히 발생할 것이다. 즉 제삼(第三)의 결과가 선택될 수 있다.

그런데 이에 관해서는 의지의 경합과 조화의 구성 등에 관한 학설에 따라서 보다 분명히 설명되어야 할 것이다.

만약 서로 동등하지 않은 여러 개의 사랑이 비스듬히 경합하고 있는 경우에는 결과적으로 더 작은 효과성으로부터의 거리와 더 큰 효과성으로부터의 거리 간의 비율이 더 큰 효과와 더 작은 효과 간의 비율과 같은 효과성이 선택될 것이며, 따라서 그 역도 마찬가지이다.

이 비율은 굴절과 반사를 설명할 때와 거의 마찬가지라고 할 수 있다. 비록 운동의 추상적 법칙에 따른 운동론19)에서는 뭔가 다른 측면이 존재할 수도 있음을 보였지만, 그럼에도 불구하고 신은 [이 세상에] 에테르, 즉 보편적 영혼을 추가하심으로써 모든 것이 정신의 영역에서처럼 신체의 영역에서도 일어날 수 있도록 만드셨기 때문이다. 효과성과 효과성 간의 거리는 마치 각도와도 같아서 거리와 거리 간의 비율은 마치 각과 각 간의 비

possit.

Sed haec distinctius explicanda sunt ex doctrina de concursu voluntatum et compositionibus harmoniarum.

Si plures amores impares concurrant oblique, productum est efficacia, cujus distantia ab efficacia minoris ad distantiam ab efficacia majoris eam habet rationem, quam major efficacia ad minorem, ac proinde reciproce.

Ea fere ratione qua refractio et reflexio explicatur. Etsi enim ostensum sit in theoria motus ex abstractis motus legibus, aliud fore, effecit tamen DEUS addito aethere seu spiritu universali, ut omnia in corporibus, ut in mentibus evenirent. Distantia efficaciae ab efficacia, est instar anguli et proinde ratio distantiae a distantia, est instar rationis anguli ad angulum, et sinus ad sinum.

Idem ergo est in viro bono, quia cum vir bonus amet omnes, innumerabiles semper concursus amorum oriri necesse est, quorum eventibus explicandis omnis haec doctrina impendenda est.

율 그리고 호(弧)와 호 간의 비율과 같다.

그러므로 선인(善人)에 있어서도 마찬가지인바, 왜냐하면 선인이 모두를 사랑할 때는 언제나 사랑 간의 무수한 경합이 발생하는 게 당연하기 때문이며, 그 [각각의] 경우에 관해 설명하기 위해서는 이 모든 학설을 적용해야 할 것이다.

제6장

자연법 요론
[3]

Elementa juris naturalis
[3]

(1671 후반 [?])

Elementa juris naturalis

[3]

[1] JUSTITIA est habitus (seu status confirmatus) viri boni, confirmatus inquam, non ut putari non possit, sed ut non facile possit.

Justum, Licitum			possibile		
Injustum, Illicitum	}	est quicquid	impossibile	}	est fieri a
Aequum, Debitum			necessarium		Viro Bono.
Indifferens			contingens		

Sapienter JCti Romani Legibus indefinibilia remittunt toties ad Arbitrium boni Viri, quemadmodum Aristoteles in Ethicis omnia regulis non comprehendenda ad arbitrium prudentis, ὡς ἂν ὁ φρόνιμος ὁρίσειε.

자연법 요론
[3]

[1] 정의는 선인(善人)의 습성(혹은 확정적 상태)인데, 여기서 확정
적이라고 말한 것은 불가능하다고 생각하는 식이 아니라 쉽게
할 수 없다는 식을 뜻한다.

정의로운 것, 허용되는 것
정의롭지 않은 것, 허용되지 않는 것
형평에 맞는 것, 해야만 하는 것
아무래도 상관없는 것
} 은 어느 것이나
선인에 의해
행해지는 것이
{ 가능한
불가능한
필수적인
우연적인
} 것
이
다

현명하게도 로마의 법률가들은 법률에서 규정하기 곤란한 것은
선인의 재량에 맡겨 두곤 했는데, 마치 아리스토텔레스가 『윤리
학』에서 규칙에 담을 수 없는 것은 모두 지혜로운 자의 재량(ὡς
ἂν ὁ φρόνιμος ὁρίσειε)1)에 맡겼던 것과 같다.

권리
의무
} 는 선인의 { 권능
필수사항
} 이다

JUS est potentia
Obligatio est necessitas } viri boni.

Huc pertinet sapiens JC^{ti} veteris sententia, quae facta laedunt pietatem, existimationem, verecundiam nostram, et generaliter quae contra bonos mores sunt, ea nec facere nos posse credendum est. Potentia occidendi innocentem locum habet in robusto, non in robusto et simul bono, manibus ei velut superiore quadam vi ligatis. Er fanf nicht überf Herz bringen, uti significanter Germani loquuntur. Injustum est quod absurdum est, quod contradictionem implicat fieri a viro bono. Quod ergo Grotius Jus et Obligationem vocat qualitates morales, id sic capiendum, esse attributa viri boni in respectu ad agendum patiendumve. **Qualitas** enim est attributum in respectu ad agendum et patiendum.

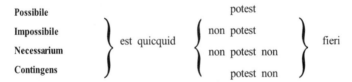

Possibile
Impossibile
Necessarium
Contingens } est quicquid { potest / non potest / non potest non / potest non } fieri

Omnes ergo Modalium complicationes, transpositiones, oppositiones ab Aristotele et Interpretibus demonstratae, ad haec nostra Juris Modalia non inutiliter transferri possunt.

여기에 옛 법률가의 현명한 의견2)이 연결되는바, 우리의 신앙과
자존심, 수치심 등을 해치는 것들 그리고 일반적으로는 선량한
풍속을 해치는 것들을 우리가 행할 수 있다고 믿어서는 안 된
다는 것이다. 무고(無辜)한 자를 죽일 수 있는 권능은 강한 자에
게 자리 잡을 수는 있으나, 강하면서도 동시에 선한 자에게는
그러하지 않은바, 이런 사람의 손은 마치 뭔가 더 우월한 힘에
의해 묶여 있는 것과 같다. 독일인들의 의미심장한 말처럼, "그
는 차마 스스로 그러지 못하는 것이다." 정의롭지 못한 것은 어
리석은 것이며, 선인에 의해서 행해진다는 것은 모순을 내포하
는 것이다. 그래서 그로티우스는 권리와 의무를 도덕적 자질이
라고 불렀던 것인데,3) 이는 행할 것인가 감내할 것인가의 문제
와 관련된 선인의 속성이라고 이해되어야 할 것이다. 자질이란
행할 것인가 감내할 것인가의 문제와 관련된 속성이기 때문이
다.

가능한 것			
불가능한 것		할 수 있는	
필수적인 것	은 어느 것이나	할 수 없는	것 이 다
우연적인 것		하지 않음이 불가능한	
		하지 않음이 가능한	

그러므로 아리스토텔레스와 그 해설자들이 설명했던 [논리학에
서의] 양상의 모든 복합관계와 자리바꿈, 대립관계 등이 여기
우리의 법양상에 무용치 않게 적용될 수 있는 것이다.

[2] (a) 선인은 그 어느 누구나 (c) 모두를 (b) 사랑하는 이이다.

(a) [그런데] 인(人)이란 누구나 자기 자신을 사랑하는데, 이는
쾌와 고통에 따라 움직인다는 뜻과 같다. [반면] 짐승에게는 쾌

[2] VIR BONUS (a) est, quisqus amat (b) omnes (c).

(a) Uti **persona** est, quisquis amat se, seu voluptate ducitur et dolore. Brutis nec voluptas nec dolor de quo suo loco.

(b) Caritatis et Justitiae inseparabilis tractatio. Non Moses aliam, non Christus, non Apostoli, non veteres Christiani, Justitiae regulam dedere, nisi in dilectione. Nihil Platonici, nihil Theologi Mystici, nihil omnium gentium partiumque homines Pii celebrant magis, inclamant, urgent, quam **Amorem**. Ego quoque post tentatas innumerabiles Justitiae notiones in hac tandem conquievi, hanc primam reperì, et universalem, et reciprocantem.

(c) Omnes, scilicet personas, nam si quem sublato DEO solum in orbe habitantem omnia evertere, deformare, vastare ponamus, non injustus erit sed stultus. Omnes vero amaremus omnes, si modo intueremur, si oculos attolleremus ad Harmoniam Universalem. Nunc amore nostri occaecati, et vel ambitione aut avaritia furentes, vel luxu torpentes, alios sine animi adversione videmus, agimus in mundo, in maximo coetu, velut soli instar vermis in homine vivo nati, qui structurae admirabilis, rationisque totam machinam animantis ignarus incuriosusve, et tantum sibi natus, nobilissima membra sine delectu consumit.

나 고통이 결정적이지 않은데, 이에 관해서는 적절한 곳에서 다루기로 한다.

(b) 친애와 정의의 불가분적 취급. 모세도, 그리스도도, 사도도, 옛 기독교인들도 사랑 이외에는 그 어떤 정의의 법칙을 제시하지 않았다. 어떤 플라톤주의자도, 어떤 비교학자(秘敎學者)도, 어떤 민족과 구역의 신앙심 깊은 사람들도 사랑보다 더 소리높여 찾고 요청한 것은 없다. 나 역시 정의에 관해 셀 수 없을 만큼의 많은 개념을 정립해 보고자 시도했지만 결국 이에 도달하게 됐고, 이것이야말로 보편적인 개념이자 늘 되돌아오게끔 되어 있는 개념이라는 것을 깨닫게 됐다.

(c) 여기서 '모두'라고 하는 것은 물론 사람들을 지칭하는데, 신을 제외하고 사람으로서 지구상에 홀로 살면서 모든 것을 전복하고 변형시키고 비워 버릴 수 있는 자가 있다고 가정한다면, 이는 정의롭지 않은 것이 아니라 어리석은 생각이기 때문이다. 우리가 눈을 들어 저 보편적 조화를 우러러본다면 분명 우리 모두는 모두를 사랑하게 될 것이다. 그런데 이제 우리 자신에 대한 사랑에 눈이 멀고 야망과 탐욕에 광분하거나 사치에 무감각해져서는 다른 사람들을 바라볼 때에 아무런 영혼의 진심도 쏟지 않으며 단지 세상 속에서 충동에 의해서만 행동하니 이는 마치 살아 있는 사람 안에 태어난 벌레와 같아서 경이로운 구조와 이성으로 움직이는 전체 체계에는 무관심하거나 호기심이 없고 단지 자신만을 위해 태어나서 그 귀하디귀한 사지를 마구잡이로 써버리는 것과 같다. 우리가 제대로 알고자 하는 노력하는 사람들이 그 얼마나 되며, 편견이라는 불쌍한 개입 때문에

Quotusquisque est, quem pernoscere curemus, quem non ad primum conspectum aut oderimus aut contemnamus, miserabili temeritate praejudiciorum. Quos ediscimus, ideo tantum exploramus, ut liceat contemnere aut odisse, id est ut rideamus aut deprimamus vel ad summum, ut utamur, etiam cum ipsorum consumtione, qualis in jumenta nostra benevolentia est; non ut amemus. Ita alter alteri occlusus, caecorum instar capitibus concurrimus, cum late omnibus pateat via, modo invicem aperiremur. Possemus amore mutuo eoque sincero non securi tantum, sed et beati esse, et vere frui commoditate vitae; nunc cruciamur cruciamusque invicem et mutua culpa stultam malitiam alternis incusamus. Caeterum etsi justi seu boni sit amare omnes, sunt tamen gradus amori. In scelerato simul et inepto humanitas tamen amatur, in simplice probitas, in nebulone ingenium : in omnium pessimo saltem materia boni. Est enim connexus amori summus conatus quaerendi bonum amati, cujus ergo bonum quaeri potest, is amari potest. Quisquis potest debet. Sufficit ergo ad amorem etiam pessimi capacitas boni. Sed in casu concursus cedere deterior debet. Quia emendationes multiplicationis potius quam additionis naturam habent, plus ergo boni addit

첫눈에도 미워하지 않거나 경시하지 않는 사람들은 또한 그 얼마이뇨. 우리는 사람들을 단지 훑어보는 정도로만 알려고 해서는 그들을 경시하거나 미워해도 무방할 정도로, 즉 그들을 비웃거나 평가절하하고 결국에는 그들을 써먹을 생각으로만 바라보는데, 이는 마치 망아지들을 바라볼 때 우리가 갖는 선의지와 같은 것이지 사랑하는 것은 아니다. 그리하여 서로가 서로에게 닫혀 있어서, 만약 우리가 상호간에 더욱 눈을 크게 뜬다면 모두에게 길이 넓게 열릴 텐데도 불구하고, 마치 장님처럼 [서로] 머리를 부딪치는 것이다. 우리는 서로에 대한 진지한 사랑으로써 안녕뿐만 아니라 행복을 누릴 수 있으며 더 나아가 인생의 안락함까지 누릴 수 있다. 그런데도 지금 우리는 서로가 서로를 고문하고 있으며 서로의 과오를 지적함으로써 다른 사람의 어리석은 악의를 비난하기만 한다. 다른 한편, 비록 모두를 사랑하는 것이 정의롭고 선한 것이긴 하지만, 이 사랑에는 정도의 차이가 있긴 하다. [그러나] 타락한 자에게서나 어리석은 자에게서나 인간성은 사랑받아야 하며, 단순한 자에게서는 정직함이, 보잘것없는 자에게서도 성실성이 사랑받아야 하며, 심지어 가장 악한 자들에게 있어서도 누구나 선함의 바탕은 사랑받아야 하는 것이다. 사랑에 의해 우리는 우리가 사랑하는 사람들의 선을 추구하고자 하는 궁극적 욕구와 연결되고, 누군가의 선이 추구될 수 있다는 것은 그 사람이 사랑받을 수 있다는 뜻이기 때문이다. 이를 행할 수 있는 자라면 누구나 다 행해야 하는 법이다. 그러므로 가장 악한 자에 대한 사랑에 관해서는 선을 행할 능력만으로도 충분할 것이다. 그러나 경합의 경우에는 더 나쁜

emendatio meliori quam deteriori, etiam caeteris paribus.
Quia si duo numeri per eundem multiplicentur, factus a
majore plus addit multiplicato quam factus a minore. bis
duo sunt 4. bis 3 sunt 6. Multiplicatio ergo per binarium
ad 2 addit 2, ad 3 addit 3. Quanto quis plus habet, tanto
plus multiplicatione lucratur. Emendationes autem
multiplicationis naturam habere alibi ostendetur.

[3] AMAMUS eum cujus felicitate delectamur. Appetitus
unionis non est amor. Lieben daſ man vor Liebe freßen
möchte. Uti vulgo dicimur cibos amare, quorum sensu
delectamur. Ita enim etiam lupus dicendus est agnum
amare. Amor ergo venereus toto genere differt a vero.
Caeterum ex hac definitione multa praeclara Theoremata
maximi in Theologia et re morali momenti, demonstrari
possunt.

Is qui, seu **Persona** est cujus aliqua voluntas est. Seu cujus
datur cogitatio, affectus, voluptas, dolor. In Brutis non est
voluptas et dolor, non sensus, nedum ratio. Nam
quemadmodum **vita** id est motus spontaneus varius, non est
in plantis brutisque nisi simulate; putamus enim sponte
moveri, quia motores non videmus. Ita **sensus** quoque id
est actio in passionem suam. Externa sensus sunt in bruto.

쪽이 양보해야 할 것이다. 왜냐하면 개정(改正)이라고 하는 것은 더하기라기보다는 곱하기의 성격을 갖고 있어서, 다른 모든 사정이 동일하다면, 개정으로 인해 더 나쁜 자에게보다는 더 좋은 쪽에 선의 효과를 더욱 추가할 수 있기 때문이다. 만약 두 개의 수가 같은 수를 곱한다고 할 때 작은 수에 곱하는 것보다는 큰 수에 곱하는 편이 그 값이 커질 것이기 때문이다. 2 곱하기 2는 4이지만, 3 곱하기 2는 6인 것이다. 그러므로 똑같은 수 2를 곱해서 2에는 2가 추가되고 3에는 3이 추가된 것이다. 더 많이 가지고 있는 자일수록 곱하기를 통해 더욱 많은 이득을 볼 수 있는 것이다. 개정이 곱하기의 성질을 갖고 있다는 것에 대해서는 다른 곳에서 보도록 한다.4)

[3] 우리가 사랑하는 사람은 그의 행복에서 우리가 즐거움을 얻는 사람이다. [단지] 결합에의 지향은 사랑이 아니다. [이것은 예를 들어] 좋아해서 먹으려고 하는 음식을 사랑하는 것과 같다. 흔히들 말하길, 그 맛이 우리를 즐겁게 하는 음식을 사랑한다고 한다. 그렇다면 늑대마저 양을 사랑한다고 말해야 할 것이다. 그러므로 비너스적 사랑은 참된 사랑과는 그 종류가 전적으로 다른 것이다. 더 나아가 이 개념정의에서 신학과 도덕문제 등에서의 수많은 중요한 정리들이 증명될 수 있는 것이다.

어떤 이, 즉 인(人)은 모종의 의지를 지니고 있는 존재이다. 또는 인식과 감성과 쾌와 고통을 지니고 있는 존재이다. 짐승에게는 쾌와 고통도 없고 감성과 이성 또한 없다. 다양한 자발적 동인(動因)이라고 할 수 있는 **생명**이 식물이나 짐승에게서는 그 흉내 말고는 찾아볼 수 없기 때문이다. 생명은 자발적으로 움직이

Repraesentatio scilicet et actio regularis. Omne enim sentiens tum repraesentat objectum instar speculi, tum regulariter agit ordinateque ad finem, instar horologii. Si quis speculum nunc primum videret sine doctore, credo cognitionem in eo quandam sibi imaginaretur (quemadmodum Indi literas Hispanorum internuncias, sapientes et arcani participes arbitrabantur). Si Horologium, voluntatem. Si est in brutis voluptas et dolor, certissime demonstrabo esse et rationem. Sed qualis primum infantium est, experientia non excitatam, suo tempore se exerturam. Nam etsi omnes homines muti surdique essent, gestibus tamen invento communicatoque notarum quarundem usu, loquerentur. Denique innoxias bestias quam misere torquemus; si quis in illis sensus, inexcusabili crudelitate. Dantur vero et personae civiles ut collegia, quia habent voluntatem, eam nimirum quam membra componentia seu personae naturales pro persona omnium in casu dissensus haberi voluere. Sive ea numero sive quod difficillimum rationum pondere, sive sorte aliisve modis determinetur. Unde Personae imperfectae sunt ea Corpora, in quibus ipsa constitutionis vi res exitum aliquando habere non potest, ac proinde jure dissolvi corpus. Qualia sunt in quibus

는 것이라고 생각하는 이유는 그 동인이 비가시적이기 때문이다. 그리고 감성 역시 그 욕정에 따른 움직임이다. 외형적 감성이 짐승에게도 있기는 하다. 재현과 규칙적 행동 역시 마찬가지이다. 감성을 지닌 모든 존재는 마치 거울처럼 대상을 재현하기도 하고, 마치 시계처럼 어떤 끝을 향해 규칙적이고 질서 있게 움직이기 때문이다. 만약 어떤 사람이 익히 들은 바도 없이 난생처음 거울을 보게 된다면, 내 생각에 그는 거울 속에 모종의 인식이 있다고 상상할 것이다5) (마치 인디안들이 스페인인들의 문자를 소통적이고, 지혜롭고, 신비스러운 공유방법이라고 생각하는 것과 같다). 만약 그가 [난생처음으로] 시계를 본다면, [그 속에] 의지가 있다고 생각할 것이다. 만약 짐승에게 쾌와 고통이 있다면 분명 나는 [짐승에게도] 이성이 있음을 증명해 낼 것이다. 다만 그것은 갓난아기와도 같아서 아직 경험에 의해 깨우쳐지지 않았고 시간이 흐르면서 계발될 것이라고 말이다. [반면] 모든 인간은 설령 벙어리이고 귀가 먹었다 할지라도 몸짓을 통해 그리고 모종의 기호를 사용함으로써 의사소통의 방식을 만들어 냄으로써 언어활동을 할 수 있는 것이다. 그러니까 우리는 저 무해한 짐승들에게 비참하게 고통을 가하고 있는 것이다. 만약 짐승들에게도 감성이 있다면, 용서받지 못할 정도의 잔인함을 갖고서 말이다. 그리고 민사상 여러 명의 인(人)이 의사능력을 가진 단체로 취급될 수도 있는데, 이는 의사의 불합치가 발생하는 경우 구성원들 즉 여러 명의 자연인들로서보다는 전체가 하나의 인으로 간주되기를 원하기 때문임은 물론이다. 이때에 [의사의 확정은] 수적(數的)으로 결정되거나, 아니면 지난(至

unanimia, quae vocant, exiguntur, aut amicabiles illae compositiones pro sacra ancora habentur.

[4] **Voluntas** est conatus cogitantis.

Conatus est initium actionis.

Cogitatio est actio in seipsum.

Quicquid agit in seipsum ejus aliqua memoria est (**meminimus** enim cum nos sensisse sentimus); ac proinde perceptio harmoniae aut anarmoniae seu voluptatis et doloris, comparato sensu vetere et novo, opinio quoque seu inde collecta expectatio sensus futuri atque hinc demum conatus agendi seu voluntas.

Actio ejus est cujus mutatio causa mutationis.

Mutatio est initium unius et finis alterius.

Etiam in DEO mutatio est, quia Actio, sed qualis quantitas in angulo, aliisque nonextensis. De quo suo loco.

Causa est inferens natura prius illato.

Dantur inferentia illatis posteriora. Nam effectus saepe infert causam. Quando dico : si A est etiam B est, A est **Inferens**, B **Illatum**.

Natura prius est licet non tempore, quicquid ante alterum clare cogitari potest, non alterum ante ipsum.

Quemadmodum Tempore prius est quicquid ante alterum

難)한 요소들의 경중을 잼으로써 또는 추첨 기타 방식으로 결정되곤 한다. 그러므로 불완전한 [법]인은 그 자체의 구성력으로써는 계쟁사안을 아무리 시간이 지나도 해결하지 못하는 단체를 말하며, 이렇게 되면 그러한 단체는 당연히 해체된다. 이때에는 만장일치라고 하는 방식이 요청되기도 하고, 신성한 닻과도 같은 우호적 구성이 필요하기도 하다.

[4] 의사란 사고하는 자의 의욕을 말한다.

의욕이란 행위의 단초를 말한다.

사고란 자기 자신에 대한 행위를 말한다.

자기 자신에 대해 행한 바는 무엇이든 간에 그에 관한 모종의 기억이며 — 우리가 [뭔가를] 감지하고 있었음을 감지하는 한 우리는 기억하기 때문이다 —, 그 다음으로는 예전의 감각과 지금의 감각을 비교함으로써 얻게 되는 조화 또는 부조화에 대한 인식, 즉 쾌와 고통에 대한 인식이다. 의견 역시 이로써 얻어진 미래의 감각에 대한 기대이며, 이로부터 마침내 행위하고자 하는 의욕 즉 의지가 생기는 것이다.

그 행위란 그 변화가 [또 다른] 변화의 원인이 되는 것을 말한다.

변화란 어느 하나의 시작이자 다른 하나의 끝인 것을 말한다.

신에게도 변화가 있는데, [신도] 행위하시기 때문이다. 그렇지만 그것은 각도 또는 기타 비확장되는 것에서의 크기와 같다. 이에 관해서는 적절한 곳에서 다루기로 한다.

원인이란 도출된 것보다 본성상 앞서서 도출하는 것을 말한다.

도출된 것보다 나중에 도출하는 것들도 있다. 간혹 효과가 원인을 도출하는 경우도 있기 때문이다. 예를 들어, 'A가 있다면 B sentiri potest, non alterum ante ipsum. Natura prius est essentia, tempore existentia. Cogitatione essentiam, sensu existentiam metimur. Ita efficiens est tempore prius effecto, sed actio non est nisi natura prior passione.

[5] **Felicitas** est status personae optimus.

Cum autem detur bonorum progressus in infinitum, consequens est Statum optimum consistere in non impedito ad ulteriora semper bona progressu. Quies in appetendo seu status in quo nihil optes non quies est, sed torpor : ne sentit quidem bonum suum qui non saltem optat continuationem. Caeterum felicitatem consistere in exquisitissimo bonorum suorum sensu seu optima opinione de seipso, ostendemus suo loco.

Status est aggregatum accidentium.

Uti forma est aggregatum affectionum.

Accidens hoc loco est attributum contingens.

Uti affectio attributum necessarium.

Attributum est praedicatum aliud quam nomen,

ita nomen hominis est homo, praedicatum rationalis.

Nomen est praedicatum rei primum,

subjectum est aliis praedicatis. Ipsius vero subjectum est vel definitio rei, vel pronomen **hoc**, accedente reali

가 있을 때에, A는 **도출하는 것**이고 B는 **도출된 것**이다'라고 말할 때와 같다.

본성상 앞선다는 것은 시간상 [그럴 수도 있고 또] 그렇지 않을 수도 있는데, 무엇이든 간에 다른 것보다 앞서고 다른 것이 이보다 앞서지는 않는다고 분명히 생각될 수 있는 것을 말한다.

시간상으로 앞서는 것은 무엇이든 간에 다른 것보다 앞서고 다른 것이 이보다 앞서지는 않는다고 느껴지는 경우에 그러하다. 본성상 앞서는 것은 본질에 해당하고, 시간상 앞서는 것은 존재에 해당된다. 본질은 사고(思考)에 의해 파악하고, 존재는 감각에 의해 파악한다. 그러므로 결과를 도출하는 것은 도출된 결과보다 시간상 앞서지만, 행위는 본성상 앞서는 것이 아니면 의욕에 앞서지는 않는다.

[5] **행복**이란 어떤 인(人)의 최상의 상태를 말한다.

그렇지만 유익한 것들의 진전이 무한히 이루어지는 경우에는 결과적으로는 최상의 상태는 유익한 것들의 추후의 항시적인 진전에 방해를 받지 않는 데 있게 된다. 욕구함에 있어서 평온을 유지하는 것 또는 아무것도 선택하지 않는 상태는 평온이 아니라 무위(無爲)이다. 적어도 상태가 지속되는 것을 선택하지 않는 자는 자기 자신에게 선(善)이 되는 것조차 감지하지 못하는 자이다. 다른 한편, 행복은 자신에게 유익한 것들이 갖추어졌다는 것을 궁극적으로 감지하는 것에 있다는 점 또는 자기 자신에 대한 최상의 확신에 있다는 점에 관해서는 해당되는 곳에서 보이기로 한다.

상태란 우연적인 조건들의 집적을 말한다.

demonstratione. In eum autem finem adhibitum est, ut imposterum etiam sine definitionis prolixae aut difficilis demonstrationis molestia res nosceretur. Est ergo a noscendo.

Optimum est maxime bonum.

[6] BONUM est quicquid appetetur a pernoscente.

Bonum scilicet appetenti. Et hoc discrimen est boni veri et apparentis. Ignoti nulla cupido, recte cogniti nulla improbanda cupido; omnis malitia ab errore.

Appetere est frui velle. Voluntas quid? vid. supra.

Frui est sentire bonum praesens.

Sentire seu statuere est cogitare cum voluntate, seu practice cogitare. Cum cogitationem sequitur voluntas seu conatus. In quo consistet discrimen ab imaginatione simplici seu fictione. Si fingam me in mediis ignibus esse, nullus inde motus sequetur, secus si sentiam, statuam, persuasus sim, opiner etsi falso, conabor enim exire. Etsi fingendi licentia fieri possit, ut nobis denique ipsi credamus, fictionis obliti, quod tum mendacibus accidere solet; tum phantasticis, qui aurei seculi et chimaericae cujusdam felicitatis suae imaginatione primum scientes prudentesque delectati, reges se et heroes amadisiacos, et

마치 형상이 관계들의 집적인 것과 같다.

여기서 **우연적인 조건**이란 우발적 속성을 말한다.

마치 관계가 필연적인 것들의 속성인 것과 같다.

속성이란 [주격]명사 아닌 술어를 말하는데,

[예를 들어] 'hominis'의 [주격]명사는 'homo'[인간]이고 그 술어는 'rationalis'[이성적]인 것이다.

명사란 어떤 사물의 첫 번째 술어를 말하는데,

이는 다른 술어들의 주어가 된다. 명사 자체의 주어는 사물의 개념정의이거나 [지시]대명사 '이것'인데, [후자의 경우] 실질적 지시내용이 덧붙여진다. 그런데 명사를 취하는 목적은 개념정의를 해야만 하는 부담과 어려운 서술 등의 번잡함 없이도 당해 사물을 잘 알 수 있도록 하는 데 있다. 그러므로 명사는 앎에서 오는 것이다.

최상이란 최대의 선을 말한다.

[6] 선이란 통찰력 있는 이가 바라는 바이다.

물론 선은 그것을 바라는 이에게도 선인 것이다. 그리고 바로 이 점이 참다운 선과 외형상 선 간의 차이이다. [무엇이 선인지] 모르는 사람에게는 아무런 애착도 없을 것이며, 제대로 아는 사람이라면 [선을] 거부하고자 하는 데에 아무런 애착도 갖지 않을 것이다. [그러므로] 모든 악의는 착오로부터 나오는 것이다.

바란다는 것은 누리기를 의욕하는 것이다. 의욕[의사]이란 무엇인가에 관해서는 앞의 설명을 보라.

누린다는 것은 현재의 선을 느낀다[현재의 선에 관해 의견을 갖는다]는 말이다.

(『인간지성신론』[1921년판], Ottawa 대학교 소장본)

느낀다는 것 혹은 어떻다고 생각하는 것은 의욕을 갖고 사고하는 것

혹은 실천적으로 사고하는 것을 말한다. 사고에는 의욕 또는 욕구가 뒤따르기 마련이기 때문이다. 바로 이 점에서는 사고는 단순한 상상이나 허구와 다른 것이다. [예를 들어] 내가 불 가운데에 있다고 가정하더라도 그 후속으로 아무런 움직임도 뒤따르지 않을 것이며, 그렇지 않고 그렇다고 느끼거나 생각하거나 설득됐을 때에는 설령 그것이 착각일지도 모른다는 생각이 들더라도 그로부터 탈출하려고 의욕할 것이다. [그런데] 비록 가정하는 것이 허용된다고 할지라도 그것이 허구임을 망각하면 우리가 그 허구 자체를 [사실이라고] 믿게 되는 일이 발생할 수 있는데, 이는 거짓말쟁이들 때문에 생기기도 하고 망상가들에게 일어나기도 하는데, 후자들은 처음에는 황금시대와 그때 자신들의 키메라적 행복 등에 대한 상상에 의식적으로 도취해서는 스스로를 사랑이 넘치는 왕 또는 영웅 그리고 몽상의 부드러움으로 인해 스스로를 이 세상의 정복자라고 상상하게 되고 급기야는 그 이성의 혼란으로 인해 자신들이 정말로 그러한 자들이라고 믿는다. 이것이 바로 각종 광기의 참된 원인이다.

통찰력이 있다는 것은 어떤 것을 할 수 있는지 아니면 감내할 수 있는지 아는 것이다.

물론 스스로 아는 경우도 있고 다른 사람들과의 연계 하에 아는 경우도 있다. 이 앎이야말로 실천적 앎이다. 왜냐하면 문제 덕택에 정리(定理)가 있는 것이고, [협력]작업 덕택에 학문이 있는 것이기 때문이다. 이로부터 어느 누구도 자신이 [이 세상에

orbis domitores somniandi suavitate fingentes, denique turbata ratione etiam se esse credunt. Quae vera causa est plerorumque deliriorum.

Pernoscere est nosse quid res agere aut pati possit. Scilicet tum per se, tum cum aliis combinata. Haec vera notitia practica est. Theorema enim est propter problema, Scientia propter operationem. Hinc sequitur neminem posse unius rei esse pernoscentem, nisi idem sit sapientissimus, seu pernoscens universalis. Quod pernoscere, id latinius dicetur **intelligere** id est intima legere. Sed intelligendi vox nunc laxius sumitur pro omni notitia.

Nosse est vere statuere vel sentire.

Notitia est sententia vera.

[7] **Delectatio** seu VOLUPTAS est perceptio harmoniae. **Jucundum** est objectum percipientis voluptatem. **Gaudium** est voluptas sola mente percepta. **Pulchrum** est cujus harmonia clare distincteque intelligitur, qualis sola est quae in figuris numeris et motibus percipitur. Ciborum dulcedo id est motus harmonicus non mente a nobis clare distincteque intelligitur, sed lingua exquisite percipitur. Dulce igitur pulchrum, etsi sit, non vocamus; DEUM, cogitationem, orationem pulchram dicimus. Populariter

서] 제일 현명한 자 혹은 보편적 통찰력을 지닌 자가 아닌 이상 어떤 사물에 대해 [완전한] 통찰력을 가질 수 없다는 결론이 나온다. 통찰력을 갖고 있다 (pernoscere), 보다 더 라틴어식으로 말하자면 **꿰뚫어 본다**(intelligere)는 것은 속을 들여다본다(intima legere)는 뜻이다. 하지만 '꿰뚫어 본다'는 단어는 오늘날 보다 넓게 쓰여서 모든 종류의 앎에 적용되고 있을 뿐이다.

안다는 것은 [뭔가가 그러함을] 제대로 알고 있거나 느끼고 있음을 말한다.

앎이야말로 참된 견해라고 할 수 있다.

[7] **기쁨** 또는 쾌는 조화에 대한 인지를 말한다 [-로부터 나온다].

즐거움이란 쾌를 인지한 자의 대상이라고 할 수 있다. **환희**란 정신에 의해서만 인지되는 쾌이다. **아름다움**이란 그 조화를 명확하고도 분명하게 아는 경우를 말하는데, 도형이나 수 그리고 운동 등에서만 인지될 수 있는 바이다. 음식의 달콤함, 즉 조화로운 움직임은 우리가 정신을 통해서 명확하고도 분명하게 아는 것이 아니라 혀를 통해서 궁극적으로 인지하게 되는 데 불과하다. 그래서 달콤함은 설령 아름다울지라도 아름답다고 말하지 않는 것이고, [반면] 신은 아름다운 인식, 아름다운 말씀이라고 말하는 것이다. 대중적으로는 **아름다움**이란 보기에 즐거운 것을 말한다.

조화란 단일성으로써 보완된 다양성을 말한다.

즉 조화롭다는 것은 단일하게 다양하다는 뜻이다. 다양성은 반가운 일이지만, 단일성 안으로 환원되고 조율됐을 때에 그러한 것이다. 동형성은 반가운 일이지만, 새롭고 경이롭고 예상치 못

pulchrum est, quod visu jucundum est.

Harmonia est diversitas identitate compensata.

Seu Harmonicum est uniformiter difforme. Varietas delectat sed in unitatem reducta, concinna, conciliata. Conformitas delectat, sed nova, mira, inexpectata, ac proinde aut ominosa, aut artificiosa; in longe dissitis maxime grata, ubi connexionem nemo suspicaretur. Unde propositiones identicae ineptae, quia obviae et nimis conformes : etiam in versibus rythmicis quos vulgo leoninos vocant eadem praecise terminatio non placet. Satis est extrema terminationis redire, initio variato. Picturas umbris, cantus dissonantiis ad extremum ad harmoniam reductis distingui constat. Magni momenti haec propositio est, ex qua omnis voluptatis dolorisque, omnium denique affectuum ratio ducitur. Immo quod plus est haec sola via est occurrendi cavillationibus Atheorum, queis dubiam traxit sententia mentem. Curarent superi terras, an nullus inesset Rector et incerto fluerent mortalia casu. Harmonia Mundi pro DEO, confusione rerum humanarum pro fortuna perorante. Sed qui haec altius scrutantur, iis confusio sexies mille annorum (etsi ne haec quidem careat harmonia sua) aeternitati comparata unius pulsus dissoni instar habere

했을 때에 그러하며, 따라서 예언적이거나 아니면 예술적이라고 할 수 있으며, [그래서] 서로 멀리 떨어져 있어서 아무도 [그 대상 간에] 연결이 있을 수 있다고 생각지 못했을 때에 더욱 더 반겨지는 법이다. 따라서 동일한 두 문장은 아둔한 것이라고 할 수 있는데, 왜냐하면 [둘 사이의 동일성이] 확연한데다가 너무나도 동형적이기 때문이니, 심지어 항간에서 보통 레오 시체(詩體)라고 부르는 운율문에 있어서도 압운(押韻)이 너무나 똑같으면 마음에 들지 않는 법이다. 시작에 있어서는 다양하고 끝에서 압운을 넣는 것으로 충분할 텐데도 말이다. 그림에 음영이 드리워지고 노래에 불협화음이 끼어들어도 종국에 조화에로 환원된다면 [그림과 노래가 그 음영과 불협화음 덕택에] 돋보이게 됨을 종종 본다. [따라서] 이 명제는 매우 큰 중요성을 지닌바 이로부터 모든 쾌와 고통의, 그리고 결국에는 모든 감정의 관계가 도출되기 때문이다. 아니, 그보다 이 명제야말로 무신론자들의 비아냥에 맞설 수 있는 유일한 길이라 할 수 있는바, 무신론자들의 견해가 "마음에 의혹을 가져오고 있기 때문이다. 즉 과연 초월자가 지상을 돌보고 있는가, [세상을] 바로잡아 주는 이는 아무도 없지 않은가, 생명들이 번성하게 된 것은 불확실한 계기에 의한 것은 아닌가"6) 등의 의혹이 그것이다. [그러나] 세상의 조화에 관해 처음부터 끝까지 얘기하는 것은 하나님을 위한 것이며, 인간사의 혼란에 관해서는 얘기하는 것은 운(運)의 여신을 위한 것이다. 그렇지만 이 문제를 보다 더 깊이 탐구하는 이들에게는 6천년 간7)의 혼돈도 — 이마저도 그 자체의 조화가 없지는 않지만 — 영겁에 비하면 단 하나의 불협박자에 지나지 않는

videtur, qui alia dissonantia compensante in consonantiam summae redactus auget admirationem infinita complexi gubernatoris.

Percipere est sentire rem praesentem.

Unde frui est bonum percipere seu praesens sentire; vide supra.

다고 보일 것이며, 이 불협박자는 또 다른 불협적 요소와 상호
보완되면 궁극에 가서는 화음으로 환원되어 저 무한히 복합적
이신 선장(船長)님에 대한 경탄을 드높일 뿐이다.

인지한다는 것은 현재의 사물을 감지하고 있다는 뜻이다.

그러므로 누린다는 것은 그 현재의 선을 인지하고 있거나 감지
하고 있다는 뜻이 된다. 앞의 설명을 보라.

역 주

제1장 자연법 요론 [구상]

1) 마르쿠스 쿠르티우스(Marcus Curtius). 고대 로마의 전설적 영웅. 전설에 따르면 기원전 4세기 전반기 중에 포룸 로마눔(Forum Romanum)에 지진으로 깊은 구렁이 발생했는데 로마에서 가장 값진 것을 그 구렁에 던져 넣어야만 구렁이 닫힐 것이라는 예언가들의 말에 따라 쿠르티우스는 "용감한 시민보다 더 값진 것은 없다"고 주장하며 스스로 그 구렁으로 뛰어들었다고 한다.

2) 루칠리오 바니니(Lucilio Vanini, 1585-1619). 나폴리에서 철학과 신학을 공부한 철학자이자 물리학자로서 자유분방한 사고를 향유했다. 우주는 자연법칙에 따라 움직인다고 믿었으며 일찍이 생물학적 진화론의 입장에서 인간과 유인원은 공통된 조상을 가졌다고 했다. 유럽 각지를 돌아다니며 자유분방한 철학을 표방했다가 1612년 잉글랜드로 도피하여 잉글랜드 국교로 개종했다가 1614년 대륙으로 돌아와서는 천주교로 다시 개종했다. 1619년 툴루즈에서 화형을 당했다. 여기서 말하는 "최악의 가설"이란 신과 영혼불멸에 대한 부정을 가리킨다.

3) 즉 '신은 존재하지 않는다'는 상상은 착오에 불과하며, 이러한 착오에 빠질 때에 홉스(Thomas Hobbes, 1588-1679)와 같은 주장은 다 올바르게 보일 테지만, 실은 그렇지 않다는 것이 라이프니츠의 지적이다.

4) 헤르만 콘링(Hermann Conring, 1606-1681). 혈액순환에 관한 주요한 연구업적을 남겼으며, 나중에는 정치학을 연구한 독일의 학자.

5) 피에르 에로(Pierre Ayrault, 1536-1601). 프랑스 앙제 출신의 법률가. 여기서 라이프니츠가 언급하고 있는 책은 *Rerum ab omni antiquitate judicatarm Pandectae* (Parisiis : M. Sonnius, 1588)를 가리킨다.

6) 플로렌티누스(Florentinus, 2세기경). 12권짜리 『법학제요』(Institutiones)로 유명하다.

7) 『시민론』 2.1.

8) Hubertus Busche (hrsg.), p.96에서의 보충에 따라 본 번역에서도 삽입.

제2장 자연법 요론 [시론 1]

1) 장래의 피해에 관해선 D.39.2.

2) Tessa G. Leesen, *Gaius Meets Cicero : Law and Rhetoric in the School Controversies*, Leiden : Martinus Nijhoff Publishers, 2010, Ch. 21.

3) 누만티아는 현재의 스페인에 있던 켈트이베리아족의 도시로서 기원전 2세기에 로마에 강력하게 저항하는 중에 기원전 137년 로마의 가이우스 호스틸리우스 만키누스의 군대를 포로로 잡게 됐다. 티베리우스 그라쿠스의 외교로 호스틸리우스 만키누스의 군대가 잠시 풀려나긴 했으나, 당시 스키피오 아이밀리아누스의 반대로 로마상원은 만키누스를 다시 누만티아로 되돌려 보내야만 했다. 누만티아는 만키누스를 되돌려받기를 거부했고, 새로 군대를 지휘하게 된 스키피오 아이밀리아누스는 누만티아 주변에 성벽을 쌓아 식량보급로를 차단해 버렸다. 그로부터 여덟 달 후 누만티아는 로마군에 멸망하고 만다.

4) extra damnum : 물건 자체에 대한 피해(damnum circa ipsam rem)와 물건 밖의 부가적 피해(damnum extra rem) 간의 구분은 12세기 중반부터 이루어졌다고 한다. Pascal Pichonnaz, "Prévisibilité du dommage et *damnum extra rem*", *Fundamina*, Vol. 20, No. 2 (2014) 참고.

5) res fungibiles : 崔秉祚, "로마法上의 相計 : 學說彙纂 제16권 제2장 (相計에 관하여) 譯註 포함", 『서울대학교 法學』 제43권 제1호, 각주 87.

6) bestiis sensum [...] : 짐승 또는 동물과 지성의 문제에 관해서 라이프니츠는 이미 『법에서 뽑은 철학 예제』(Specimen quaestionum philosophicarum ex jure collectarum, 1664) 제8문에서 다룬 바 있다.

7) demtis paucis Pythagories : 피타고라스는 인간이 다른 동물을 죽여서 그 고기를 먹으면 인간의 영혼을 오염시킬 뿐만 아니라 고차원의 현실에 접하는 것을 방해한다고 믿었다.

8) arma tenenti [...] : 마르쿠스 아나이우스 루카누스(Marcus Annaeus Lucanus, 39-65)의 『내란기』(Bellum civile)에 인용된 카이사르의 말.

9) natantium exemplo : 그리스 신화에 나오는 이야기로서, 아가멤논의 함대가 트로이로 진격하려는데 아르테미스의 분노를 사서 바람이 불지 않아 함대가 나아가지 못하자, 예언자 칼카스가 아가멤논의 딸 이피게논을 희생하여 아르테미스의 분노를 삭일 것을 건의한다. 이피게논의 희생 여부는 이야기마다 조금씩 다르다.

10) utilitas innoxia : 라이프니츠를 비롯하여 근대법철학에서의 이 개념의 전개에 관해서는 Klaus Luig, "Die 'innoxia utilitas' oder das 'Recht des unschädlichen Nutzens' als Rechtsprinzip im Zeitalter des Absolutismus", in : Helmut Neuhaus und Barbara Stollberg-Rilinger (hrsg.), *Menschen und Strukturen in der Geschichte Alteuropas*, Berlin : Duncker & Humblot, 2002, pp.251-266. 본 역서에서 이 용어를 (예를 들어, '무해

유익' 등) 하나의 명사형 단어로 번역하지 않고 "[나에게는] 해를 주지
않고 [상대방에 대해서는] 유익함을 제공"이라고 풀어서 번역하는 이
유는 첫째 독자의 이해의 편의를 위한 것이고, 둘째 본 「자연법 요론」
[시론 1]의 원문에 "praesto alterius utilitate mihi innoxia"란 표현이 나오
는 데 근거한 것이다.

11) quae Grotius et Arnisaeus [...] : 그로티우스와 헤닝 아르니사이우스
(Henning Arnisaeus, 1570-1636)는 국가에 대한 시민의 저항권에 관해
각기 『전쟁과 평화의 법』 제1권 제4장 제1절과 『주군의 권리』(1610)에
서 "정치권력이 자연법 또는 신의 명령에 반하는 것을 명하는 경우에
는 복종해서는 안 된다"는 의견을 인용하거나 주권의 중앙집권적 성
격에 부정적인 입장을 표명하는 등 정치권력에 대한 신민의 저항가능
성을 어느 정도 인정하고는 있다. 그러나 라이프니츠가 여기서 단정적
으로 말하는 것처럼 이 두 사상가가 신민의 저항권에 대해 적극적인
입장을 폈던 것으로는 보기 어렵다.

12) Busche (hrsg.), p.156에서는 '이 문단이 앞뒤 맥락에 맞지 않는 다소
전문적인 물권 사례에 해당한다'는 이유로 편집에서 빼놓고 있다.

13) Grotius I.3.3. : 『전쟁과 평화의 법』 제1권 제3장 제3절을 가리키는데,
여기에는 라이프니츠가 인용하고 있는 바와 같은 문장이 정확히 쓰여
있지는 않고, 기독교인은 자신을 공격하는 자에 대해 칼로 방어할 수
있는가의 문제가 다루어져 있다.

14) 이 부분은 라이프니츠의 원고의 보존 상태가 좋지 않아 라이프니츠
가 어떤 내용으로 문장을 쓰려고 했는지 정확히 알 수는 없으나, 전후
문맥을 고려컨대 당시 터키의 메메드 4세(1648-1687)의 실정(失政)을
지적하고자 했던 것이 아닐까 짐작해 본다.

15) De retrotractione alibi [...] : 라이프니츠가 『자연법 요론』을 집필하기
전인 1669년경에 출판한 『사례집』(Specimna juris) 중 제3부 「확증에
관한 사례」(Specimen certitudinis) 제10장에서 소급에 관해 약간 다루
고 있다.

16) ut in Polonia Rokos [...] : 로코스(Rokosz)는 야외집회를 뜻하는 헝가
리어의 라코스(Rákos)에서 유래한 명칭으로서 당시 폴란드에서 하원
(sejim konny)에 모이는 귀족들의 연례 집회를 가리켰다. 훗날 귀족연
합체를 이루는 싹이 됐으며, 지그문트 3세 바자 (Zygmunt III Waza) 치
하에서는 왕권에 저항하는 세력으로서도 기능했다. 라이프니츠는 폴란
드의 헌정사에 대해 친숙하게 잘 알고 있던바, 본 「자연법 요론」 [시
론 1]을 집필하기 직전인 1668-1669년간 겨울에는 『폴란드의 왕의 선
출제도를 보여주는 몇 가지 정치적 사례들』(Specimen demonstrationum

politicarum pro eligendo rege Polonorum)을 집필하여 1669년에 게오르기우스 울리코비우스 리투아누스(Georgius Ulicovius Lithuanus)라는 필명으로 출판하기도 했다.

17) actio damni infecti : Gaius, *Institutiones*, 4.31. 참조.

18) Antonini philosophi [...] : 여기서 "철인 안토니누스"는 스토아 철학자로도 유명한 마르쿠스 아우렐리우스 안토니누스(121-180) 황제를 가리키는데, 그는 말년에 아들 코모두스와 함께 로마제국을 다스리다가 세상을 떠난 후 코모두스가 황제로 즉위하게 된다. 코모두스는 실정을 거듭하여 이른바 팍스 로마나(Pax Romana) 시기에 종지부를 찍게 만들었다.

19) Bonae fidei possessorem usufructuario [...] : 이에 관해선 David Daube, "The Restoration of Fruits by the *Bona Fide Possessor*", *Cambridge Law Journal*, Vol. 9, No. 1 (1945), pp.31-43 참조.

20) aere multo intenso pleno [...] : 고대 그리스인들(아리스토텔레스가 대표자)이 공기를 물, 불, 흙과 함께 자연의 4요소 중의 하나로 생각한 이후로 약 2,000년 동안 인류는 기체의 정체에 대해 막연히 인식하고 있다가 17세기에 들어서 비로소 기체의 본질과 움직임에 대해 과학적으로 탐구하기 시작했다. 1640년 진공이 어떻게 만들어지는지 실험으로 증명한 가스파르 베르티(c. 1600-1643), 1643년 베르티의 실험에서 물 대신 수은을 사용하여 훗날 기압계를 발명하게 된 에반젤리스타 토리첼리(1608-1647), 토리첼리의 기압계를 이용하여 대기압은 고도에 따라 높이 올라갈수록 낮아진다는 설을 제시했던 블레즈 파스칼(1623-1662), 이 기압계를 이용하여 기상을 예보하고, 1640년 연소(燃燒)를 기체 안의 질소 때문이라고 설명했던 로버트 보일(1627-1691), 그리고 1671년 감압실을 처음으로 발명했던 로버트 후크(1635-1703) 등이 17세기 기체학의 대표적인 과학자이며, 라이프니츠도 이들의 연구성과에 대한 논의에 활발히 참여했다.

21) Ex quo loco [...] : 원고가 여기서 끊겨 있고, 그다음에 이어지는 내용은 다른 종이에 쓰여 있는 것이다.

22) passo [non] denegari : 원고에는 단어 "non"이 없으나, *Sämtliche Schriften und Briefe*, VI, 2, 528면의 편자주(編者註)를 따라 넣는 것이 문맥에 맞다고 생각한다.

23) Ulpianus [...] : 현재 D.9.1.1.§11에 남아 있다. 'pauperies'는 짐승, 특히 가축이 그 본성에 반하여 저지른 잘못을 말한다. 예를 들어, 혹자 소유의 황소가 다른 사람을 뿔로 들이받은 것과 같은 사고를 말한다. George Long, "Pauperies", in : William Smith, *A Dictionary of Greek and*

Roman Antiquities, London : John Murray, 1875.
24) 84면의 논지 참조.
25) Hispani quae et invenere et [...] : 원고에 집필이 누락되어 있는 부분.
26) pactum nudum : '단순한 무방식의 약정', '나약정'(裸約定), '단순합의' 라고 번역되기도 한다.
27) François Connan (1508-1551). 인문주의 법학자로서 파리고등법원 변호 사와 프랑수아 1세의 왕자문위(Conseil privé)의 위원 등을 역임했다. 저서로 『로마법주해 10권』(Commentariorum juris civilis libri decem, 1553)이 있다.
28) 『니코마코스 윤리학』 제5권 1131a 1-9; 1132b 32ff.
29) 라이프니츠가 이 「자연법 요론」 시론 1을 쓰기 약 1-2년 전인 1668년 봄에 썼던 「무신론자들에 대한 자연의 고백」(Confessio naturae contra atheistas)을 가리킨다.
30) Tommaso Campanella (1568-1639). 후기 르네상스기 철학자 중의 한 사 람. 대표작으로 『태양의 도시』(Civitas solis)가 있다. 라이프니츠가 여기 서 인용하고 있는 저서는 캄파넬라의 『진정한 에필로그적 철학』 4부 작(Realis philosophiae epilogisticae partes quatuor, 1623) 중 제2부 도덕 론(De moralibus) 제2장 "성스러움과 그 반대되는 악덕에 관하여"(De sanctitate, & vitio opposito)를 가리킨다.
31) per fortunam : '우연히'의 뜻과 '행운으로'의 뜻 두 가지를 모두 갖고 있는 표현으로, 이 문단 아래에 "per infortunium"이란 표현과 대비된다 고 하겠다.
32) haereditatibus : 원고의 "herostratibus"를 *Sämtliche Schriften und Briefe*, VI, 2, 528면의 편자주(編者註)와 Busche의 번역본 190면의 역주에 따 라 "haereditatibus"로 고쳤다.
33) 사무엘 후서 제12장 제1-15절.
34) 마태복음 제7장 제12절.

제3장 자연법 요론 [시론 2]

1) 『니코마코스 윤리학』 제2권 제6장, 1106b 36-1107a 6 : "탁월성은 합리 적 선택과 결부된 품성의 상태로, 우리와의 관계에서 성립하는 중용에 의존한다. 이 중용은 이성에 의해, 실천적 지혜를 가진 사람이 규정할 그런 방식으로 규정된 것이다"(강상진 외 역).
2) 원문 "Etc. de consensu caeterorum"의 문장이 너무 소략하여 라이프니

츠가 이 문장을 정확히 어떤 뜻으로 쓴 것인지는 불확실하나, 일단 본 번역문에서와 같이 번역하기로 한다.

3) 이 「자연법 요론」 시론 2(1670-1671?)에 앞서 출간했던 라이프니츠의 『법학을 배우고 가르치는 새로운 방법』(1667) § 72 에서 라이프니츠는 "자연법에는 세 가지 단계가 있는데, 엄격한 의미의 권리, 형평, 신앙 등이 그것이다"고 함으로써 '엄격한 의미의 권리'(jus strictum)를 '형평'(aequitas)에 우선하고 있다. 여기서 라이프니츠는 "엄격한 의미의 권리는 [...] 다름이 아니라 분쟁과 화평의 권리이다"고 하고 있다. Robert J. Mulvaney, "The Early Development of Leibniz's Concept of Justice", *Journal of the History of Ideas*, Vol. 29, No. 1 (Jan.-Mar., 1968), pp.53-72 참고.

4) 아래 「자연법 요론 [1]」의 문단 [4]에서는 "자기 자신에게 피해를 준다 는 것은 엄격한 화법에서 나온 말이 아니다. 이처럼 무절제한 언어를 사용한 결과는 다름이 아니라 정의(正義)로움과 선(善)함 이 두 가지 용어가 혼동된 것에 불과"하다고 지적하면서, 표현상 문법의 문제는 결국 개념의 정확한 사용에 연관되어 있음에 주의를 환기하고 있다.

제4장 자연법 요론 [1]

1) 유럽에서는 크리스토포로 콜롬보의 1492-1493년 대서양 횡단 항해 이 후로 이른바 "신대륙"과 유럽 간은 물론 아시아와 유럽 간의 교역이 크게 늘어나면서 바다에 대한 국가 간 경쟁이 본격화되었다. 초기에 영해권을 둘러싼 법리를 지배했던 것은 고대와 중세 때 지중해의 경 영을 중심으로 형성되고 전개된 "각 지역은 각자의 바다를"(cujus regio, ejus mare)라고 하는 법리와 선점(先占)의 법리였다. 이에 이의를 제기하고 반론으로 제기된 주장이 바로 그로티우스의 『자유해양론』 (Mare liberum, 1609)이었다. 이후 라이프니츠가 이 「자연법 요론」을 집필하던 1670년 경에 이르기까지 유럽의 각국은 앞을 다투어 원양정 복활동을 이어나갔고, 각국의 유명한 법학자들은 경제적인 측면에서나 군사적인 측면에서 각국의 해상활동을 옹호하는 해양법리를 발전시켜 나갔다.

2) 마리오 니졸리(Mario Nizzoli, 1489-1576)는 이탈리아의 문헌학자이자 철학자였다. 라이프니츠는 그의 『철학함의 참된 원칙 및 참된 이유에 관하여 : 사이비 철학자들 비판 4권』의 1670년판에 서문을 쓴 바 있다 (그 서지사항은 아래의 참고문헌 참조).

3) "bonum"은 철학적으로는 "선"(善)이라고 번역되는 게 보통이지만, 『자연법 요론』에서는 문맥에 따라서는 "이득"(利得)이라고 번역하는 것도 무방하다고 생각한다. 여기 「자연법 요론」 [1] 에서는 "bonum"이 이 두 가지 뜻을 동시에 내포하고 있다고 해석해도 좋을 듯하다.

4) 원문의 "vitium"은 "vitrum"의 오기(誤記)로 보아 *Sämtliche Schriften und Briefe*, VI, 2, 528면의 편자주(編者註)와 Busche의 번역본 226면의 역주에 따라 바로잡는다. 이하 문단 (5)에서도 마찬가지.

5) 본장 번역의 원문인 「자연법 요론」이 1670년경에 쓰인 것이라고 한다면, 이때 라이프니츠의 나이 스물네 살 때였다. 그러므로 여기서 "내가 어렸을 때"란 이보다 더 나이가 적었을 때를 말한다. 라이프니츠의 나이 여섯 살 때에 그의 아버지 프리드리히 라이프니츠가 세상을 떠났는데, 라이프니츠는 어린 시절을 그 아버지가 남긴 서고에서 여러 분야의 책들을 섭렵하면서 보냈다고 한다.

6) Busche, p.469, n.160 : 라이프니츠는 여기서 정의로운 것과 정의롭지 못한 것을 양심에 기하여 정의하는 방법이 갖고 있는 부적절성을 세 가지로 지적하고 있다. "첫째 후회하는 양심은 무엇이 정의로운지 아닌지를 판별하는 규범을 이미 알고 있음을 전제하는 것이기 때문에 개념정의상 악순환이 발견된다고 하는 점, 둘째 우리가 후회하게 된 행위에 대해 불편한 의식을 갖는 경우를 들었는데, 만약 여기에 상대방을 부당하게 이용할 수 있었던 기회를 놓쳐 버린 것까지 포함하게 된다면, 양심은 윤리적 의미를 상실하게 되고 만다는 점, 셋째 이러한 개념정의는 정의(正義)는 다른 사람들과의 관계에서만 존재한다는 사실에 반한다는 점 등이다."

7) 습성 : habitus의 역어로서, 문맥에 따라서는 '상태'라고 번역하는 것이 더 적절할 때도 있으나, 본역에서는 이 단어를 일관되게 '습성'이라고 번역하기로 한다.

8) 각자는 사후(死後)에 하느님의 법에 따라 상 또는 벌을 받게 된다는 기독교식 사후세계관을 믿지 않는 비기독교인 또는 무교도를 지칭한다. 기독교의 사후세계관이 사람들로 하여금 정의로운 삶을 살도록 이끌어 주는 역할을 한다는 것을 라이프니츠는 자신의 저술 여러 곳에서 언급하고 있다.

9) 라틴어 단어 'honestas'를 영어 단어 'honesty'와의 철자상 유사성 때문에 '정직'으로 잘못 번역하는 예가 있다. 대표적인 예가 『법학제요』 1.1.3. 중의 "Honeste vivere"를 "정직하게 살아라"라고 번역하는 예이다. 이러한 오역은 예전에 영어권에서도 이루어지기도 했다 (예를 들어, J. B. Moyle, *Institutes*; T. C. Sandars, *Instutes of Justinian*; R. W.

Lee, *Elements of Roman Law* 등). 비록 라틴어 단어 'honestas'가 '정직'이란 뜻으로 쓰일 때도 있었지만, 이 용례는 여러 다양한 용례 중 하나일 뿐이었다 (7가지 용례에 관해서는, Mathieu Jacotot, *Question d'honneur : Les notions d'honos, honestum et honestas dans la Réublique romaine antique*, Rome : Publications de l'École française de Rome, 2013, ch. 3, "Analyse sémantique d'*honestas*"). 본역에서는 'honestas'의 법이념적 어의를 살려 "품격"으로 번역하고자 한다 (덧붙이자면, 따라서 위 *Inst.* 1.1.3.의 "Honeste vivere"는 "품격에 맞게 살아라"로 번역하는 것이 적절하다고 생각한다. 이 법언의 의미에 관한 다양한 논의는, Thomas Glyn Watkin, "Honeste vivere", *The Journal of Legal History*, Vol. 5, No. 2 [1984], pp.117-128 참조).

10) 이처럼 세계를 무형적 존재들이 충만한 일체로 보는 라이프니츠의 세계관을 플라톤주의로 설명하는 견해로는 Cristia Mercer, "Platonism in Early Modern Natural Philosophy : The Case of Leibniz and Conway", in : James Wilberding and Christoph Horn (eds.), *Neoplatonism and the Philosophy of Nature*, Oxford : Oxford University Press, 2012, ch. 5.

11) 라이프니츠는 자신의 저술에서 거울의 비유를 자주 쓰곤 했는데, 당시의 거울은 오늘날의 거울과 달리 반사율이 그렇게 높지 않았다. 라이프니츠가 염두에 두고 있던 거울은 오목거울이었을 것으로 추측하는 견해도 있다 (Bluche, p.138, n.9).

제5장 자연법 요론 [2]

1) Lothar Philipps, "Über Relatoinen : Im Rechtsleben und in der Normlogik", in : Ilmar Tammelo und Aulis Aarnio (hrsg.), *Zum Fortschritt von Theorie und Technik in Recht und Ethik*, Berlin : Duncker & Humblot, 1981, pp.123-139 참조.

2) 아리스토텔레스의 논리학 및 수사학 관련 저술로는 오르가논 6부작이 있다.

3) 라이프니츠의 이와 같은 실제적 사고는 훗날 홉스의 『실체론』(De corpore, 1655)에서도 보이게 된다. 그 제1장 제6절에 : "Scientia propter potentiam; Theorema […] propter problemata, id est propter artem construendi; omnis denique speculatio, actionis vel operis alicujus gratia instituta est."

4) 아리스토텔레스, 『분석론 후서』 I, 5, 74a.

5) 비례논리는 보통 'a:b의 관계는 c:d의 관계와 같다'는 식으로 서술되는데, 이와 같은 명제는 네 개 항목 간의 상호관계에 대한 올바른 인식으로부터 성립되며, 더 나아가 이로부터 하나의 참된 결론에 도달할 수 있게 된다. 라이프니츠는 자신의 법양상논리가 정의로움에 관한 참된 결론에 도달하게 해 주는 방식이 비례논리와 유사하다는 점을 지적하고 있다.

6) 이하 라이프니츠의 법양상논리의 전개 순서로서 붙인 번호는 Busche, 253면 이하를 따랐음을 밝힌다.

7) pons asinorum : 원래 유클리드의 『기하학 요론』 제1권 제5명제에 나오는 것으로서 '이등변삼각형의 두 대각은 서로 같다'는 정리를 가리킨다. 교환논리적으로는 '삼각형의 두 대각이 서로 같으면 이등변삼각형이다'는 명제도 참이 된다. 라이프니츠의 설명에서 앞에 유클리드를 언급한 것으로 보아, 라이프니츠는 '당나귀의 교각'을 우선은 이런 뜻으로 썼다고 보이나, 6세기의 그리스 철학자 필로포누스가 삼단논법을 보다 쉽게 가르치기 위해 전제의 종류에 따라 결론의 종류가 전칭긍정, 전칭부정, 특칭긍정, 특칭부정 등으로 나뉜다는 도식을 썼고, 14-15세기에는 많은 철학자들이 평범한 학생들도 삼단논법을 쉽게 배울 수 있도록 하는 여러 가지 도식을 고안해 내었던 전통이 있었던 것을 상기해 본다면, 라이프니츠는 '당나귀의 교각'을 일반논리학의 방법을 법논리에 적용하는 기초적 방법의 의미로도 사용한 것으로도 볼 수 있다. 요컨대 라이프니츠는 이 '당나귀의 교각'을 통하면 정의(正義)를 준별해 줄 수 있는 법논리의 방법에 쉽게 익숙해질 수 있다고 생각했던 것이다.

8) 이 문단의 제목은 원고에서는 삭제되어 있으나, Blusche, 264면에 따라 다시 삽입했음을 밝힌다.

9) 이 문단의 제목은 원고에는 없는 것이나, Blusche, 269면에 따라 삽입한 것임을 밝힌다.

10) 라이프니츠는 루터교의 영향권 안에 있었고 스스로도 자신이 루터교도(敎徒) 중의 한 사람임을 자처했으나, 그의 신학 또는 신정론은 몇 가지 중요한 측면에서 정통 루터교와는 거리가 있었다. 여기 정의(正義)와 사랑과 신과의 관계를 논하는 자리에 있어서도 그러한데, 루터에 따르면 오직 신앙(信仰)만으로 신(神)의 은총을 기대할 수 있는 반면 라이프니츠는 (1) "sola fide"를 긍정하면서도 신앙은 사랑을 통해 작용한다는 점을 지적했고, (2) 신의 은총은 인간의 죄악에 대한 신의 일방적 사면이라기보다는 인간 스스로의 속죄에 바탕을 두어야 한다는 점과 (3) 인간을 성스럽게 만드는 데에는 우리 바깥으로부터의 그

리스도의 정의(正義)가 필요한 것은 물론이지만 인간의 자유의지를 신의 은총과 진정으로 결합시킴으로써 그로부터 인간의 영혼에 내재된 정의의 이념을 불러내지 않으면 안 된다는 것을 강조하고 있는 것이다 (Bluche, 476-477면, n.187).

11) 이 문단의 제목 역시 원고에는 없는 것이나, Blusche, 275면에 따라 삽입한 것임을 밝힌다.

12) natura seu Deus : 이 어구가 젊은 시절의 라이프니츠에 의해서 쓰였다는 것은 철학사적으로 매우 중요한 의의를 지니고 있는데, 왜냐하면 "Deus sive natura"는 바루흐 스피노자(Baruch Spinoza, 1632-1677)가 1670년에 펴낸 『신학정치론』에서 내세웠던, 당시로서는 매우 혁신적인 주장이었기 때문이다. 라이프니츠가 스피노자의 신학에 동조하는 입장이었다는 것은 널리 알려진 사실이었으나, 젊은 시절의 라이프니츠로서는 당시 종교계와 철학계의 분위기상 스피노자에 적극적으로 찬동하는 모습을 보이는 데 매우 조심스러울 수밖에 없었고, 만년에 가서야 비로소 여러 형이상학적 저서에서 'Deus sive natura'의 주장을 어느 정도 공개적으로 주장하게 됐다고 보는 것이 오늘날 학계의 견해이다. 이 「자연법 요론」 2 (1671년 후반 [?])에서 라이프니츠가 "natura seu Deus"란 표현을 쓰고 있음은 그가 젊은 날에 이미 스피노자의 위 주장에 동조하고 있었음을 분명히 보여주는 중요한 증거가 된다. 라이프니츠의 형이상학적 신학 일반에 관해서는 Jacques Bouveresse, *Dans le labyrinthe : Nécessité, contingence et liberté chez Leibniz*, Cours 2009 et 2010, édité par Jean-Matthias Fleury, Paris : Collège de France, 2013 참고.

13) 훗날 수학자로서 큰 명성을 떨치게 된 라이프니츠는 이미 젊어서부터 수학에 많은 관심을 기울였음을 알 수 있는데, 그 한 가지 예로서 그가 스무 살 되던 해에 출판한 『조합론』을 들 수 있다 (*Dissertatio de arte combinatoria, in qua, ex arithmeticae fundamentis, complicationum ac transpositionum doctrina novis praeceptis exstruitur et usus ambarum per universum scientiarum orbem ostenditur*, autore Gottfredo Guilielmo Leibnüzio, Lipsiae : J. S. Fikium et J. P. Seaboldum, 1666).

14) 아르키메데스(c.287-c.212 BC)는 그리스의 수학자로서 자신의 『모래알을 세는 사람』(Ψαμμίτης)에서 사모스의 아리스타르쿠스(c.310-c.230 BC)의 태양중심설에 기초한 우주모델에 근거하여 우주를 꽉 채우기 위해서는 모두 10^{63}개의 모래알이 필요할 것이라고 계산했다.

15) Blusche, 477면, n.195는 여기서 법률가란 중세의 로마법학자들을 가리킨다고 하고 있으나, 라이프니츠가 비판하고 있는 법률가는 단지 중세

의 로마법학자들뿐만 아니라 라이프니츠 당대의 비인문주의적 법률가들을 통칭하고 있다고 보아도 무방할 것이다.

16) 국내에는 『신기관』이란 제목으로 번역되어 알려진 *Novum organum* (1620), I, 95 : "학문을 다루어 온 사람들은 경험적이거나 이론적이었다. 전자는 마치 개미처럼 자신들의 저장물들을 끌어모아 사용하기만 하고, 후자는 마치 거미처럼 자신들의 거미줄을 맴돌기만 한다. 꿀벌은 양자의 중간에 해당하는데, 정원과 들판의 꽃들에서 재료를 뽑아올뿐만 아니라 그것들을 자신의 노력으로 가공하기도 한다. 철학의 진정한 작업은 바로 이와 같다고 할 수 있는데, 왜냐하면 정신의 힘에 전적으로 또는 주로 의존하지도 않고 자연사와 기계학 분야의 실험에 제공해 주는 재료들을 그 원상태 그대로 기억 속에 쌓아두지도 않고, 대신 이해(理解)를 통해 가공하기 때문이다." 합리주의자 라이프니츠가 당대의 철학이 개미처럼 경험적 방법만을 취하는 것에 비판적인 입장이었다는 것은 두말할 필요가 없을 것이다. 그런데 더 나아가 거미와 같은 이론적 작업에도 비판적 입장을 취한 이유는 당시 자칭 이론적 접근을 취하고 있다고 자처한 철학자들도 기실 문제의 본질을 꿰뚫어 보기보다는 문제를 피상적으로만 파악했기 때문에 개별적 사안에 대한 원리의 적용이 스콜라학파나 법률가, 결의론자들의 논설 중에서처럼 항상 제자리걸음을 할 수밖에 없었다고 보았기 때문이다.

17) 라이프니츠의 계산기가 고안된 것이 바로 이 「자연법 요론」을 집필하던 때인 1671년이었고, 실제로 만들어진 것이 그로부터 2년 후인 1673년이었던 점을 상기케 한다.

18) 『조합론』을 가리킨다.

19) 이 「자연법 요론」을 집필하기 2년 전부터 라이프니츠는 물리적 운동법칙뿐만 아니라 정신적 운동법칙에 관한 일반론을 정립할 목적으로 다음과 같은 세 가지 원고를 집필 또는 출판한다 : (1) "De rationibus motus", [1669년 8-9월경] (*Sämtliche Schriften und Briefe*, R. VI, Bd. 2, pp.157-186); (2) *Theoria motus abstracti, seu Rationes motuum universales, a sensu et phaenomenis independentes*, auctore G. G. L. L. [Leibnitio], (S. l. n. d.); (3) "Vorarbeiten zu den Elementa de mente et corpore"라고 통칭되는 7개의 원고(*Sämtliche Schriften und Briefe*, R. VI, Bd. 2, pp.276-291).

제6장 자연법 요론 [3]

1) 『니코마코스 윤리학』 1107a1.
2) D. 28.7.15. 파피니아누스(Papinianus, 140-212)의 견해.
3) 『전쟁과 평화의 법』 I, 1, 4.
4) 본 제6장 "자연법 요론 3"의 집필 시기와 비슷한 시기에 라이프니츠가 신학자 앙투완느 아르노(Antoine Arnauld, 1612-1694)에게 보낸 편지에 같은 취지의 서술이 포함되어 있다(1671.11., in : *Sämtliche Schriften und Briefe*, R. II, 1, no.87). 라이프니츠에게 있어서 기독교적 사랑의 윤리와 고대의 정치철학의 융합에 관해서는 Blusche, 480-481면, n.215 참조.
5) 라이프니츠의 인식론은 그가 존 로크의 『인간지성론』의 경험주의적 인식론을 비판하기 위하여 쓴 『인간지성신론』(Nouveaux essais sur l'entendement humain, 1704)에 전개되어 있다.
6) 클라우디아누스(Claudius Claudianus, c.370-c.404)의 시 '루피누스 비판'(In Rufinum) 제1권에 모두에 나오는 구절이다.
7) 천지창조의 역사를 연수(年數)를 계산하는 데에는 여러 가지 설이 있었는데, 여기서 라이프니츠는 예로뉘모스('Ιερώνυμος, c.342-347)의 설(기원전 5,198년에 창조)과 비드(Bede, 672/3-735)의 설(기원전 3,952년에 창조)을 절충했다고 볼 수 있다.

참고문헌

원 문

본서의 원문이 수록되어 있는 라이프니츠 저작 출판본

Sämtliche Schriften und Briefe, 8 Reihen, 65 Bänder, Berlin :
Akademie-Verl., 1923-
Philosophical Papers and Letters, a selection translated and edited, with
an introduction by Leroy E. Loemker, 2 vol., Chicago : University of
Chicago Press, 1956
Los elementos del Derecho natural, Estudio preliminar, traducción y
notas de Tomás Guillén Vera, Madrid : Tecnos, 1991
Le droit de la raison, textes réunis et présentés par René Sève, Paris :
Librairie philosophique J. Vrin, 1994
Frühe Schriften zum Naturrecht, Lateinisch-Deutsch, herausgegeben, mit
einer Einleitung und Anmerkungen versehen sowie unter Mitwirkung
von Hans Zimmermann übersetzt von Hubertus Busche, Hamburg :
Felix Meiner Verlag, 2003

장별 원문 출처

제1장
[1669-1670 (?)] Elementa juris naturalis [Aufzeichnungen]
...., in : *Sämtliche Schriften und Briefe*, R. VI, Bd. 1 (1930), pp.431-432
스페인어 번역 : "Observaciones. 1669-1670 (?)," in : Guillén Vera,
pp.3-7

독일어 번역 : "Gerechtigkeit mit und ohne Gott (1669-1670?)," in : Busche, pp.90-97

제2장
[1669-1670 (?)] Elementa juris naturalis [Untersuchungen 1]
..., in : *Sämtliche Schriften und Briefe*, R. VI, Bd. 1 (1930), pp.433-454
스페인어 번역 : "Anotaciones críticas. 1669-1670 (?)," in : Guillén Vera, pp.9-58
불어 번역 (발췌) : "Éléments de droit naturel (1669-1670)," in : *Le droit de la raison* (1994), pp.200-205
독일어 번역 : "Untersuchungen zum strengen Recht, zur Billigkeit und zur Pietät (1669-1670?)," in : Busche, pp.98-199

제3장
[1670-1671 (?)] Elementa juris naturalis [Untersuchungen 2]
..., in : *Sämtliche Schriften und Briefe*, R. VI, Bd. 1 (1930), pp.455-458
스페인어 번역 : "Anotaciones críticas. 1670-1671 (?)," in : Guillén Vera, pp.59-66
독일어 번역 : "Definitionen zur Gerechtigkeit und Billigkeit (1670-1671?)," in : Busche, pp.200-213

제4장
[1670-1671 (?)] Elementa juris naturalis [1]
..., in : *Sämtliche Schriften und Briefe*, R. VI, Bd. 1 (1930), pp.459-465
영어 번역 : "Elements of Natural Law. 1670-71," in : Loemker, pp.131-138
스페인어 번역 : "Los elementos del derecho natural. 1670-1671 (?)," in : Guillén Vera, pp.67-81
불어 번역 : "Éléments de droit naturel (1670-1671)," in : *Le droit de la raison* (1994), pp.90-105
독일어 번역 : "Universale Gerechtigkeit als klug verteilte Liebe zu allen (1670-1671?)," in : Busche, pp.214-243

제5장
[1671 (?) 후반부] Elementa juris naturalis [2]

..., in : *Sämtliche Schriften und Briefe*, R. VI, Bd. 1 (1930), pp.465-480
스페인어 번역 : "Los elementos del derecho natural. Mediados de
1671 (?)," in : Guillén Vera, pp.83-112
프랑스어 번역 (발췌) : "Éléments de droit naturel (1671)," in : *Le droit de la raison* (1994), pp.208-210
독일어 번역 : "Zur Wissenschaft vom Gerechten (2. Hälfte 1671?)," in
: Busche, pp.244-299

제6장
[1671 (?) 후반부] Elementa juris naturalis [3]
..., in : *Sämtliche Schriften und Briefe*, R. VI, Bd. 1 (1930), pp.480-485
스페인어 번역 : "Los elementos del derecho natural. Segunda mitad
de 1671 (?)," in : Guillén Vera, pp.113-123
독일어 번역 : "Axiome und Definitionen zum guten Menschen (2.
Hälfte 1671?)," in : Busche, pp.300-319

법철학 관련 라이프니츠의 기타 저술
(집필 또는 출판의 연도순)

Specimen quaestionum philosophicarum ex jure collectarum, quas
permissu superiorum in illustri Academia Lipsiensi publico judicio
censuraeque exponit praeses M. Gottfredus Guilielmus Leibnuzius
Lipsiensis & respondens Johannes Matthaeus Menzelius Loeb. Lusat.
Philos. Studios., ad diem 3. Decembris Anno MDCLXIV, Lipsiae :
Typis Johannis Wittigau, 1664
Disputatio juridica de conditionibus, quam Indultu amplissimi JCtorum
ordinis, praeside viro nobilissimo, consultissimo atque excellentissimo,
Dno Bartholomeo Leonhardo Schwendendörfero, J.U.D. et Inst. Prof.
Publ. Celeberrimo Patrono ac Praeceptore suo inprimis Venerando,
publicae censurae exponit M. Gottfredus Guilielmus Leibnuzius,
Lipsiensis, autor., D. XIV. Julii Anno M.DC.LXV., Lipsiae : Typis
Johannis Wittigau, [1665]
Disputatio juridica posterior de conditionibus, quam Indultu amplissimi
JCtorum ordinis, praeside viro nobilissimo, consultissimo atque

excellentissimo, Dno Bartholomeo Leonhardo Schwendendörfero, J.U.D.
et Inst. Prof. Publ. Celeberrimo Patrono ac Praeceptore suo inprimis
Venerando, publicae censurae exponit M. Gottfredus Guilielmus
Leibnuzius, Lipsiensis, autor., D. XVII. Augusti Anno M.DC.LXV.,
Lipsiae : Typis Johannis Wittigau, [1665]
Dissertatio de arte combinatoria, in qua, ex arithmeticae fundamentis,
complicationum ac transpositionum doctrina novis praeceptis exstruitur
et usus ambarum per universum scientiarum orbem ostenditur, ...
Autore Gottfredo Guilielmo Leibnüzio, ..., Lipsiae : J. S. Fikium et J.
P. Seaboldum, 1666
Disputatio inauguralis de casibus perplexis in jure, quam Indultu
Nobiliss. & Ampliss. JCtorum Ordinis in celeberrima Universitate
Norica pro Licentia assumendi honores et privilegia doctoralia,
proponit M. Gottfredus Guilielmus Leibnüzius Lipsiensis, J. U. Bacc.,
d. 5 Mens. Nov. A. M DC LXVI [1666]
Nova methodus discendae docendaeque jurisprudentiae, Ex artis
Didacticae Principiis in parte Generali praemissis, Experientiaeque
Luce, ..., Francofurti : Impensis Johannis Davidis Zunneri, 1667
Elementa juris civilis, [Herbst 1667-Anfang 1672 (?)]
Vorarbeiten zu den *Elementa juris civilis* [Herbst 1667-1670 (?)], in :
Sämtliche Schriften und Briefe, R. VI, Bd. 2, pp.36-49
Elementa juris civilis [1670-Anfang 1672 (?)], in : *Sämtliche Schriften*
und Briefe, R. VI, Bd. 2, pp.49-93
Ratio Corporis juris reconcinnandi, [Juni 1668]
···, in : *Sämtliche Schriften und Briefe*, R. VI, Bd. 2, pp.93-113
Specimina juris, I. Specimen difficultatis in Jure, seu Dissertatio de
casibus perplexis, II. Specimen Encyclopaediae in Jure, seu
Quaestiones philosophicae amoeniores, ex jure collectae, III. Specimen
certitudinis seu demonstrationum in Jure, Exhibitum in doctrina
conditionum, ..., S.l. : s.n., s.d. [1669]
In Severinum de Monzambano, [1668-1672]
in : *Sämtliche Schriften und Briefe*, R. IV, Bd. 1, pp.500-502
De rationibus motus, [Aug.-Sep. (?) 1669]
in : *Sämtliche Schriften und Briefe*, R. VI, Bd. 2, pp.157-186
Specimen demonstrationum politicarum pro eligendo rege Polonorum

auctore Georgio Ulicovio Lithuano, 1669
in : *Sämtliche Schriften und Briefe*, R. IV, Bd. 1, pp.3-98
Specimina juris, S.l. : s.n., s.d. [1669], 106 ps.
De Incarnatione Dei seu de Unione hypostatica, [1669-1670 (?)]
in : *Sämtliche Schriften und Briefe*, R. VI, Bd. 1, pp.532-535
Theoria motus abstracti, seu Rationes motuum universales, a sensu et phaenomenis independentes, S.l., n.d. [1670], 43 ps.
Bedenken welchergestalt Securitas publica usw. Erster Teil, 1670.8.6-8.
in : *Sämtliche Schriften und Briefe*, R. IV, Bd. 1, pp.133-170
Bedenken welchergestalt Securitas publica usw. Anlage zum ersten Teil, 1670.8.6-8.
in : *Sämtliche Schriften und Briefe*, R. IV, Bd. 1, pp.170-173
Bedenken welchergestalt Securitas publica usw. Auszug des ersten Teiles, 1670.8.6-8.
in : *Sämtliche Schriften und Briefe*, R. IV, Bd. 1, pp.207-211
Bedenken welchergestalt Securitas publica usw. Zweiter Teil, 1670.11.21.
in : *Sämtliche Schriften und Briefe*, R. IV, Bd. 1, pp.174-207
Bedenken welchergestalt Securitas publica usw. Auszug des zweiten Teiles, 1670.11.21.
in : *Sämtliche Schriften und Briefe*, R. IV, Bd. 1, pp.211-214
De Possibilitate Gratiae Divinae, [1669-1671 (?)]
in : *Sämtliche Schriften und Briefe*, R. VI, Bd. 1, pp.535-536
De Unitate Ecclesiae Romanae, [1669-1671 (?)]
in : *Sämtliche Schriften und Briefe*, R. VI, Bd. 1, pp.547-548
Commentatiuncula de Judice Controversiarum, [1669-1671 (?)]
in : *Sämtliche Schriften und Briefe*, R. VI, Bd. 1, pp.548-559
Von der Allmacht und Allwissenheit Gottes und der Freiheit des Menschen, [1670-1671 (?)]
in : *Sämtliche Schriften und Briefe*, R. VI, Bd. 1, pp.537-546
Remarques considérables sur la jurisprudence, 1676.1.18.
in : *Sämtliche Schriften und Briefe*, R. IV, Bd. 1, N. 51
Caesarini Fürstenerii de Jure suprematus ac legationis principum Germaniae, [S.l.], 1677
Entretien de Philarète et d'Eugène sur la question du temps, agitée à Nimwègue, touchant le droit d'ambassade des électeurs et princes de

l'Empire, Duisbourg, 1678

Ad Ethicam B. d. Sp., 1678

in : Gerhardt, I, pp.139-150

De legum interpretatione, rationibus, applicatione, systemate, [1678 or 1679]

in : *Sämtliche Schriften und Briefe*, R. VI, Bd. 4, C, pp.2782-2791

Du franc arbitre, [1678 summer-1680/81 winter (?)]

in : *Sämtliche Schriften und Briefe*, R. VI, Bd. 4, N. 268, pp.1405-1409

De libertate, c. 1679

in : Foucher de Careil, *Nouvelles lettres et opuscules inédits de Leibniz*, pp.178-185

La place d'autruy, 1679 (?)

in : *Sämtliche Schriften und Briefe*, R. IV, Bd. 3, pp.903-904

De veritatibus primus, [1680 후반 (?)]

in : *Sämtliche Schriften und Briefe*, R. VI, Bd. 4, pp.1442-1443

De libertate et necessitate, [1680 여름-1684 여름 (?)]

..., in : *Sämtliche Schriften und Briefe*, R. VI, Bd. 4, N. 271, pp.1444-1449

De libertate a necessitate in eligendo, [1680 여름-1684 여름 (?)]

in : *Sämtliche Schriften und Briefe*, R. VI, Bd. 4, N. 273, pp.1450-1455

Meditationes de cognitione veritate et ideis

in : *Acta eruditorum*, Leipzig, November 1684

Mars Christianissimus autore Germano Gallo-Graeco, ou Apologie des Armes du Roy tres-chrestien contre les chrestiens, Cologne : David le Bon, 1684

De contingentia, [1689 봄-가을 (?)]

in : *Sämtliche Schriften und Briefe*, R. VI, Bd. 4, N. 325, pp.1649-1652

De libertate, contingentia et serie causarum, providentia, [1689 여름 (?)]

in : *Sämtliche Schriften und Briefe*, R. VI, Bd. 4, N. 326, pp.1653-1659

Phoranomus seu De potentia et legibus Naturae, Rome, 1690

[Sur la liberté et la spontanéité], [1690 이후 (?)]

in : Gerhardt, VII, pp.109-111

Codex juris gentium diplomaticus, in quo Tabulae authenticae actorum
publicorum, Tractatuum, aliarumque rerum majoris momenti per
Europam gestarum, pleraeque ineditae vel selectae, ipso verborum
tenore expressae ac temporum serie digestae, continentur; ...,
Hannoverae: literis & impensis Samuelis Ammonii, 1693

Sisteme nouveau de la nature et de la communication des substances,
aussi bien que de l'union qu'il y a entre l'ame & le corps. Par M.
D. L.

in : *Le journal des sçavans,* du lundy 27 juin 1695, pp.294-300; du
lundy 4 juillet 1695, pp.301-306

Aufzeichnungen für eine zweite Ausgabe der *Nova methodus discendae
docendaeque jurisprudentiae,* [1693-1709 (?)]

Aufzeichnungen (I) [Oktober 1695-1698 (?)], in : *Sämtliche Schriften und
Briefe,* R. VI, Bd. 2, pp.25-31

Aufzeichnungen (II) [Ende 1695-1696 (?)], in : *Sämtliche Schriften und
Briefe,* R. VI, Bd. 2, pp.31-33

Aufzeichnungen (III) [1693-1709 (?)], in : *Sämtliche Schriften und Briefe,*
R. VI, Bd. 2, pp.33-35

De ipsa natura sive de vi insita creaturarum, 1698

in : *God. Guil. Leibnitii Opera philosophica* (ed. Joannes Eduardus
Erdmann, 1839-1840), pp.154-160

Mantissa Codicis juris gentium diplomatici, Continens Statuta magnorum
Ordinum Regiorum, acta vetera Electionum Regis Romani,
Manifestationes jurium inter Franciam, Angliam et Burgundiam olim
controversorum; ..., Hanoverae : sumptibus Gotfridi Freytagii,
Bibliopolae Hanover. & Guelfebytani, Literis Samuelis Ammonii, 1700

Nouveaux essais sur l'entendement humain, [1704]

in : *Oeuvres philosophiques latines & françoises,* éd. Rud. Eric Raspe,
Amsterdam et Leipzig : Jean Schreuder, 1765, pp.1-496

Monita quaedam ad principia Pufendorfiani

[Gerhardt Walter van den Muelen(또는 Molanus, 1633-1722, Loccum
수도원장)에게 보내는 편지]

in : Justus Christoph Böhmer, *Programma disputationibus XII
Pufendorfianis ab Io. Christoph. Leonhard, Gera-Varisco respondente*

in iis perpetuo publice instituendis praemissum; ..., Helmstadii : ex
officina Hammiana, 1709
*Causa Dei asserta per justitiam ejus, cum caeteris ejus perfectionibus
cunctisque actionibus conciliatam* [G. W. Leibnitio auctore],
Amstaelodami : apud I. Trojel, 1710
*Essais de Théodicée sur la bonté de Dieu, la liberté de l'homme et
l'origine du mal*, Amsterdam : I. Troyel, 1710
Mathematischer Beweis der Erschaffung und Ordnung der Welt, in einem
Medaillon an ... Rudolph August weil. regier. Herzog zu Braunschweig
... entworfen und an das Licht gestellt, Leipzig : Rudolf August Nolte,
1734
Esprit de Leibnitz, ou Recueil de pensées choisies, sur la religion, la
morale, l'histoire, la philosophie, etc., extraites de toutes les oeuvres
latines et françaises (par Emery), Lyon : J.-M. Bruyset, 1772
Systema theologicum [1819], ..., edente nunc primum ex ipsissimo
auctoris autographo, D. Petro Paulo Lacroix, ..., Lutetiae Parisiorum :
excudebant Ad. Le Clere et Soc. Typographi SS. D. D. N. Papae,
necnon ill. et rev. D. D. archiepiscopi, 1845

라이프니츠의 법철학에 관한 최근 50년간 연구문헌

Adams, Robert Merrihew, *Leibniz : Determinist, Theist, Idealist*, New
York : Oxford University Press, 1994
Armgardt, Matthias, *Das rechtslogische System der Doctrina conditionum
von G. W. Leibniz*, Diss. Köln, Marburg, 2001
Armgardt, Matthias, "Leibniz as Legal Scholar," *Fundamina*, Vol. 20,
No. 1 (2014), pp.27-38
Axelos, Christos, *Die ontologischen Grundlagen der Freiheitstheorie von
Leibniz*, Berlin : Gruyter, 1973
Ayers, Michael (ed.), *Rationalism, Platonism, and God*, Oxford, New
York : Published for the British Academy by Oxford University Press,
2007
Backus, Irena Dorota, *Leibniz : Protestant Theologian*, New York : Oxford

University Press, 2014

Barber, Kenneth F. and Jorge J. E. Gracia (eds.), *Individuation and Identity in Early Modern Philosophy : Descartes to Kant*, Albany : State University of New York Press, 1994

Becco, Anne, *Du simple selon G. W. Leibniz : discours de métaphysique et monadologie*, étude comparative critique des propriétés de la substance appuyée sur l'opération informatique "Monado 74", préf. par Yvon Belaval, Paris : J. Vrin, 1975

Beeley, Philip, *Kontinuität und Mechanismus : Zur Philosophie des jungen Leibniz in ihrem ideengeschichtlichen Kontext*, Stuttgart : Franz Steiner Verlag, 1996

Ben-Menahem, Hanina, "Leibniz on Hard Cases", *ARSP : Archiv für Rechts- und Sozialphilosophie*, Vol. 79, No. 2 (1993), pp.198-21

Berkowitz, Roger Stuart, *The Gift of Science : Leibniz and the Modern Legal Tradition*, Cambridge : Harvard University Press, 2005

Bobro, Marc Elliott, *Self and Substance in Leibniz*, Dordrecht : Kluwer Academic Publishers, 2004

Bouveresse, Jacques, *Dans le labyrinthe : Nécessité, contingence et liberté chez Leibniz*, Cours 2009 et 2010, édité par Jean-Matthias Fleury, Paris : Collège de France, 2013

Bouveresse-Quilliot, Renée, *Spinoza et Leibniz : l'idée d'animisme universel*, étude suivie de la traduction inédite d'un texte de Leibniz sur l'Éthique de Spinoza et d'un texte de Louis Meyer, Paris : J. Vrin, 1992

Carrara, Massimiliano *et al.* (eds.), *Individuals, Minds and Bodies : Themes from Leibniz*, Stuttgart : Steiner, 2004

Catalano, C., "The *Recentior Nominalis* of Leibniz's *Disputatio Metaphysica De Principio Individui* : Fulgentius Schautheet and His Controversia against the Thomistic Doctrine on the Principle of Individuation," *Societate si Politica*, Vol. 9, No. 1 (2015), pp.38-61

Coriando, Paola-Ludovika, *Individuation und Einzelnsein : Nietzsche-Leibniz-Aristoteles*, Frankfurt : Klostermann, 2003

Cottingham, John, *The Rationalists*, Oxford, New York : Oxford University Press, 1988

Cover, J. A. and John O'Leary-Hawthorne, *Substance and Individuation in Leibniz*, Cambridge, New York : Cambridge University Press, 1999

Cristin, Renato (Hrsg.), *Leibniz und die Frage nach der Subjektivität*, Leibniz-Tagung, Triest, 11. bis 14. 5. 1992, in Zusammenarbeit mit dem Istituto Italiano per gli Studi Filosofici, Stuttgart : F. Steiner, 1994

Dascal, Marcelo (ed.), *Leibniz : What Kind of Rationalist?*, Springer, 2008

Dascal, Marcelo (ed.), *The Practice of Reason : Leibniz and His Controversies*, Amsterdam : John Benjamins Pub. Co., 2010

Davis, Martin, *The Universal Computer : The Road from Leibniz to Turing*, New York : W. W. Norton, 2000

Devillairs, Laurence, *Descartes, Leibniz : les vérités éternelles*, Paris : Presses universitaires de France, 1998

Di Bella, Stefano, *The Science of the Individual : Leibniz's Ontology of Individual Substance*, Dordrecht : Springer, 2005

Dony, Arthur, *Leibniz et J.-S. Bach : Métaphysique et pensée musicale à l'âge baroque*, Presses universitaires de Liège, 2017

Duchesneau, François et Jérémie Griard, *Leibniz selon les Nouveaux essais sur l'entendement humain*, Paris/Montréal : Vrin/Bellarmin, 2006

Foisneau, Luc (coordonné par), *La découverte du principe de raison : Descartes, Hobbes, Spinoza, Leibniz*, Paris : Presses universitaires de France, 2001

Frémont, Christiane, *L'être et la relation*, Paris : Vrin, 2000

Frémont, Christiane, *Singularités : individus et relations dans le système de Leibniz*, Paris : Vrin, 2003

Garber, Daniel, *Leibniz : Body, Substance, Monad*, New York : Oxford University Press, 2009

Gardies, J. L. et Kalinowski G., "Un logicien déontique avant la lettre: Leibniz", *Archiv für Recht und Social Philosophie*, 60, 1 (1974)

Gaudemar, Martine de, *Leibniz : de la puissance au sujet*, Paris : Vrin, 1994

Gaudemar, Martine de (éd.), *La notion de nature chez Leibniz*, colloque organisé par le Département de philosophie de l'Université de Provence (Aix-en-Provence), le CNRS (Paris), et la G.-W.-Leibniz-Gesellschaft (Hannover), Aix-en Provence, 13-15 octobre 1993, Stuttgart : Steiner, 1995

Gennaro, Rocco J. and Charles Huenemann (eds.), *New Essays on the*

Rationalists, New York : Oxford University Press, 1999

Gil, F., "Leibniz, la place d'autrui, le principe du pire et la politique de la monadologie", *Passé, Présent*, 3 (1984)

Grosholz, Emily and Elhanan Yakira, *Leibniz's Science of the Rational*, Stuttgart : F. Steiner, 1998

Hartz, Glenn A., *Leibniz's Final System : Monads, Matter and Animals*, London, New York : Routledge, 2007

Heinekamp, Albert (hrsg.), *300 Jahre "Nova methodus" von G. W. Leibniz (1684-1984)*, Symposion der Leibniz-Gesellschaft im Congresscentrum "Leewenhorst" in Noordwijkerhout (Niederlande), 28. bis 30. August 1984, Stuttgart : F. Steiner Verlag Wiesbaden, 1986

Heinekamp, Albert et André Robinet (éd.), *Leibniz, le meilleur des mondes*, table Ronde organisée par le Centre National de la recherche scientifique, Paris et la Gottfried-Wilhelm-Leibniz-Gesellschaft, Hannover, Domaine de Seillac (Loir-et-Cher), 7 au 9 juin 1990, Stuttgart : Steiner, 1992

Hochstrasser, T. and P. Schröder (eds.), *Early Modern Natural Law Theories : Context and Strategies in the Early Enlightenment*, Springer, 2003

Hoeflich, M. H., "Law & Geometry : Legal Science from Leibniz to Langdell," *The American Journal of Legal History*, Vol. 30, No. 2 (April, 1986), pp.95-121

Hunter, Ian, *Rival Enlightenments : Civil and Metaphysical Philosophy in Early Modern Germany*, Cambridge & New York : Cambridge University Press, 2001

Ishiguro, Hidé, *Leibniz's Philosophy of Logic and Language*, London : Duckworth, 1972

Johns, Christopher, *The Science of Right in Leibniz's Moral and Political Philosophy*, London : Bloomsbury Academic, 2013

Jolley, Nicholas, *Leibniz and Locke : A Study of the New Essays on Human Understanding*, Oxford : Oxford University Press, 1984

Jolley, Nicholas, "Leibniz on Hobbes, Locke's *Two Treatises* and Sherlock's *Case of Allegiance*", *Historical Journal*, 18 (1975), pp.21-35

Jones, Matthew L., *The Good Life in the Scientific Revolution : Descartes, Pascal, Leibniz, and the Cultivation of Virtue*, Chicago,

London : University of Chicago Press, 2006

Kalinowski, G., "La logique juridique de Leibniz", *Studia leibnitiana*, 9, 2 (1977)

Kaphagawani, Didier Njirayamanda, *Leibniz on Feedom and Determinism in Relation to Aquinas and Molina*, Aldershot : Ashgate, 1999

Kauz, Frank, *Substanz und Welt bei Spinoza und Leibniz*, Freiburg : K. Alber, 1972

Leclerc, Marc, *L'union substantielle*, préface de Xavier Tilliette, Namur : Culture et vérité; Turnhout : Diffusion Brepols, 1991

Leduc, Christian, *Substance, individu et connaissance chez Leibniz*, [Paris] : Vrin; Montréal : Presses de l'Université de Montréal, 2009

Lenders, Winfried, *Die analytische Begriffs- und Urteilstheorie von G. W. Leibniz und Chr. Wolff*, Hildesheim : Georg Olms Verlag, 1971

Liver, Pierre, *Les normes : analyse de la notion,* étude de textes, Wittgenstein, Leibniz, Kelsen, Aristote, Paris : A. Colin, 2006

Loemker, Leroy E., *Struggle for Synthesis : The Seventeenth Century Background of Leibniz's Synthesis of Order and Freedom*, Cambridge : Harvard University Press, 1972

Lorenz, Stefan, *De Mundo Optimo : Studien zu Leibniz' Theodizee und ihrer Rezeption in Deutschland (1710-1791)*, Stuttgart : Franz Steiner Verlag, 1997

Luig, Klaus, "Die '*innoxia utilitas*' oder das 'Recht des unschädlichen Nutzens' als Rechtsprinzip im Zeitalter des Absolutismus", in : Helmut Neuhaus und Barbara Stollberg-Rilinger (hrsg.), *Menschen und Strukturen in der Geschichte Alteuropas*, Berlin : Duncker & Humblot, 2002, pp.251-266

Luig, Klaus, "Leibniz's Concept of *jus naturale* and *lex naturalis* : defined 'with geometric certainty'", in : Lorraine Daston and Michael Stolleis (eds.), *Natural Law and Laws of Nature in Early Modern Europe : Jurisprudence, Theology, Moral and Natural Philosophy*, London : Routledge, 2008, Ch. 11

Mercer, Christia, "Leibniz on Mathematics, Methodology, and the Good : A Reconsideration of the Place of Mathematics in Leibniz's Philosophy," *Early Science and Medicine*, Vol. 11, No. 4 (2006), pp.424-454

Morfino, Vittorio (a cura di), *Spinoza contra Leibniz, documenti di uno scontro intelettuale* (1671-1678), prefazione di Etienne Balibar, 2nd ed., Editione riveduta e ampliata, Milano : Edizioni Unicopli, 2002

Nadler, Steven, *The Best of All Possible Worlds : A Story of Philosophers, God, and Evil*, New York : Farrar, Straus and Giroux, 2008

Panebianco, Massimo, *Introduzione alla codicistica del Jus gentium Europaeum : Codice Lünig-Leibniz-Dumont*, Napoli : Editoriale Scienifica, 2016

Parrochia, Daniel, *Qu'est-ce que penser/calculer? : Hobbes, Leibniz et Boole*, Paris : Librairie Philosophique J. Vrin, 1992

Pelletier, Arnauld, "Leibniz et la folie," *Philosophie*, No. 103 (2009/3), pp.26-50

Phemister, Pauline, *The Rationalists : Descartes, Spinoza and Leibniz*, Polity Press, 2006

Racionero, Q., "Theoretische und politische Vernunft bei Leibniz", V. internationaler Leibniz-Kongresse, Leibniz Tradition und Aktualität, 1988, pp.1064-1080

Rauzy, Jean-Baptiste, *La doctrine leibnizienne de la vérité : aspects logiques et ontologiques*, Paris : Vrin, 2001

Riley, Patrick, *Leibniz' Universal Jurisprudence : Justice as the Charity of the Wise*, Cambridge : Harvard University Press, 1996

Riley, Patrick, "Leibniz' Mediterranean Ethics : The Graeco-Roman Foundations of Iustitia caritas sapientis," *Studia Leibnitiana*, Vol. 43, No. 1 (2011), pp.5-23

Robinet, André, *G. W. Leibniz : Le meilleur des mondes par la balance de l'Europe*, Paris :Presses universitaires de France, 1994

Robinet, André, *Justice et terreur : Leibniz et le principe de raison*, Paris : J. Vrin, 2001

Rohrbasser, Jean-Marc et Jacques Véron, Leibniz et les raisonnements sur la vie humaine, préf. de Marc Barbut, Paris : Institut national d'études démographiques, 2001

Rutherford, Donald, *Leibniz and the Rational Order of Nature*, Cambridge : Cambridge University Press, 1995

Rutherford, Donald and J. A. Cover (eds.), *Leibniz : Nature and*

Freedom, Oxford, New York : Oxford University Press, 2005

Saunders, David, "The Natural Jurisprudence of Jean Barbeyrac : Translation as an Art of Political Adjustment," *Eighteenth-Century Studies*, Vol. 36, No. 4 (Summer, 2003), pp.473-490

Savage, Reginald Osburn, *Real Alternatives, Leibniz's Metaphysics of Choice*, Dordrecht, Boston : Kluwer Academic, 1998

Schepers, H., "Leibniz, Disputationen de conditionibus : Ansätze zu einer juristischen Aussagenlogik", Akten des II intern. Leibniz-Kongress, 1975

Schneiders, W., "Vera politica, Grundlagen der Politiktheorie bei Leibniz", in : *Recht und Gesellschaft*, Berlin : Duncker, 1978

Schnübbe, Otto, *Die Liebe Gottes und das Übel in der Welt : Was hat uns Gottfried Wilhelm Leibniz hierzu zu sagen?*, Hannover : Lutherisches Verlaghaus, 1997

Sève, René, *Leibniz et l'école modern du droit naturel*, Paris : PuF, 1989

Soto-Bruna, María Jesús, "Spontaneity and the Law of Nature : Leibniz and Pre-critical Kant", in : Ana Marta González (ed.), *Contemporary Perspectives on Natural Law : Natural Law as a Limiting Concept*, Ashgate, 2008; London : Routledge, 2016, Ch. 6

Stewart, Matthew, *The Courtier and the Heretic : Leibniz, Spinoza, and the Fate of God in the Modern World*, New York : Norton, 2006

Thieme, Hans (hrsg.), *Humanismus und Naturrecht in Berlin-Brandenburg-Preussen*, Ein Tagungsbericht, Berlin : Walter de Gruyter, 1979

Timmermans, Benoit, *La résolution des problèmes de Descartes à Kant : l'analyse à l'age de la révolution scientifique*, Paris : Presses universitaires de France, 1995

Truyol y Serra, A., "Grotio y Leibniz desde una perspectiva actual", *Politeia*, I (1972)

Tuck, Richard, *Natural Rights Theories : Their Origin and Development*, London *et al.* : Cambridge University Press, 1979

Vasoli, Cesare, "Enciclopedismo, pansofia e riforma 'metodica' del diritto nella Nova methodus di Leibniz," *Quaderni fiorentini per la storia del pensiero giuridico moderno*, Vol. 2 (1973), pp.37-109

Woolhouse, R. S., *Descartes, Spinoza, Leibniz : The Concept of Substance in Seventeenth Century Metaphysics*, London, New York : Routledge, 1993

Youssef, Ahmed, *La fascination de l'Égypte : du rêve au projet*, avec *Concilium Aegyptiacum* : le texte inédit que Leibniz présenta à Louis XIV, [trad. par A. Vallet de Viriville], Paris : L'Harmattan, 1998

Zarka, Yves Charles, "Leibniz lecteur de Hobbes : toute-puissance divine et perfection du monde", in : Heinekamp et Robinet (éd.), *Leibniz : le meilleur des mondes* (1992), pp.113-128

Zarka, Yves Charles, "The Foundations of Natural Law," *British Journal for the History of Philosophy*, Vol. 7, No. 1 (1999), pp.15-32

Zarka, Yves Charles, "The Invention of the Subject of the Law," *British Journal for the History of Philosophy*, Vol. 7, No. 2 (1999), pp.245-262

웹사이트

Berlin-Brandenburgische Akademie der Wissenschaften :
https://www.bbaw.de/
Gottfried Wilhelm Leibniz Bibliothek (Niedersächsische Landesbibliothek) :
https://www.gwlb.de/home
Gottfried-Wilhelm Leibniz Gesellschaft :
http://www.gottfried-wilhelm-leibniz-gesellschaft.de/

해 제

본서는 17세기 합리주의 철학을 대변했던 고트프리트 빌헬름 라이프니츠의 원고 중 「자연법 요론」(Elementa juris naturalis)이라는 제목하에 작성된 6편의 원고를 번역한 것이다. 라이프니츠는 경탄할 만한 열정과 성실성으로 평소에 자신의 성찰의 결과를 글로 남기고 유럽 각지의 석학들과 지적 교류를 하는 데 지치는 일이 없었다. 그가 남긴 원고(현재 하노버 도서관에 소장)는 이와 같은 까닭에 그 분량이 대략 50,000건 총 100,000장에 달할 정도로 엄청나서, 1923년부터 베를린 아카데미에서 전집이 출판되기 시작했음에도 불구하고 아직까지도 완간되지 못했을 정도이다. 라이프니츠의 원고의 가치는 학계에서는 물론이고 UNESCO에 의해서도 인정되어 2008년 세계문서유산에 등재되기도 했다. 그런데 이와 같은 다작의 활동에 비해 라이프니츠가 생전에 자신의 원고를 정식으로 출판한 저술은 비교적 많지 않다. 그것은 전기작가들이 지적하고 있듯이, 그는 자신의 글을 출판하는 것보다는 당대의 석학들과 의견을 나누고 토론하는 것에 더욱 큰 의미를 두고 있었기 때문이다. 존 로크의 『인간지성론』(1690)에서 주장된 경험주의적 인식론에 대해 문제를 제기하고자 라이프니츠가 『인간지성신론』 (1704년경)을 집필하여 로크에게 보내 그와 의견을 교환하기를 희망한 적이 있었는데, 얼마 지나지 않아 로크가 세상을 떠나자 이제 토론할 상대가 세상에 없으니 자신의 원고를 출판하는 일이 의미가 없다고 하여 원고를 어둠 속에 보관해 두기만 했던 것은 라이프니츠가 그토록 왕성한 저술활동을 했던 목적이 어디에 있었는가를 보여주는 대표적인 예라고 하겠다. 사실 본 『자연법 요론』도 그와 같은 길을 밟아야만 했던 수많은 원고 중의 하나였다. 왜냐하면 이 원고가 빛을 보게 된 것은 베를린 아카데미에 의해서 전집의 일부로 출판됐던 1930년에 이르러서였기 때문이다.

본서에 소개되고 번역된 6편의 원고는 1669-1671년간에 쓰여진 것인데, 그때 라이프니츠의 나이 스물셋에서 스물다섯이었다. 당시 청년 라이프니츠의 관심 분야는 법학, 좀 더 구체적으로 말하면 법논리학과 법학방법론이었다고 말할 수 있다. 훗날 라이프니츠는 철학자, 신학자, 수학자 등으로 큰 명성을 얻기도 하지만, 본서의 참고문헌 목록에서 보다시피 그는 평생 법학을 자신의 관심 영역에서 멀리 둔 적이 없었다. 우선 그가 열여덟의 나이에 「법에서 모은 철학적 질문 예제」(1664)라는 제목의 논문으로 라이프치히대학교에서 철학석사학위를 취득했던 사실이 주목된다. 야콥 토마지우스(Jakob Thomasius, 1622-1684)의 지도 하에 철학에 입문했던 라이프니츠는 스승에게 촉망받는 훌륭한 철학재목이었지만, 청년 라이프니츠는 이때 형이상학에의 관심을 잠시 접어두고 법논리학에 관심을 갖기 시작했던 것이다. 어찌 보면 법학에서의 근본적 문제들에 철학적으로 접근하고자 시도하는 것이 청년 라이프니츠의 야심찬 계획이었던 것 같다. 위 철학학위를 취득한 다음 해에 제출한 두 편의 법학학위논문 ―『조건에 관한 법적 논의』 전후편

(1665) — 에서도 그러한 방법론적 접근을 볼 수 있는데, 일견 이 두 편의 논문은 조건에 관한 로마법상 법리의 기술적 측면을 다룬 것처럼 보이나, 실제로는 같은 법리에 대해 논리학적 접근을 적용해서 난제들에 대한 반박 불가능할 정도로 명확한 해법을 제시해 보임으로써 논리학과 철학이 법학에 대해 갖는 실천적 유용성을 증명해 보이고자 하는 시도였다고 봄이 타당하다. 즉 암기적 방법과 기껏해야 형식논리학에만 의존하고 있었던 당대의 법학에 대한 비판적 도전으로서 청년 라이프니츠는 인문주의 법학의 영향 아래서 아리스토텔레스 논리학의 본원적 목적을 법학에서 달성해 보고자 했던 것이다. 이렇게 해서 논리학이 법학에서 갖는 유용성에 관해 확신을 갖게 된 청년 라이프니츠는 자신의 연구를 계속하여 그 결과물을 갖고 법학박사학위를 받고자 했는데, 당시 라이프치히대학교는 박사학위취득에 최소연령규정을 두고 있어서 아직 약관(弱冠)의 나이에도 이르지 못한 라이프니츠는 라이프치히를 떠나 다른 대학교(알트도르프)로 이적할 수밖에 없었고 여기에서 이듬해인 1666년『법학의 난제들에 대한 논의』라는 제목의 논문으로 법학박사학위(doctor juris utriusque)를 취득한다. 청년 라이프니츠가 자신의 박사학위논문에서 증명해 보인 것은 그가 수년 전부터 해오던 작업의 연장선상에서 철학과 논리학이 법의 실제적 문제들의 해결에 대해 갖는 실천적 유용성과 다름없었고, 철학의 기본적 공리와 논리학의 기본적 논법을 적용하기만 하면 그 아무리 어렵게 보이는 문제라도 명쾌하게 풀어낼 수 있음을 보인 것이다. 16세기의 인문주의 법학에서는 고전 논리학과 수사학을 재발견하여 법논리학의 새로운 방법론을 세우고자 했다면, 청년 라이프니츠는 이

중에서 연역적 논법의 체계화가 중차대한 과제임을 깨닫고 그 논리학적 방법론을 철학적 기초 위에 세우려고 했던 것이다. 그리고 이 융합과제를 수행하던 중에 아리스토텔레스의 양상논리학의 유용성을 재발견하게 된 라이프니츠는 같은 해에 『조합론』을 출판하여 법논리와 일반논리의 기본은 주어와 술어의 관계를 올바로 파악하고 정립하는 데 있음을 설명한다 (본서의 제5장과 제6장에 잘 반영되어 있다). 결국 논리학, 철학, 법학은 청년 라이프니츠의 학문세계를 규정하는 삼두마차를 건조하게 되었고, 이 사실을 증명이라도 하듯 3년 후인 1669년에 라이프니츠는 위 학위논문들을 한데 모으고 보완하여 『법학 예제』(Specimina juris)라는 제목의 3부작을 출판한다. 그렇지만 17세기 후반에 한 청년 법학도가 품었던 위와 같은 문제의식과 또한 그 해법을 위해 고전논리학을 법학에 적용할 때 보여준 방법론적 엄밀함, 그리고 철학과 법학에 걸친 높은 수준의 이해 등을 고려한다면, 어느 연구자의 평가처럼 우리는 라이프니츠가 위 1665년 법학학위논문에서부터 이미 "걸작"을 세상에 내놓고 있었다고 말해도 무방할 것이다 (Armgardt, 2001 & 2014).

법학의 시대적 요청이 무엇인지 잘 알고 있었던 청년 법학도 라이프니츠에게 알트도르프대학교의 교수직이 제안된 것은 당연한 일이었으나, 아직 약관의 나이였던 라이프니츠는 그 제안을 받아들이기보다는 보다 자유로운 지위에서 자신의 지적 탐구를 계속해 나가기를 선택했다. 그 첫 번째 결과물은 『법학을 배우고 가르치는 새로운 방법』(1667)이었다. 라이프니츠는 당시 법학교육의 문제점이 무엇인지 잘 알고 있었고, 법학이 더 이상 기술자를 배출해 내는 데 그치지 않고 참다운 실천적 지혜를 가진 학자와 법률가를 양성해 내는 통로가 되어야 한다고 생각했기에 법학교육의 체제와 방법을 혁신할 것을 제안했던 것이다. 라이프니츠가 총 218면의 이 책자를 통해 제안했던 법학교육의 개혁안은 그로부터 약 백년 전 프랑수아 오트만(François Hotman, 1524-1590)이 당시 프랑스의 법학교육의 개혁을 위해 『안티-트리보니아누스』(1567)에서 제안했던 내용들을 상기케 한다. 즉 먼저 라이프니츠는 대학교에서의 법학 수학년수(受學年數)를 5년에서 2년으로 줄일 것을 제안했다. 순수한 젊은 영혼들이 로마법과 교회법의 그 수많은 조문들과 주해들을 단순히 암기하는 데 정력을 소모하게 하기보다는 학교에서는 법의 기본원리를 제대로 터득하게 하고 그 원리들을 실제사건들에 적용하여 해법을 도출할 수 있는 논법의 요령을 익히도록 하는 편이 더욱 건설적인 교육방법이라고 생각했던 것이다. 또한 오트만의 『안티-트리보니아누스』에서와 마찬가지로 라이프니츠 역시 이른바 로마법대전의 체계와 내용을 전체적으로 재검토할 필요가 있음을 강력히 지적한다. 6세기에 편집된 법전의 모든 내용을 천년도 더 지난 시점에 와서까지도 무비판적으로 수용하기보다는 내용적으로 취사선택을 할 것은 하고 또한 그중 잘못 편집된 부분이나 그동안 잘못 해석되어 왔던 것들을 과감히 바로잡아 당시의 법현실에 상응하는 내용과 체계를 갖추도록 해야 한다는 취지였다. 라이프니츠의 법학교육 개혁안에서 한 가지 더 주목할 만한 사항은 그가 위 2년 간의 법학교육 기간 동안 젊은 영혼들이 접해야 하는 과목은 단지 개별법뿐만 아니라 먼저 철학과 신학 등을 포함해야 한다고 주장했다는 점이다. 그리고 철학의 기초로서는 자연법에 대한 학습이 필수적이라고 생각했다는 점도 덧붙여 두어야 할 것 같다. 바로 이러한 생각에서 『법학을 배우고 가르치는 새로운 방법』도 크게 두 부분으로 구성되어 있는데, 제1부는 「일반적 능력 기타 공통된 능력에 관하여」이고 제2부는 「법학에 국한된 능력에 관하여」로서 내용적으로 나누어 논한 것이다.

이 법학교육 개혁안으로 마인츠(Mainz)의 선제후 요한 필립 폰 쇤보른(Johann Philipp von Schönborn, 1605-1673)에게 발탁을 받게 된 라이프니츠는 곧장 『수정 로마법대전』의 편찬을 위한 작업에 착수한다. 처음에는 당시 궁정자문관 헤르만 안드레아스 라세르를 돕는 역할이었지만, 나중에는 라이프니츠의 역할이 증대하여 『수정 로마법대전』을 4부작으로 구상하게 된다. 이 중에서 우리의 관심에서 가장 중요한 부분이 바로 제1부 「자연법 요론」이다 (제2부는 「현대일반법 요론」, 제3부는 로마법대전 요약, 제4부는 고대로마법 선집).

위에서 보았다시피 자연법에 대한 교육은 청년 라이프니츠가 구상했던 법학교육 개혁안의 주요 부분을 차지하고 있었다. 즉 2년 간의 수학기간 동안 법의 철학적 기초로서 자연법을 배우고 가르쳐야 한다고 제안하고 있었던 것이다. 그리고 그렇다면 그 내용은 어떻게 될 것인가에 대해서는 『수정 로마법대전』의 제1부가 그 예시로서 집필했던 것으로 보인다. 그리고 라이프니츠의 『자연법 요론』에서는 기존 자연법론자, 특히 후고 그로티우스(1583-1645)의 주장을 언급하면서 필요한 부분에서는 나름대로의 비판도 서슴없이 하고 있음을 볼 수 있는데, 이는 라이프니츠가 『자연법 요론』을 법학교육 개혁안의 일부로서 구상하고 있었던 것과 동시에 이를 통해 기존의 자연법론의 공과(功過)를 넘어서 자신의 자연법론의 체계를 세우고자 했음을 짐작케 해 준다. 예를 들자면, 라이프니츠([구상]. 본서 제1장)는 그로티우스가 카르네아데스의 회의주의에 맞서서 정의(正義)의 존재에 대한 확신을 표명한 것에 대해서는 찬동을 표하면서도, 다른 한편 그로티우스가 "자신은 손해를 보면서 다른 사람들의 이득을 돌보는 것이 어리석은 태도는 아니라"고 한 것을 두고는 "이것은 어리석은 태도라는 것을 나는 의심하지 않는바 이것이 어리석은 게 아니라면 세상에 어리석은 것은 하나도 없을 것이기 때문"이라고 하면서 강하게 비판하고 있다. 즉 라이프니츠는 '이득'이 권리의 핵심인데도 불구하고 그로티우스는 너무나 단순하게도 '다른 사람들의 이득을 돌보기 위해 자신은 손해를 보는 것이 반드시 어리석은 태도는 아니라'고 하고 있다는 것이다. 『자연법 요론』 전체를 통해 알 수 있듯이, 라이프니츠는 정의란 어느 일방은 이득을 보고 그 상대방은 손해를 보는 식으로는 이루어지지 않고, 언제나 양자 간에 이득의 균형이 이루어져야 하는 것이 자연법에 부합한다고 생각했던 것이다.

기존의 자연법론에 비해 라이프니츠의 자연법론이 보여주고 있는 새로운 점은 그의 자연법론이 형이상학적인 문제들을 다루고 있다는 점이다 (Soto-Bruna, 2016). 즉 라이프니츠가 생각하고 있던 자연법은 고대의 자연법론에서처럼 자연계에 국한되는 것도 아니었고 중세의 자연법론에서처럼 신법의 하위 규범으로서 인간의 영혼을 규율하는 것만도 아니었다. 라이프니츠의 형이상학의 과제 중의 하나는 데카르트의 '물질과 영혼'의 이분법을 극복하는 것이었는데, 이는 그의 자연법론에서도 마찬가지여서 라이프니츠는 자연계와 영혼이 일치되는 존재론 위에서 두 세계의 구분 없이 공통적으로 타당한 법을 도출하여 정립하고자 했던 것이다. 그리고 이것은 오직 이성을 통해서만 가능했는데, 이성이야말로 신과 인간의 공통된 속성이기에 라이프니츠는 이성을 통해 자연법을 인식할 수 있고 이를 통해 모든 형이상학자들이 염원했던 바, 즉 우주의 역학(자연계의 움직임)을 초월적 목적(신의 의지)과 화해시키는 일을 이룰 수 있다고 생각했던 것이다. 풀어 말하자면, 우리는 어떻게 신의 의지를 인간사와 자연계에서 확인할 수 있는가. 그것은 신과 인간의 공통된 속성, 즉 이성을 통해서만 확인할 수 있다는 것이다. 절대적으로 옳은 존재로서의 신이 창조한 이 세상은 "모든 가능태 중에서 최선의 것"임에 틀림없으므로 인간사와 자연계에서 목격할 수 있는 사건들 중 얼핏 보면 이해되지 않고 때로는 모순처럼 보이는 것이 혹 있을지라도 우리가 이성을 통해 궁극의 탐구를 하면 마침내 신의 의지를 알게 되고 이 깨달음을 통해 마침내 무엇이 옳고 그른지 판가름할 수 있게 된다는 뜻이다. 또한 법이라고 하는 것은 항상 둘 이상의 존재 간의 관계를 전제로 하므로, 관계적 올바름은 개별자와 전체 간의 관계에 대한 올바른 인식을 요청하고 있다. 이러한 연관에서 라이프니츠의 형이상학은 훗날 그 유명한 모나드론에까지 이어지는데, 이를 논하는 것은 본 해제의 범위를 벗어나므로 생략하도록 하되 『자연법 요론』에서도 이러한 형이상학적 세계관이 언뜻언뜻 엿보이기도 한다는 점은 흥미로운 점이 아닐 수 없다. 그리고 이 형이상학적 세계관은 정의론의 관점에서는 결론적으로 "다양성 속에서 갖는 동일성의 무게"라는 표어로 요약되고 있음도 기억해야만 할 것이다.

라이프니츠의 자연법론은 또한 그의 신학적 탐구와도 밀접하게 연결되어 있다는 점은 두말할 나위가 없다. 본서 제5장에서 "자연 곧 신"(Natura sive Deus)이라는 명제를 접할 수 있는 것은 철학사적 관점에서 매우 흥미롭다고 할 수 있는데, 당시 스피노자가『신학정치론』(1670)에서 내세웠던 "신은 곧 자연"(Deus sive natura)이라는 명제가 철학계와 신학계에서 매우 큰 논란을 일으키고 있던 와중에 청년 라이프니츠가 1671년 후반에 쓴 것으로 추정되는「자연법 요론」[2]에서 위와 같은 명제에 도달하고 있음은 그가 젊은 날에 이미 스피노자의 주장에 동조하고 있었음을 보여주는 중요한 증거가 되기 때문이다. 그리고 이처럼 자연과 신이 일치한다고 보는 것이 자연법에 대해 갖는 의미는 간단히 말해 보자면 다음과 같다. 즉 라이프니츠는 신의 창조행위가 자연의 본질이며 이를 통해 자연법 역시 세워졌기 때문에, 라이프니츠에게 있어서 자연이 형이상학적으로 더 이상 외적 자연계에 국한되지 않는 것과 마찬가지로 자연법 역시 신의 창조행위와 관련하여 단지 외적 측면에 국한되지 않는다는 것이다. 자연 전체는 신의 피조물이며, 이 피조물의 본질 속에 새겨진 바는 단지 외적 자연계의 법칙이 아니라 그야말로 피조물의 본질 속에 새겨진 법(lex insita)이라는 것이다. 이것은 그가 훗날 1698년에 쓴「자연 그 자체 즉 피조물에 새겨진 힘에 관하여」에서 주장한 바와 다름없었다. 이상의 요지를 인간과 자연법 간의 관계에 대해서 말하자면, 피조물로서의 인간은 그 영혼에 신의 뜻이 새겨져 있으므로 인간이 그 의욕과 의지로써 행위를 선택하고 실행하는 모든 내적, 외적 과정이 모두 '자연 즉 신'에 부합하는 것이며, 그 판단과 행위의 옳고 그름은 신과 인간의 공통된 속성인 이성에 따라 판가름 나고 조율된다는 뜻이다. 라이프니츠의 「자연 그 자체 즉 피조물에 새겨진 힘에 관하여」에서의 주장을 다시 한번 인용해 보자면, [피조물의 본질에] "새겨진 법으로부터 행위와 욕구가 결과된다"는 것인데, 따라서 힘(vis)과 욕구(passio)는 라이프니츠에게 있어서 자연법의 영역에서 배제되지 않고 오히려 그 밑바탕을 이루게 된다. 이렇게 하여 라이프니츠의 자연법론에서는 그의 형이상학적 인식과 신학적 결론이 삼자 상호 불가분의 관계를 이루게 되며, 그가 『자연법 요론』 전체를 통해 엄밀한 논리를 통해 도달하고 또한 증명해 낸 결론처럼 '정의란 신의 지혜를 추구하는 현자가 모두에 대해 갖는 사랑에서 비롯되는 것'과 다름없으며, 그러하므로 이는 '조화'를 찾는 것이고 여기서 조화란 '다양성 속에서 갖는 동일성'과 다름없게 된다. 신이 창조한 이 세상은 '모든 가능태 중에서 최선의 것'임에 틀림없을 것이므로, 만약 만물의 조화와 함께하지 않는 것이 있다면 그것은 위에서 본 자연법의 원리에 따라 정의롭지 않은 것으로 규정될 것이다. 정치적, 종교적, 철학적 분쟁과 대립의 시대에 탄생한 라이프니츠의 자연법론은 오늘날과 같은 혼란과 불확실성의 시대에 다시 한번 음미해 볼 가치가 충분하다고 하겠다.